주해

조선의 궁술교범

註解 朝鮮弓術敎範

주해

조선의 궁술교범

註解 朝鮮弓術教範

민경길 편역

머리말

이 글은 현존하는 조선 시대의 궁술교범들을 우리말 또는 현대어로 번역하고 주註 형식의 해설을 첨부한 것이며, 궁술교범들이 쓰인 시대순으로 제1부 이춘기李春琦·서영보徐榮輔의 「사예결해射藝訣解」, 제2부 서유구徐有榘의 「사결射訣」, 제3부 장언식張彦植의 「정사론正射論」 및 제4부 이중화李重華의 「궁술의 교범」으로 구성되었다. 이 글은 우리 전통사법과 고유사법 이해를 위해 쓴 글로서 내용도 대부분 사법에 관한 것이지만 제목에서 '사법교범'이 아닌 '궁술교범'이라는 용어를 쓴 것은 제3부에는 사법 이외에 '궁시弓矢의 제조, 선택 및 관리'에 관한 내용이 포함되어 있기 때문이다. 이중화 역시 ≪조선의 궁술≫이라는 책자를 편찬하면서 '궁술'이라는 용어를 사풍射風과 사법射法 및 궁시弓矢의 규격과 제조법 등을 포괄하는 용어로 사용하면서도 「궁술의 교범」 부분에서는 '사법'과 같은 의미로 사용했다.

제1부 이춘기·서영보의 「사예결해」는 영·정조 때 선사善射이며 웅천 현감을 역임한 이춘기(1737년~?)의 구술을 서영보(1759~1816년. 영조 35년~순조 16년)가 기록해 놓은 것으로, 서영보의 문집인 ≪죽석관유집竹石館遺集≫(간행 연도 미상)에 수록되어 있다. 이 「사예결해」는 활쏘기의 특정 동작이나 자세를 암기하기 쉽게 시가詩歌 형식으로 축약한 결訣 15개 조와 이들 중 마지막 5개 조에 대한 구체적인 설명인 해설解 5개 조뿐인 매우 간략한 글이지만, 지금껏 알려진 우리나라 최고最古의 사법 문헌이란 점에서 큰 의미가 있다. 「사예결해」와 거의 비슷한 시기인 1799년 평양감영이 청淸 나라 주용朱墉의 ≪무경칠서휘해武經七書彙解≫(1700년의 초간본)를 복각 간행한 적이 있을 뿐(그 말권이 「사법비전공하射法秘傳攻瑕」라는 사법서이다.) 「사예결해」 이전 우리나라에서 간행된

사법 문헌은 아직 발견된 바 없다. 또한 「사예결해」는 우리 고유의 사법을 기록으로 남겼다는 점에서도 매우 큰 가치가 있는 글이다.

　제2부 서유구의 「사결」은 조선조 후기의 실학자 서유구(1764~1845년. 영조 40년~헌종 11년)의 문집 《임원경제지林園經濟志》(1842년쯤 완성되었지만 출간되지 못하고 필사본 몇 질만 남아 있다.) 중 유예지遊藝志에 포함된 글로 당시 비변사備邊司에서 간행한 《무경회해武經匯解》 중 사법 관련 문구 일부와 당唐 나라 왕거王琚의 《사경射經》 중 일부 내용을 발췌 편집한 글이다. 서유구의 「사결」에 일부 인용된 《무경회해》는 갑오경장(고종 31년. 1894년) 당시 활이 군대 무기 체계에서 도태되기 전에 조선 중앙관청이 간행한 군사훈련 교범이지만 현재 그 내용 중 사법 부분은 일실되고 서유구의 「사결」에 일부만 인용되어 남아 있다. 서유구의 「사결」에 인용되어 남아 있는 내용을 보면 이 《무경회해》는 주용의 《무경칠서휘해》 중 사법 부분을 축약 소개하면서 19세기 초 우리 활터에서 쓰이던 사법과 연습방법 등을 소개한 글임을 알 수 있다. 마지막에는 서유구가 문인의 활쏘기에 대한 자신의 입장을 스스로 잘 표현해 놓은 「학서학사기鶴西學射記라는 흥미 있는 글을 부록으로 첨부했다.

　제3부 장언식의 「정사론」은 조선조 말기 무관으로 함경도 유원진柔遠鎭 동첨절제사를 역임한 장언식(1808년~?)이 은퇴 후 65세가 되던 해에(서기 1872년. 고종 9년) 저술한 글이며, 당시 널리 읽히고 있었을 여타 사법서들에 대한 소개는 없이 개인적인 활쏘기 경험만 서술해 놓은 글이다. 이 글 역시 갑오경장으로 활이 군대 무기체계에서 도태되기 이전에 쓰인 글이지만 그 내용을 보면 평생을 군문에서 지낸 무관의 글다운 실용적인 글이라고는 할 수 없고 현학적이고 수사修辭들이 가득한 문인 취향의 글이다. 다만 활쏘기를 배울 때 반드시 거쳐야 할 절차와 익혀야 할 기본적 자세와 동작들을 본인의 체험을 참고삼아 잘 소개해 놓았다.

　제4부 이중화의 「궁술의 교범」은 갑오경장 때 활이 군대 무기체계에서 도태되고 30년 이상 지난 1920년대 말에 서울지역 동호인들이 구전으로 계승되어 온 우리 민족 고유의 사풍射風과 사법射法 그리고 궁시弓矢의 규격과 제조법 등을 보전 보급하려는 목적으로 조선궁술연구회를 결성해 펴낸 《조선의 궁술》에

포함된 글이다. 이「궁술의 교범」은 불과 90여 년 전인 1929년 발간된 글이지만 한문과 우리글이 혼용되어 있고 그중 우리글로 서술된 부분은 소리글자인 우리 글자의 특성상 1백 년도 안 된 지금은 거의 사용되지 않는 용어가 곳곳에 포함되어 있어 그 정확한 의미에 대한 체계적인 설명이 필요한 글이다. 본문 중 활쏘기 고유 용어들은 가급적 그대로 옮기고 주註에서 그 의미를 현대어로 설명했지만, 나머지는 누구나 쉽게 읽을 수 있도록 본문에서 직접 현대어로 바꾸었고, 마지막에는 주註는 생략하고 전문을 현대어로 바꾸어 부록으로 첨부했다. 이 글의 저자 이중화(1881년~?)는 근대 국어학자로서 일제강점기에는 조선어학회 회원으로 활동하면서 배제학당 교원을 역임하고, 해방 후에는 국학대학장과 한글학회 회장을 역임했다. 6·25 사변 중 납북된 것으로 알려져 있고, 납북 이후의 생애에 대해서는 알려진 것이 없다.

위의 4개 사법서 중 제2부「사결」과 제4부「궁술의 교범」은 필자가 2010년 ≪조선과 중국의 궁술≫이란 책자(도서출판 이담 Books)를 발간할 때 포함시켰던 내용들을 보완 발전시킨 것이다. 제1부「사예결해」와 제3부「정사론」은 발견된 지 그리 오래되지 않은 글들로 그간 몇몇 번역본이 나왔지만 좀 더 정밀한 설명이 필요할 것으로 보여 차제에 이를 다시 번역한 후 과거 발간한「사결」및「궁술의 교범」과 함께 묶어 작년 활쏘기가 국가무형문화재 제142호로 지정된 기념으로 이제 ≪조선의 궁술교범≫이란 제목 아래 세상에 내어놓게 되었다. 독자 제현의 비판을 통해 우리나라의 고유사법에 대한 연구가 진일보하기를 기대한다.

뒤표지의 3개 그림 중 왼쪽 2개와 본문 20쪽 및 21쪽에 삽입된 '그림 1' 및 '그림 2'는 <사예결해>에서 말하는 거궁擧弓 및 발시 자세를 표현한 것으로 필자의 지기知己인 (예) 육군 소장 윤영일이 본문 내용의 이해를 돕기 위해 컴퓨터 작업을 통해 그려준 것이다.

서기 2021년 11월

민 경 길

목 차

제3부 장언식의 정사론

제4부 이중화의 궁술의 교범

제
1
부

사예결해
射藝訣解

이춘기 · 서영보
李春琦 · 徐榮輔

서序[1]

웅천 현감 이춘기의 활솜씨는 대적할 사람이 없다. 내가 일찍이 사법을 묻자 그는 "활쏘기에 달리 무슨 도리가 있겠소? 자연스러운 이치에 따를 뿐이오"라고 했고, 또 "활쏘기는 남자의 일로 적을 죽이는 수단이니 무릇 호쾌하고 위엄이 있어야 하오務要豪壯."[2]라고만 했지만 나는 그의 합리적인 말에 감탄해서 그가 한 말을 결訣 15개 조와 해설解 5개 조로 정리했다.

(원문) 李熊川春琦 精於射藝 世無其對 余嘗叩之以法 春琦曰 射豈有他道哉 順其勢而已 又曰 射者男子之事而所以殺賊之具 務要豪壯 余歎其言之合於道 也 遂書其所聞 作五解十五訣

---

1) 이 서론은 순조 때 예조판서, 대사헌, 호조판서, 평안도관찰사, 이조판서, 대제학을 역임했고, 국왕이 정사에 참고토록 정부 재정, 군정軍政의 내역을 정리한 책으로 조선 후기 경제사, 군사제도, 군사정책 연구에 중요 사료인 ≪만기요람萬機要覽≫을 심상규沈象奎와 함께 편찬한 서영보(1759년. 영조 35년~1816년. 순조 16년)가 쓴 글이고, 뒤의 본문은 영·정조 때 웅천 현감으로 있던 선사善射 이춘기(1737~?)의 구술 내용을 젊은 시절의 서영보가 기록해 놓은 것으로 서영보의 문집인 ≪죽석관유집竹石館遺集≫에 수록되었다. 이춘기의 구술 시기는 대략 이춘기가 웅천 현감으로 발령된 1777년경으로 추정된다. 결訣은 활쏘기 동작과 자세를 암기하기 쉽게 시구詩句와 같이 축약해 놓은 문구를 말하며, 해설解은 결訣 11조부터 15조까지에 대한 해설이다. 이 서론에서 해설解 5개 조라고 했는데 남아 있는 원문은 4개 조뿐인 것 같지만 해설解 2조에는 결訣 12조 및 13조에 대한 해설이 함께 들어 있으므로 실제는 5개 조이다. '서序'라는 제목은 원문에 없는 것을 역자가 첨부했다. 이 「사예결해」는 한국고전번역원에서 2017년에 ≪죽석관유집竹石館遺集≫ 번역본을 내놓으면서 세상에 알려지게 된 것이며, 고전번역원의 번역문 외에, 최근 전통활쏘기연구회에서 간행한 ≪전통활쏘기연구≫, 창간호(2021년 4월)에도 원문과 함께 번역문이 게재되어 있다.

2) 원문의 '무務'는 '필必'과 통용되는 글자로 '반드시'라는 의미이다.

제一장 결 15개 조訣十五

1. 족足 〈발〉

여덟 '八' 자나 고무래 '丁' 자 모양이 되지 않게 서야 하며, 특히 발가락 쪽에 체중이 많이 실리게 해야 한다偏任前足.[1]

(원문) 非八非丁 偏任前足

2. 신身 〈몸통〉

가슴 앞을 비워 두고胸虛[2] 아랫배에 힘을 주어 부풀리며腹實, 왼쪽 겨드랑이는 좁히지 말고 여유 있게 약간 틈을 두어야 한다.

(원문) 胸虛腹實 左腋谿如

---

1) 원문의 '편임偏任'은 편애하거나 중요하게 쓴다는 의미이다. 청淸 나라 후방역侯方域의 ≪환관론宦官論≫에는 "환관을 중용해서 조신들이 황제에게 접근 못 하게 해서는 안 된다勿偏任宦官而曲防朝臣." 는 구절도 있다. '전족前足'을 두 발 중 앞의 발, 즉 과녁 쪽의 발을 말한 것으로 보면 '편임전족'을 "특히 앞발에 체중이 많이 실리게 한다."는 의미로 볼 수도 있겠지만, 활을 쏠 때 처음에 몸을 앞으로 약간 기울였다 다시 몸을 세운다는 말은 있어도 앞발에 체중이 많이 실리게 한다는 말은 어떤 사법서에도 없고 두 발에 균등하게 체중이 실리게 해야 한다. 뒤에 소개할 서유구의 「사결」에서도 "앞으로 약간 구부렸다가 뒷다리에 힘을 주며 곧게 서되 두 다리에 고루 힘을 주면 몸이 흔들리지 않는다(稍曲向前 右足著力 直立 兩足用力均勻 自不搖動)"고 했다. 이곳에서 '전족前足'은 두 발 모두의 발가락 쪽을 말하는 것으로 보아야 할 것이다. 발을 3등분해서 전족前足(Forefoot), 중족中足(Midfoot), 후족後足(Hindfoot)으로 나눈다.

2) 원문의 '흉허胸虛'는 가슴이 앞으로 튀어나오지 않게 하라는 말과 같은 말이다.

3. 면面 〈얼굴〉

과녁을 마주 보고 턱을 당겨 입으로 웃옷 깃을 물려는 듯한 모습이 되어야 한다.

(원문) 對鵠頤深 若啣衣領

4. 뇌腦 〈머리〉[3]

수탉이 우는 모습과 같이 발시할 때決時[4] 곧게 위로 빼주어야 한다伸拔.[5]

(원문) 如碓鷄鳴 決時伸拔

5. 좌수左手 〈줌손〉[6]

손등을 몸 쪽으로向內[7] 숨기고覆[8] 엄지 뿌리拇肚[9]를 똑바로 줌통에 대야 한다.

(원문) 背覆向內 拇肚直托

---

3) 원문의 '뇌腦'는 '두頭'와 통용되는 글자로 머리를 말한다.

4) 원문의 '결決'은 깍지를 말하기도 하며 시위에서 깍지를 떼어내 발시하는 동작을 말하기도 한다.

5) 원문의 '신발伸拔'은 '신근발골伸筋拔骨'의 줄임말로 권술拳術에서는 팔의 근육과 뼈마디들을 곧게 펴면서 주먹을 내뻗는 동작을 말한다. 다만 앞에서 '발시할 때決時'라고 하여 마치 움츠려 놓았던 머리를 발시할 때 비로소 목을 위로 빼준다는 말로 오해할 수도 있지만 목덜미를 곧게 펴서 머리를 위로 빼주는 자세는 거궁 때부터 발시할 때까지 이어져야 한다.

6) 이 글은 왼손으로 줌통을 쥐는 우궁右弓의 경우를 말하며, 줌통을 쥐는 손을 우리말로 '줌손'이라 한다. 좌궁의 경우 오른손右手이 줌손이 된다.

7) 원문의 '내內'는 (과녁 쪽이 아닌) 몸 쪽을 말한다.

8) 원문의 '복覆'은 '복伏'과 통용되는 글자로 숨긴다는 뜻이며 과녁 쪽에서 보이지 않게 한다는 말이다.

9) 원문의 '무두拇肚'는 불룩한 엄지의 뿌리를 말하며 우리 활터 용어로는 이를 '반바닥'이라고 한다.

6. 우수右手 〈깍지손〉[10]

손등을 얼굴 쪽을 향하게 하고向西[11] 뒤팔의 세 관절三節(어깨, 팔꿈치, 손목)[12]이 일체가 되어 힘을 쓸 수 있게 해야 한다.

(원문) 手背向西 勢成三節

7. 좌비左臂 〈앞팔〉

반드시專要[13] 안쪽으로 구부려向內 먼저 움츠렸다가前縮[14] 나중에 펴야 한다後伸.[15]

(원문) 專要向內 前縮後伸

8. 우비右臂 〈뒷팔〉

시위를 끌어당기면서 팔꿈치를 등 쪽으로 돌리듯이 해야 한다.

(원문) 引而伸長 回肘指背

---

10) 엄지에 깍지를 끼고 시위를 잡아당기는 손을 깍지손이라고 한다.

11) 원문의 '서西'는 '면面'의 오기誤記로 보인다. 통상 사대가 북쪽에 있고 과녁은 남쪽에 있는데 깍지손의 손등이 서쪽을 보면 뒷팔이 무력해지므로 시계 반대 방향으로 비틀어 손등이 얼굴 쪽을 향하게 한다. 뒤에 소개할 서유구의 「사결」에서도 "시위를 당길 때 깍지손 손등이 대략 몸을 향하고 손바닥이 대략 바깥쪽을 향하게 비틀어서 당겨야 한다(援弦將手背向身略扭 使掌心略見於外)."고 했다.

12) 깍지손의 손등이 얼굴 쪽으로 향하도록 비틀어 주어야 뒷팔의 세 관절三節(어깨, 팔꿈치, 손목)이 일체가 되어서 힘을 쓸 수 있게 된다. 뒤에 소개할 장언식의 「정사론」, 제二편에서는 "좌우 두 팔에 각기 3곳의 관절이 있다."면서 어깨, 팔꿈치, 손목 셋을 말하고 있고, 또한 같은 글 제五편에서는 "근육이 긴장하면 골절이 힘을 못 쓰고, 골절이 힘을 못 쓰면 활을 빌리기 힘들다."고 했다. 골절은 관절을 말한다.

13) 원문의 '전專'은 '전全'과 통용되는 글자로 '전요專要'는 '반드시'라는 뜻이다.

14) 거궁擧弓 동작을 말한다.

15) 개궁開弓 동작을 말한다.

9. 좌견左肩 〈앞어깨〉

숨기듯이 낮추면서微覆16) 줌통을 바로 향하도록 돌려주어야 한다直注弓弣.17)

(원문) 低而微覆 直注弓弣

10. 우견右肩 〈뒷어깨〉

안쪽(등 쪽)을 향한 듯하되恰好內向 바깥쪽(오른쪽)으로 기울이듯 하면外偃 결코
안 된다.18)

(원문) 恰好內向 切忌外偃

11. 악궁握弓 〈줌통쥐기〉

무엇보다 중요한 것은都不計較19) (하삼지에 힘을 풀고 흘릴 듯이) 느슨히 쥐었
다가 (반바닥으로 줌통을 밀면서 활을 벌려가면서 점차 하삼지를) 조여서 쥐는
것이다自鬆而緊.20)

---

16) 원문의 '복覆'은 '복伏'과 통용되는 글자로 숨긴다는 뜻이며 위로 들리지 않게 하다는 말이다. 앞어깨를
숨기듯이 낮춘다는 것은 상박골(윗팔뼈)과 어깻죽지뼈(견갑골)가 맞물려서 앞팔이 흔들리지 않도록 하려는
동작이다. 중국에서는 명明 나라 고영高穎이 1637년 편찬한 ≪무경사학정종武經射學正宗≫에서 시작
된 이러한 사법이 이 「사예결해」를 이춘식이 구술한 시기(1777년경으로 추정됨)에 조선에 도입된 것이
아니라 본래부터 우리의 고유한 사법이었을 수 있다. 자세한 내용은 뒤의 해설解 5조, 주註 4 참고.

17) 원문의 '주注'는 '투投'와 통용되는 글자로 '직주궁부直注弓弣'는 줌통을 향해 돌려준다는 말이다.

18) 앞에서 뒷팔 팔꿈치를 등 쪽으로 돌리듯 하라고 했으므로 이곳에서 안쪽으로 향하듯 하라는 것은 등 쪽으
로 향하듯이 하라는 말이고, 따라서 바깥쪽外은 우궁의 경우 등과 반대쪽인 오른쪽을 말한다.

19) 원문의 '도불계교都不計較'를 "계교를 부리지 말라."는 의미로 해석하는 경우도 있으나 그보다 "이것저
것 생각하지 말고" 또는 "무엇보다 중요한 것은"으로 해석하는 것이 적절할 것으로 본다. 뒤의 해설解 1
조에 '물위타계교勿爲他計較'라는 구절이 있는데 이 구절이 "달리 계교를 부리지 말라."는 의미이다.

20) 원문의 '자송이긴自鬆而緊'은 역자에게는 오랜 숙제를 풀 수 있게 된 구절이다. 역자는 이 「사예결해」의
번역에 착수하기 오래전에 이중화의 「궁술의 교범」과 서유구의 「사결」을 현대어 또는 우리말로 옮겼고,
이를 위한 준비작업으로 중국의 각종 사법서를 우리말로 옮긴 적이 있다. 이때 충분히 설명 못 한 문구가
바로 「궁술의 교범」, '줌손' 항 중 "줌손은 하삼지를 흘려서 거듯쳐 쥐고"라는 구절이다. 당시 앞뒤 문맥
을 비교하고 또 중국 사법서들의 내용과 비교한 결과 "흘릴 듯 가볍게 쥐었다가 차차 단단히 쥐는" 것을

(원문) 都不計較 自鬆而緊

12. 가전架箭 〈화살 걸치기〉

검지食指를 화살 오늬에 붙이고 (화살의 모습을 과녁 쪽으로 기울어진) 서까래 같이 되도록 해야 한다架椽.[21]

(원문) 加右食指 勢如架椽

그림 1. 〈사예결해〉에서 말하는 거궁擧弓 자세. 뒤표지의 3개 그림 중 중간 그림과 같은 자세이다.

말한다는 결론을 내렸지만(졸저, 《조선과 중국의 궁술》, 이담 Books, 2010년, 172쪽), '흘려 쥐기'란 말을 쓰면서 이를 '하삼지가 줌통과 직각이 아닌 비스듬한 각도를 이루게 쥐라'는 말로 보는 견해가 사계 射界에 너무 널리 퍼져 있어 역자의 추론은 더 많은 입증자료가 필요했다. 그러던 차에 이 「사예결해」에 서 발견한 '자송이긴自鬆而緊'이란 구절을 통해 필자의 추론이 옳았음을 확인할 수 있었다. '자송이긴自鬆而緊'은 「궁술의 교범」에서 말한 "하삼지를 흘려서 거듯쳐 쥐고"라는 구절이나 "줌손을 차차 빼그쳐 쥐도록 해야 한다."는 구절과 같은 의미임이 분명하다. 《조선과 중국의 궁술》에는 '흘려 쥐기'란 말 자체가 존재하지 않으며, "흘려서 거듯쳐 쥐고"라는 구절의 의미를 오해하면서 생겨난 말일 뿐이다.

21) 원문의 '가연架椽'은 지붕 제일 위 주심柱心 도리에 걸린 서까래 모습을 말하며 거궁 시에 과녁 쪽으로 기운 모습을 말하며 이런 모습은 처음 가슴 앞에서 시위에 화살을 먹였을 때부터 거궁 때까지 계속되어야 한다. 뒤의 해설 2조에서 다시 설명하겠지만 이 동작은 우리 고유의 사법으로 매우 중요한 동작이다. 일본 에서도 거궁 시 두 팔을 높이 들어 올리지만 화살은 계속 수평을 유지한다.

13. 인引 〈시위 당기기〉

양손을 높이 들어 (서서히 내리면서) 시위를 당기는데 이때 뒷팔꿈치를 등 뒤로 돌리듯이 해서 활을 최대한 벌려야 한다.

(원문) 擧手高拽 回肘滿彎

14. 심審 〈정신 집중 및 조준〉

줌손을 앞으로 밀고 깍지손을 뒤로 당기면서 마치 몸이 앞으로 달려 나가 과녁을 뚫고 들어갈 듯한 기세를 취해야 한다.

(원문) 前托後引 將軀入的

15. 결決 〈발시〉

젖은 옷을 비틀듯이 해야 한다如拗澣衣.[22] 이때 숨을 들이마신 상태에서 발시해야 한다.[23]

(원문) 如拗澣衣 氣息要入

그림 2. <사예결해>에서 말하는 발시 자세. 당唐 나라 왕거의 '별절' 동작의 마무리 자세로 뒷표지의 3개 그림 중 왼쪽 그림과 같은 자세이다.

---

22) 원문의 '요한拗澣衣'는 중국의 전통적인 발시 동작인 '별절撇絕' 동작을 말한다. 뒤의 해설解 4조에서 다시 설명한다.

23) 이 부분도 뒤의 해설解 4조에서 다시 설명한다.

제二장 해설 5개 조解五

1. 악궁握弓 〈줌통 쥐기〉

줌손이 똑바로 앞으로 나가면서 쥐어야 하며須直就把握[1] 다르게 쥐면 안 된다. 중지의 셋째 마디(손바닥 쪽 마디)가 하늘을 향하게 하고 엄지와 검지 사이의 호구虎口를 바로 줌통 앞에 대야 한다直當弓弝.[2] 엄지 뿌리(반바닥)로 줌통을 밀기만 한다고 화살이 높이 떠오르지는 않고 하삼지(중지, 무명지, 새끼손가락)를 단단히 감아쥐어야 화살이 (높이 떠올라) 멀리 나간다.

(원문) 須直就把握 勿爲他計較 要長指第三節向上指天 拇食兩指間虎口 直當弓弝 以拇肚托弓弝 則矢去不揚 以長小無名三指 伸長緊握 則矢力及遠

2. 가전架箭 〈화살 걸치기〉 (및 인뢰 〈시위 당기기〉)

깍지손 검지를 오늬 옆에 붙여야 하고, 화살이 앞은 낮고 뒤는 높은 서까래 모습과 같아야 한다. 이후 시위를 당겨 활을 벌리려고 할 때는 두 손을 모두 들어 올려서 귀 위로 올라가게 해야 한다.[3] 〈두 손을 높이 들었을 때 왼쪽 어깨

---

1) 똑바로 앞으로 나가면서 쥔다는 것은 옆에서부터 쥐지 말라는 뜻이다. 옆에서부터 쥐면 시위를 당길 때 줌통을 비틀어야 하며, 이렇게 하면 화살을 멀리 보낼 수는 있지만 무른 활은 뒤집어지면서 시위가 벗겨질 수 있고, 처음부터 많은 힘을 주어 쥐게 되어 정작 발시 때 하삼지가 풀어질 수도 있다.

2) 원문의 '직당直當'은 줌통 정면에 가볍게 대라는 말이며, 똑바로 밀어주라는 말이 아니다. 똑바로 줌통을 밀어주는 것은 엄지 뿌리와 호구가 하는 일이며 이를 다음 항에서 '직탁直托'이라 했다. 앞의 결缺 9에는 '직주直注'라는 말도 있는데 이는 앞어깨를 줌통을 바로 향하도록 돌려주는 동작을 말한다.

3) 거궁 시 화살대 모습인지에 대한 언급은 없지만, 문맥상 처음 시위에 화살을 먹였을 때부터 거궁 때까지

가 낮아야 몸의 자세가 바르게 된다.>4)

(원문) 以矢括加於右手食指上而後高前低 狀如屋椽 引之之時 兩手齊擧 其高無下於耳上 <手高擧則左肩低而體勢正矣>

이후 뒷팔꿈치에 힘을 주어 시위를 당기는데 시위를 밑으로 당기면 안 되고, 또한 손가락 힘으로 시위를 당겨도 안 된다. 활이 다 벌어지도록 시위를 끝까지 당긴 후에도旣滿引彌5) 뒷팔꿈치를 등 뒤로 지그시 돌려야 한다. 무릇 시위를 당겨 활을 벌릴 때는 충분히 당겨야 한다. 시위를 충분히 당겨 활을 가득 벌려야 경전經典6)에서 말한 심고審固 단계7)에 들어갈 수 있다. 시위를 가득 당겨 활을 벌린

같은 모습을 유지하라는 말로 보아야만 한다. 거궁 시 깍지손을 줌손보다 높게 들면 화살대는 오늬가 지붕 제일 위의 주심柱心 도리에 걸린 서까래 모습이 되지만, 두 손 높이가 그와 반대면 화살대도 그와 반대로 촉이 하늘을 향하게 되고, 두 손 높이가 같으면 화살대는 수평이 된다. 활쏘기 경험이 매우 적었던 서유구의 「사결」에는 이에 관한 언급이 없고, 장언식의 「정사론」에도 거궁 시 팔을 매우 높이 들라는 말만 있고, 이에 관한 구체적 언급은 없다. 이중화의 「궁술의 교범」에도 이에 대한 언급은 없다. 활터에 전해지는 말에 물동이를 머리 위에 들어 올리듯 활을 들어 올리라고 하지만 이 역시 애매한 말이다.

4) 이곳까지 訣缺 12조에 대한 해설이고, 뒤에 이어지는 부분은 訣缺 13조에 대한 해설이다. 한편, 본 구절은 역자가 중국과 우리나라의 사법 교범들을 비교 연구하는 과정에서 우리의 고유사법을 발견할 수 있었던 실질적으로 유일한 구절이다. 앞어깨가 위로 들리지 않게 해서 견갑골과 서로 맞물리게 해야 한다는 이론은 중국에서는 명明 나라 고영이 서기 1637년 편찬한 ≪무경사학정종≫에서 시작된 것이며, 바로 이 때문에 에도江戶 막부 시대 일본 유학儒學의 대가인 오기유소라이荻生徂徠는 동양 역대 궁술교범을 비교한 자신의 저서 ≪사서유취국자해射書類聚國字解≫에서 믿을 만한 글은 명明 나라 척계광戚繼光의 ≪기효신서紀效新書≫와 고영의 ≪무경사학정종≫밖에 없다고 격찬했다. 다만 앞어깨를 낮추기 위해 고영이 창안한 방법은 이 「사예결해」의 방법과 차이가 있다. 이 「사예결해」에서 말한 방법은 두 팔로 활을 높이 들어 올린 상태에서 앞어깨를 낮추면서 활을 벌리는 방법이지만 고영이 창안한 방법은 활을 든 앞팔은 앞손으로 땅을 짚듯이 쭉 내리뻗은 상태에서 뒷팔꿈치를 하늘을 향해 높이 들어 올려서 마치 활에서 화살을 뽑아 올리는 듯한 동작으로 활을 벌리다가 활이 벌려짐에 따라 앞팔은 어깨 높이로 들어 올리고 뒷팔꿈치는 어깨 높이로 낮추는 방법이다(뒤의 그림 2 및 그림 3 참고). 이 문제에 대해 「사예결해」는 앞의 訣缺 12조에서 거궁 시 화살의 모습을 "서까래같이 되게 한다(勢如架椽)."고 했고, 이곳 해설 2에서는 화살의 모습은 "앞은 낮고 뒤는 높아 서까래 모습과 같아야 한다(後高前低 狀如屋椽)."고 하면서 이에 대한 주註에서는 "두 손을 높이 들 때 왼쪽 어깨가 낮아야 몸의 자세가 바르게 된다(手高擧則左肩低而體勢正矣)."고 했다. 거궁 시에 두 손을 높이 쳐들고 화살대가 앞으로 기운 서까래같이 되도록 줌손보다 깍지손 위치를 높이고 또 앞어깨를 낮추라는 것이다. ≪무경사학정종≫의 사법은 일본 사법에 큰 영향을 미쳤고 근래 그 과정을 탐구한 죠치다카사城地孝의 글이 우리말로 번역되어 ≪전통활쏘기연구≫, 창간호(전통활쏘기연구회, 2021년)에 수록되었다. 우리나라도 18세기 말 이미 ≪무경사학정종≫ 내용이 ≪무경칠서휘해≫(서기 1700년)를 통해 전해졌다. ≪무경칠서휘해≫를 평양감영에서 복각 간행한 것이 서기 1799년이다. 이춘식이 서영보에게 「사예결해」를 구술한 것도 비슷한 시기이지만(서기 1777년경으로 추정된다.) 「사예결해」의 사법은 앞어깨를 낮출 것을 강조한 점에서는 ≪무경사학정종≫의 사법과 같지만 앞어깨를 낮추는 방법에서는 ≪무경사학정종≫의 사법과 전혀 다르다. 이를 보면 우리는 앞어깨를 낮추는 사법이 ≪무경칠서휘해≫를 통해 우리나라에 도입된 것이 아니라 원래 우리 고유의 사법이었을 것으로 추정할 수 있다.

5) 원문의 '미彌'는 '극極'과 통용되는 글자이다.

그림 1. 반안함노세도賓鴈啣蘆勢圖

후에도 뒷팔꿈치를 등 뒤로 지그시 돌리고右肘漸回 앞팔 팔뚝을 지그시 비틀고左臂漸拗[8] 앞팔꿈치와 앞어깨가 겉으로 튀어나오지 않게 숨기듯 하면서肘肩齊覆[9] 수평으로 곧게 줌통을 밀어준다平直遠托. 이때 안쪽으로 힘이 가해져야 하며其勢務向內[10] (이렇게 하면) 활 몸체가 저절로 횡으로 기울어지며弓身自橫[11] 마치 기러기가 갈대를 물고 있는 형상이 된다如鴈啣蘆狀.[12]

---

6) ≪예기禮記≫, 사의射義 편을 말한다.

7) 원문의 '심고審固'는 정신을 집중시켜 온몸의 기력을 모으고 자세를 굳히는 단계를 말한다.

8) 청淸 나라 주용의 ≪무경칠서휘해≫의 심담십사요心談十四要 중의 '전방요전前膀要轉'을 말한다. 우궁의 경우 줌팔의 앞팔뚝을 시계 방향으로 비틀어서 팔이 곧게 펴진 상태를 유지하려는 것이다.

9) 앞팔꿈치를 숨기듯 하라는 말은 팔을 구부리지 말고 쭉 펴라는 말이며, 앞어깨를 숨기듯이 하라는 말은 어깨를 솟아오르지 않게 내리눌러서 상박골(윗팔뼈)과 견갑골(어깻죽지뼈)이 맞물려 앞팔이 흔들리지 않게 하라는 말이다. 이 사법의 유래는 앞의 결訣 9조, 주註 16에서 설명했다.

10) 원문의 '무務'는 '필必'과 통용되는 글자로 '반드시'의 의미이다. 원문의 '향내向內'는 우궁의 경우 줌통을 시계 반대 방향으로 비트는 동작을 말하며, 이는 발시 동작에서도 계속된다. 앞의 결訣 15조에서 말한 "젖은 옷을 비틀듯 한다如拗澣衣."는 동작이다. 뒤의 해설解 4조에서 다시 설명한다.

11) 원문의 '횡橫'은 '측側'과 통용되는 글자로 ≪무경칠서휘해≫의 심담십사요 중 '궁소요측弓弰要側', 즉 "활의 (윗)고자는 기울여야 한다."는 구절에서의 '측側'과 같은 의미로 쓰였다.

12) ≪회남자淮南子≫, 권十九 수무훈修務訓 편에는 "기러기는 바람에서 날아가는 힘을 얻고, 갈대 가지를 물고 날아감으로써 사람이 쏘는 주살을 피한다(夫雁順風以愛爱氣力 銜蘆而翔 以備备矰弋)."라는 구절이 있고, 동한東漢의 고유高誘는 이에 대한 주註에서 "갈대 가지를 물고 나는 것은 주살의 줄이 날개에 걸리는 것을 막기 위한 것이다(銜蘆 所以令繳不得截其翼也)."라고 했고, 진晉의 최표崔豹도 ≪고금주古今注≫, 조수鳥獸 편에서 "기러기는 (가을에) 하북 지역에서 장강을 건너 강남으로 갈 때는 여위어 있을 때라 높이 날 수 있으므로 주살을 두려워하지 않지만, 강남은 먹이가 풍부해서 (봄에) 다시 하북으로 돌아갈 때는 살이 올랐을 때라 높이 날지 못해 노련한 사냥꾼한테 잡힐 우려가 있어 몇 치 길이의 갈대를 입에 물고 날아가면서 주살에 걸리는 것을 피한다(雁自河 北渡江南 瘠瘦能高飛 不畏繒繳 江南沃饒 每至還河北 體肥不能高飛 恐爲虞人所獲 嘗銜蘆長数寸 以防繒繳焉)."고 했다. 그러나 청淸의 왕기王琦의 주註에서는 "일설에 의하면 대산代山은 새들이 넘어갈 수 없을 정도로 높은데 낮게 터진 지점이

그림 2. ≪무경사학정종≫, <지미집指迷集>, 권五 인궁살방도引弓撒放圖
제七 척확세인궁구극시임발도蠖勢開弓圖

그림 3. ≪무경사학정종≫, <지미집指迷集>, 권五 인궁살방도引弓撒放圖
제九 척확세인궁구극시임발도尺 蠖勢引弓彀極矢臨發圖

이렇게 하면 손과 팔과 몸과 어깨의 힘이 모두 활로 모여서手臂身肩齊力湊弓 (활이) 아래위로 끄덕이지 못한다更不得低仰翻覆.[13) 이때 엄지 뿌리(반바닥)와 호구를

한 곳 있어 기러기들이 이곳으로 대산을 통과하므로 이곳을 안문雁門이라 하며 기러기들은 이곳을 통과하지만 곧 기다리던 매에게 잡혀 먹히므로 이를 피하려고 대오를 지어 입에 갈대 가지 하나씩 물고 안문을 지나고, 갈대를 본 매는 겁이 나서 못 덤빈다고 한다(一說 代山高峻 鳥飛不越 唯有一缺門 雁往來向此缺中過 人號曰雁門 山出鷹 雁過 鷹多捉而食之 雁欲過皆相待 兩兩相隨 口中銜蘆一枝 然後過缺中 鷹見蘆 懼之 不敢捉).”고 했다. 지금의 안문관雁門關 지역에는 “기러기가 하북으로 돌아갈 때는 반드시 입에 갈대 가지를 물고 가다 이 관關을 지나면 (세금으로) 떨어뜨린다(雁北歸必銜蘆 越關則輸之以供税).”는 전설도 있다고 한다. 한편 기러기가 갈대를 문 형상을 화살대가 입꼬리 부분에 붙은 모습으로 보고 이것이 우리나라 고유의 사법이 아닌가 생각하는 경우도 있지만 문맥상 ‘활의 몸체’를 갈대 가지에 비유한 것으로 보인다. 이러한 갈대의 모습을 ≪무경칠서휘해≫의 심담십사요에서 ‘궁소요측弓弰要側’이라 한 것이고, 이 「사예결해」에서는 ‘궁신자횡弓身自橫’이라고 한 것이다.

함께 써서以拇肚與虎口[14] 줌통을 끝까지 똑바로 밀어준다彌彌直托. <똑바로 밀라는 것은 위로 들어 올리거나 아래로 누르지 말고 수평으로 앞으로 밀라는 것이다.> 대개 표적을 맞힐 수 있는 묘한 비결은 호구의 쓰임새에 있고在於虎口[15] 이것이 바로 사법의 현묘한 부분이다.

(원문) 乃以肘力引之 切忌弦勢向下 亦勿指力拽開 旣滿引彌 以右肘漸引回 指背後 盖引弓 務要遠引 引滿然後 經所謂審固之旨 可以論矣 引滿之後 右 肘漸回 左臂漸拗 肘肩齊覆 平直遠托 而其勢務向內 則弓身自橫 如鴈唧蘆狀 手臂身肩齊力湊弓 更不得低仰翻覆 又以拇肚與虎口彌彌直托 <直托者 不高 不低之謂也> 蓋中的之妙 在於虎口 此是射法玄妙處

3. 심審 <정신 집중 및 조준>

남당南塘 척계광戚繼光은 《논어論語》[16]에서 말하는 '지궁시심고持弓矢審固' 중 '심審'(정신 집중 및 조준)의 뜻을 풀이하면서 '심審'은 시위를 가득 당겨 활을 벌리기 전에 하는 것이 아니라 활을 벌린 후 하는 것이라고 했는데[17] 이 말이 참

---

13) 원문의 '득得'은 '능能'과 통용되는 글자로 '갱부득更不得'은 "결코 못 한다."는 뜻이다. 또한 원문의 '저앙번복低仰翻覆'은 "아래위로 끄덕인다."는 말이다. 앞뒤로 끄덕이는 것을 '전앙후번前仰后翻'이라고 한다. 결국 앞팔과 줌손과 활이 흔들린다는 말이다.

14) 줌통을 밀어줄 때 호구로만 줌통을 밀면 화살이 떠오르지 않아 멀리 화살을 보낼 수 없고, 엄지 뿌리로만 밀어주어도 화살이 너무 떠올라 가까운 표적을 맞힐 수 없다.

15) 표적까지 거리에 따라 화살 비거리를 조절하는 방법으로는 첫째, 조준점을 높이거나 낮추는 방법이 있어 심한 경우에는 표적 밖의 지점을 오조준하기도 한다. 둘째, 깍지손의 높이를 높이거나 낮추는 방법이 있어 심한 경우에는 깍지손을 가슴까지 내리거나 머리 위로 올리기도 한다. 셋째, 시위 당기는 정도를 조절하는 방법도 있어 가까운 표적을 쏠 때는 심지어 평상시의 절반만 시위를 당기는 경우도 있는데 특히 표적에 접근해서 쏘는 마사馬射에서 이 방법을 쓴다. 넷째, 가까운 표적을 쏠 때는 호구에 힘을 주어 줌통을 밀어주고 먼 과녁은 주로 반바닥으로 줌통을 밀면서 하삼지로 줌통을 비틀어 쥐는 방법을 쓴다. 다만 120보 거리의 고정 과녁을 쏘는 현재 우리 활터에서는 깍지손 높이나 시위 당기는 길이는 일정하게 유지하면서 과녁과 시대의 높이 차이나 바람의 방향과 세기 등을 보고 조준점을 조절하는 방법을 주로 쓰지만, 옛날에는 호구에 가하는 힘을 조절해 가면서 화살 비거리를 조절하는 방법도 많이 사용된 것으로 추정된다.

16) 《논어》의 구절이 아니라 《예기》, 사의射義 편의 구절이다.

17) 척계광은 《기효신서》, 제13권 사법射法 편에서 "활을 벌려 버티며 심고審固를 해야 한다. 심審은 자세히 살피는 것이고審者詳審 고固는 줌통을 견고히 쥐는 것이다固者把持堅固也.…심審은 활을 가득 벌려 화살을 내보내려 할 때 필요한 일이다. 요즘 사람들은 활을 2/3가량 벌렸을 때 심審을 하지만 그렇게 하면 아무 도움도 되지 않는다. 요즘 사람들은 과녁 조준審的만 심審인 것으로 알고 과녁 조준은 여

으로 훌륭하다. 무릇 손, 발, 몸 및 얼굴의 움직임이나 자세, 줌통 쥐기操弓,[18] 시위에 화살을 걸치기架矢 등은 각기 필요한 기세當然之勢가 있고 그 필요한 기세가 바로 앞서 말한 결訣 15개 조이다. 그러나 시위를 가득 당겨서 활을 벌린 후에는 반드시 '심審'이 더해져야 한다. 모든 필요한 기세들이 모여 하나로 엉겨 붙도록 만드는 것凝定湊聚者을 '심審'이라 한다. 앞팔은 줌통을 밀고 뒷팔은 시위를 당기면서도 자신의 몸 전체가 활과 일체가 되어將自己一身入弓裏 표적을 향해 전진하는 기세가 되어야 한다向的.[19]

(원문) 卽論語持弓矢審固也 戚南塘繼光釋此義曰 審者非審之於引滿之前

러 가지 심審들 중의 하나에 불과함은 전혀 모른다. 다만 활을 가득 벌렸을 때는 집중력도 떨어지고 팔다리의 기운도 바닥나기 쉽다. 이때 급작스럽게 화살을 내보내면 화살이 내 뜻대로 힘차게 날아가서 명중될 것을 기약할 수 없다. 따라서 이때 더 정신을 집중시켜 마음을 가라앉히고 팔다리를 편안히 굳히는 것이 가장 중요한 심審이며 이렇게 한 다음 화살을 내보내야 한다. 이렇게 하면 화살이 힘없이 날아가거나 명중되지 않을 이유가 없다(持弓矢審固 審者詳審 固者把持堅固也…審者 審於弓滿矢發之際 今人多於大半矢之際審之 亦何益乎 審者 今人皆以爲審的而已 殊不知審的第審中之一事耳 蓋弓滿之際 精神已竭 手足已虛 若卒然而發 則矢直不直 中不中 皆非由我心使之也 必加審之 使精神知易 手足安固 然後發矢 其不直不中爲何)."라고 했다. 역자는 이곳에서 말한 '심審'의 의미를 쉽게 풀어서 '정신 집중 및 조준'으로 번역했다. 에도江戸 막부 시대 일본 유학儒學의 대가大家 오기유소라이荻生徂徠는 동양의 역대 궁술교범을 비교한 자신의 ≪사서유취국자해射書類聚國字解≫라는 글에서 믿을 만한 글은 명明 나라 척계광의 ≪기효신서≫와 명明 나라 고영이 서기 1637년 편찬한 ≪무경사학정종≫밖에는 없다고 격찬했는데, ≪기효신서≫에 대해 이렇게 극찬한 것은 바로 활쏘기의 경서經書인 ≪예기≫, 사의射義 편에 있는 '지궁시심고持弓矢審固'라는 구절 중 '심審'이라는 글자를 풀이해 놓은 이 부분 때문이라고 생각한다. 활쏘기를 예부터 '심고審固'라고 할 정도로 이 구절은 수천 년 세월 동안 애송된 구절인데 척계광은 이 구절 중의 '심審'이란 글자에 대해 더할 수 없이 탁월한 해석을 한 것이다. ≪기효신서≫, 사법 편은 종래 사법서의 경전經典으로 일컬어지던 당唐 나라 왕거의 ≪사경≫ 중 여러 구절을 인용하고 있지만 실전 경험이 많은 무인武人의 글답게 활 쏘는 자세에 관한 형식적인 요소는 전혀 인용하지 않고 실전에 필요한 사법만을 기술하면서 당시 전투에서 사용되던 활쏘기 자세에 대해서 상세히 언급하고 있다. 그러나 사법 분야에서 척계광이 남긴 무엇보다 큰 업적은 바로 '심審'이라는 글자에 대한 탁월한 해석이다. 척계광은 위에 인용한 구절에 이어 '심審'이라는 글자를 ≪대학大學≫의 '여려'라는 글자에 견주어서 "사법에서 '심審'은 ≪대학≫의 '여이후능득慮而後能得'이라는 구절 중 '여려'와 같은 말이다. 군자는 사물의 궁극적 도리를 알면 이에 멈추므로 목표가 정해지면서 잡념이 없어지고 마음이 안정된다. 그러나 두루 살펴보아야 자신이 멈출 곳을 알 수 있다. 군자는 활 쏠 때도 활을 가득 벌려 화살을 내보낼 즈음 정신을 집중시켜 조준해야 명중을 기약할 수 있다. 심審이란 말의 의미는 이를 ≪대학≫의 '여려'라는 말의 의미에 따라 음미해 보면 알 수 있다(射法中審字 與大學慮而後能得 慮字同 君子於至善 旣知所止而定而靜而安矣 又必能慮焉而後能得所止 君子於射箭 引滿之餘 發矢之際 又必加審焉 而後中的可決 欲知審字工夫 合於慮字工夫玩味之乃得)."라고 했다.

18) 원문의 '조操'는 '나拿'와 통용되는 글자로 "손에 쥔다."는 뜻이다.

19) 이 마지막 구절은 장언식의 「정사론」, 제六편 중에 "이렇게 법도대로 활을 벌리면 규칙적 음률을 타고 몸을 움직이면서 제자리에 머물면서도 전진하는 기세가 되는데 마치 돛이 바람을 안고 배를 밀고 나가듯 몸이 음률을 타고 움직이며 흔들림이 없이 전진하는 기세가 된다(中道立 以節奏求身 其能後留前進 如船遊風帆 身遊音律 進進忠忠)."는 구절과 일맥상통한다.

乃審之於引滿之後也 此言甚善 蓋手足身面 操弓架矢 莫不有當然之勢 當然
之勢 卽上十五訣 引滿之後 必加審焉 使諸件當然之勢 凝定湊聚者 乃所謂審
也 前要托後要引 將自己一身入弓裏 以向的

4. 결決 〈발시〉

심審(정신 집중과 조준)을 끝내면 이제 발시 단계에 들어간다. 흔히 하는 말로
"적중 여부는 발시에 달려 있다中不中在決."라고 한다. (발시는) 1천 리를 날아간
용이 마지막에 구멍 하나를 차지하려는 것千里行龍 到頭只爭一穴20)에 비유할 수 있
다. 사대에 서기부터 정신을 집중해 조준을 끝낼 때까지 어느 것 하나 법도에
어긋난 것이 없었다고 해도 발시가 허술하면 화살은 표적을 멀리 빗나간다. 발
시 동작을 일러 젖은 옷을 비틀 듯이 한다如拗澣衣고 말한다. 젖은 옷을 짤 때 앞
손으로는 옷을 안쪽으로 비틀고將前手拗向內 뒷손으로는 옷을 뒤로 잡아당기는데將
後手引向後, 활쏘기도 이런 모습과 같이 줌손은 「별撇」 동작을 취하고 깍지손은 「
절絶」 동작을 취한다前手撇而後手絶.21)22) 이렇게 (앞뒤 두 손으로) 화살 허리를 끊

---

20) 원문의 '도두到頭'는 '마지막에' 또는 '결국'이란 뜻이다. 송宋 나라 구양수歐陽修의 <옥루춘玉樓春>이
라는 시에 "동풍은 본시 개화를 알리는 소식인데, 꽃이 피면 바람은 더 급해지고, 꽃이 피자마자 곧 이별
이라 총총히 떠나니, 봄의 생각이 결국 어디 있는지 물을 곳 없다(東風本是開花信 信至花時風更緊 吹
開吹謝苦忽忽 春意到頭無處門)."는 구절이 있다. 한편 원문의 '천리행룡 도두지쟁일혈千里行龍 到頭
只爭一穴'이라는 말은 풍수지리에서 쓰는 말로 '천리행룡 일석지지千里行龍 一席之地'라고도 하며 "용
맥이 1천 리를 뻗어 내려가다가 마지막에 좋은 명당자리 하나 만들어 놓는다."는 뜻이다.

21) 「별撇」 동작과 「절絶」 동작(두 동작을 합해서 「별절」 동작으로 칭한다.)은 당唐 나라 왕거의 《사경》
에서 비롯된 중국 사법의 전통적인 발시 동작이었다. 「별」은 줌손의 동작으로 (우궁의 경우) 줌통을 시계
반대 방향으로 비틀면서 윗고자를 앞으로 쓰러뜨려 표적을 향하게 하는 동작이며, 「절」은 뒷팔과 깍지손
동작으로 뒷팔꿈치를 밑으로 누르면서 깍지손을 시위를 끊어버리듯이 뒤로 힘차게 빼내서 손목이 하늘을
보도록 팔을 수평으로 펴주는 동작이다. 이때 줌손을 (우궁의 경우) 시계 반대 방향으로 비트는 것은 앞
의 주註 10에서 설명했듯이 발시 이전부터 준비하는 동작이다. 왕거(656~746년)는 당唐 현종玄宗의
태자 시절 친구로 현종이 즉위 후 중서시랑에 발탁된 이후 태평공주의 난을 진압한 공으로 호부상서에
올라 조국공趙國公에 봉해졌고, 황제의 측근으로 항시 대정大政에 참여했으므로 내재상內宰相이라 불
렸다. 외직으로 나가 15개 주州와 2개 군郡에서 자사刺史와 군수郡守를 역임했지만 성격이 호방하고
사치스러워 법도를 준수하지 않다가 우상右相 이임보李林甫의 무고로 폄직貶職되자 목을 매 자살했다.
《전당시全唐詩》에 그의 시 4편이 수록되었고, 《구당서舊唐書》에는 <왕거전王琚傳>이 있다. 「별」
동작과 「절」 동작의 상세한 내용은 졸저, 《조선과 중국의 궁술》, 이담 Books, 2010년, 231~232,
236, 240~241쪽 참고. 한편 《무경사학정종》에서 시작되는 독창적 사법은 앞의 결訣 9조에서 설명
한, 앞어깨를 내리누르는 동작에 그치지 않는다. 《무경사학정종》은 나아가 이곳에서 말한 중국의 전통
적인 발시 동작인 「별절」 동작을 비판하고 시위를 자근자근 끝까지 계속 당기는 중에 깍지손이 저절로
시위에서 떨어지게 하는 발시 동작을 주장하면서 이를 '경법輕法'이라 했고, 발시 순간 활 윗고자를 앞

는 듯한 동작을 취하면將箭腰如將絕之,[23] 앞가슴이 퍼지고 앞팔과 앞어깨가 앞뒤 두 손 사이에서 일체가 되어서 끊임없이 버티는 중에撑亘[24] 깍지손이 매우 통쾌하게儘洞快[25] 저절로 시위에서 벗겨지면서 호쾌하고 웅장한 소리가 멀리 퍼져나

으로 쓰러뜨리고 뒷팔을 펴주는 동작은 정확한 발시에 아무 도움도 안 된다고 했는데, 청淸 나라 주용의 ≪무경칠서휘해≫도 그렇고 조선이나 일본의 사법에서도 이런 고영의 비판을 모두 수용하지는 않았다. ≪무경칠서휘해≫는 「별」 동작에 대한 비판은 수용하고 「절」 동작에 대한 비판은 수용하지 않았다. 조선의 경우 「사예결해」나 서유구의 「사결」은 여전히 별절 동작을 발시 동작으로 했다. 장언식의 「정사론」은 이에 관한 구체적 언급은 없고 다만 제二十一편에서 "앞에서 활을 견고하게 들어 올리는 것에 맞추어 뒤에서 시위를 충분히 당겨주되 그 기세가 줌통을 부러뜨리고 시위를 끊어버릴 듯하게 한다(若後有比擧較執之勢 因其勢 但似折弝絕弦)."는 구절이 「별절」 동작을 말하는 듯도 하지만 명확하지 않다. 「궁술의 교범」은 「별」 동작은 언급이 없고 「절」 동작은 권장하고 있다. 요즘의 소위 '온깍지 사법'은 「절」 동작과 비슷한 동작을 택한 것이며, 소위 '반깍지 사법'은 「절」 동작에 대한 ≪무경사학정종≫의 비판을 수용한 것이다. 일본의 경우 아랫장이 짧고 윗장이 매우 긴 장궁을 쓰는 활의 특성상 「별」 동작은 처음부터 수용할 수 없었지만 「절」 동작은 이를 선택적으로 수용했는데 우리의 '온깍지 사법'과 같은 동작을 '뒷손 길게 떼기(오하나레大離れ)'라고 하고 우리 '반깍지 사법'과 같은 동작을 '뒷손 짧게 떼기(고하나레小離れ)'라고 한다.

22) 위의 주註 19에서 설명했듯이 「별절」 동작에 대한 ≪무경사학정종≫의 비판을 중국은 물론 조선이나 일본에서도 선택적으로만 수용한 것은 고영이 비판한 「별절」 동작이 본래의 「별절」 동작이 아니라 자신의 시대에 유행하던 변질된 동작이기 때문이었을 것으로 보인다. 고영은 「별절」 동작의 예로서 자신과 동시대 인물인 정자이程子頤의 ≪무비요략武備要略≫에서 말한 발시 동작을 그림을 곁들여 설명하고 있다(뒤의 그림 4). 이 그림과 설명에 의하면 정자이는 앞손의 「별」 동작을 활의 윗고자를 약간 앞으로 쓰러뜨리되 시위가 활대 위로 가게 하는 동작으로 보았다. 요즘 우리 활터에서 가끔 보이는 소위 '고자채기'와 같은 동작을 말한다. 청나라 기김紀鑑의 ≪관슬심전貫虱心傳≫이나 이공李塨의 ≪학사록學射錄≫에서도 「별」 동작을 '일양一讓', 즉 '윗고자를 앞으로 수그리는 동작'으로 설명한 것을 보면 명나라 말기는 물론 청나라 때도 「별」 동작을 그런 동작으로 이해하고 있었던 것으로 보인다. 그러나 본래의 「별」 동작은 그런 동작이 아니다. 「별절」 동작에 관한 최초 기록인 왕거의 ≪사경≫, '보사총법步射總法' 항에서는 "앞손의 호구虎口를 약간 풀고 하삼지下三指, 즉 중지 무명지 및 새끼손가락으로 줌통을 돌려 옆으로 눕혀주면 윗고자가 화살을 쫓아 과녁을 가리키고 아랫고자는 왼쪽 겨드랑이 밑으로 들어온다. 이를 미기소靡其弝라고 한다(左手開虎口微鬆 下三指轉把臥側 則上弰可隨矢直指的 下弰可低胛骨下 此謂靡其弝)."고 했고, 남송南宋 진원정陳元靚의 ≪사림광기事林廣記≫에 수록된 도해圖解(뒤의 그림 5)를 보면 활이 완전히 수평으로 눕혀지면서, 윗고자는 과녁을 향하고 아랫고자는 앞팔 겨드랑이 밑에 들어와 있고, 시위는 활대 아래로 간다. 이를 보면 본래의 「별」 동작은 엄지 뿌리인 반바닥으로 줌통을 밀면서 하삼지를 더 세게 감아쥐어 줌통을 비틀어서 시위가 활대 밑으로 가도록 하고, 윗고자를 앞으로 쓰러뜨려 조준점을 향하도록 하는 동작으로 외적으로나 내적으로나 매우 활기차고 힘찬 동작이다. 또 ≪무비요략≫에서 말한 뒷팔과 뒷손의 동작 역시 본래의 「절」 동작과 전혀 무관한 당대의 동작이다. ≪무비요략≫에 의하면 발시 때 뒷팔과 뒷손의 동작을 가슴 앞에 '애기를 안는 듯한如抱嬰孩' 동작으로 손바닥이 위를 보게 하고 있지만(뒤의 그림 4), 이는 본래의 절 동작과 무관한 자세이다. 본래의 「절」 동작은 뒷팔을 뒤로 쭉 펴서 손바닥이 하늘을 향하게 하는 동작이다(뒤의 그림 5). 고영은 당대의 발시 동작을 정당하게 비판했지만 그가 이런 비판에 앞서 본래의 「별절」 동작이 어떤 동작인지를 설명하지 않은 것은 큰 의문이다. ≪무경사학정종≫의 <지미집指迷集>은 예부터 전해 내려오는 중요한 사법유훈射法遺訓들을 빠짐없이 분석했고 또한 당대에 많이 읽히던 중요한 사법서의 내용도 상세하게 소개하고 있는데 한족漢族 최고最古의 궁술교범으로 1천 년 이상 중국의 활쏘기 교범 역할을 했던 왕거의 ≪사경≫에 대해 왜 한마디도 없는지 의문이 아닐 수 없다.

23) 원문의 '장전요장절지將箭腰如將絕之'는 실제 화살 허리를 끊거나 끊으려는 것을 말하는 것이 아니라 발시 때 줌손을 비틀면서 뒷손을 잡아당기는 동작이 화살 허리를 끊으려는 듯한 동작임을 말하는 것이다.

24) 원문의 '긍亘'은 '연면부단連綿不斷', 즉 "틈새 없이 서로 연결된다."는 뜻의 글자이다.

간다. 발시 때는 숨을 들이쉬고 있어야 한다氣息要入.26) 무릇 사람은 숨을 내쉬고 있으면 몸이 약간 뒤로 젖혀지고出息則身仰 반대로 숨을 들이쉬고 있으면 약간 앞으로 숙여지는데入息則身俯, 숨을 들이쉰 채로 발시해야 왼쪽 겨드랑이에 여유가 생기고 몸과 활이 일체가 되어 과녁을 향해 전진할 듯한 기세가 된다. 이것이 옳은 방법이다.

(원문) 旣審之矣 乃可言決 諺曰 中不中在決 譬如千里行龍 到頭只爭一穴 假使自立至審 無一不合於法 決之之時 一有縱弛 則矢之去的也遠矣 故曰如 拗澣衣 盖澣衣者 將前手拗向內 將後手引向後 射者要如此狀 前手撇而後手 絶 將箭腰如將絶之 則胸乳展開 而左臂左肩 撑亘於前後手之間 而右手自脫 儘洞快 豪遠聲碓 遠有音折 決之之時 氣息要入 凡人出息則身仰 入息則身俯 以入息決之則左腋豁如 身入於弓而向的也正矣

---

25) 원문의 '동洞'은 '통通'과 통용되는 글자이다.

26) 활쏘기에서 호흡 방법은 매우 중요하고 논란이 많은 부분이지만 우리의 전통적인 호흡법은 '흉허복실胸虛腹實'이며, 이는 가슴으로 들이마신 숨을 밀어내려 아랫배를 부풀린다는 의미이고, 이런 상태는 발시 때까지 이어진다. 총기 사격 때도 숨을 들이마신 후 격발 때 숨을 멈추는 것과 같은 이치이다. 이때 주의할 것은 들이마신 숨을 다시 내쉬고 숨을 멈추면 안 된다. 들이마신 숨을 아랫배로 밀어내려야 하는데 이것이 바로 '복실腹實'의 의미이다. 따라서 이곳의 '기식요입氣息要入'과 뒤에 이어지는 '출식出息'은 숨을 들이쉬거나 내쉬는 동작을 말하는 것이 아니라 들이쉬거나 내쉰 상태를 말한 것으로 해석해야 옳다. 다만 다음에 소개할 장언식의 「정사론」은 「활쏘기의 열 가지 도道」 중 일곱 번째 구절에서 "깍지손 두 손가락(엄지와 검지)은 오직 충분히 시위를 잡아당기며 기氣를 끌어 올릴 생각만 해야 한다(後執二指者 但乘其方 恒念更氣者)."고 하면서 이에 대한 주註에서 "기를 끌어들이면 화살이 끌려 들어온다. 기를 입으로 끌어들이는 것이 아니라 손가락에 기를 모으는 것이다(氣吸 矢乃入也 非口也 謂指也)."라고 했는데 이는 호흡을 말한 것이 아니라 기세를 모으는 동작을 말한 것이다.

그림 4. ≪무경사학정종≫, <지미잡指迷集>, 제5권, 무비요략살방도無備要略撒放圖
장자이의 ≪무비요략≫에서 말한 잘못된 별절 발시 동작을 묘사하고 있다.
줌손으로는 윗고자를 앞으로 끄덕이는 듯한 동작을 취하고 있고, 뒷손은
가슴 앞에서 손바닥을 위로 해서 아기를 안은 듯한 동작을 취하고 있다.

그림 5. 왕거의 ≪사경≫에서 말하는 발시 동작
남송南宋 진원정陳元靚의 ≪사림광기事林廣記≫에서 왕거의 ≪사경≫이 말한 별절 발시 동작을
도해圖解로 설명한 삽화이다. 뒷손 모습이 분명치 않으나 ≪사경≫ 본문의 설명에 의하면 손가락을
모으고 손바닥을 펴서 위를 보게 해서 손금을
노출시키는 동작이다.

제 2 부

사결
射訣

서유구
徐有榘

서序[1]

이 글은 조선조 후기의 실학자 서유구(1764~1845)가 저술한 ≪임원경제지
林園經濟志≫, 유예지遊藝志에 포함된 글이며,[2] 서기 1700년 간행된 청淸 나라 주용
의 ≪무경칠서휘해≫, 말권을 비변사에서 축약 각색한 ≪무경회해≫[3] 중 사법
부분과 당唐 나라 왕거의 ≪사경≫ 중 일부를 발췌 편집한 글이다. 이 글에 인용
된 ≪무경회해≫의 내용은 ≪무경칠서휘해≫의 내용을 그대로 옮기지 않고 당
시 우리 군대에서 사용되던 사법과 연습 방법 등을 참고로 축약 각색한 것이다.
≪무경회해≫에서 인용했다는 연향법演香法, 상현법上弦法, 칭궁법稱弓法, 장궁법臓弓

1) 이 서론은 역자가 쓴 내용이다. 이 「사결」 번역본은 역자가 2010년 ≪조선과 중국의 궁술≫을 편찬하면서
   포함시켰던 내용을 이후 수집한 자료들을 참고해 가면서 미흡했던 부분을 보강하며 다시 정리한 것이다.

2) ≪임원경제지≫는 한국과 중국의 각종 저서들을 참고 인용해 엮어낸 백과전서로서 본리지本利志 13권, 유
   예지遊藝志 6권, 이운지怡雲志 8권 등 그 내용이 크게 16개 지志, 총 113권으로 나뉘어 있어 ≪임원십육
   지林園十六志≫ 또는 ≪임원경제십육지≫로도 불리며, 서울대 규장각본, 고려대 도서관본, 국립중앙도서관
   본, 연세대도서관본, 일본 오사카 부립 나카노시마도서관본 등 필사본 몇 질만 남아 있고 원본에 가장 가까
   운 것이 고려대 도서관본이라고 한다. 필자는 2010년 ≪조선과 중국의 궁술≫ 출간 당시 고려대본을 저본
   으로 했는데 당시 저본에 결문缺文이 있는 부분을 생략했지만 최근 풍석문화재단에서 간행한 ≪유예지遊藝
   志 1≫(2017년)에 그 원문이 포함되어 있어 이를 보충했다. 유예지, 1권에 「사결」이 포함되어 있다. 서유구
   는 42세 때 관직에서 물러나 고향 파주에서 18년간 저술활동에 전념했고 60세에 관직에 복귀했다가 75세에
   다시 고향으로 내려가 82세에 세상을 뜨기까지 저술활동을 하며 완성한 것이 ≪임원경제지≫이며, 서유구
   본인의 묘비에서는 이 책의 저술에 30년이 더 걸렸다고 했다. 책자의 내용이 너무 방대해 끝내 출판되지 못
   하고 필사본 몇 질만 남아 있을 뿐이다. 서유구는 다산 정약용과 같은 시대를 살았던 문신文臣으로 활을 잘
   쏘는 사람이 아니었다. 정약용보다 1년 뒤 초계문신抄啓文臣으로 선발되어 집현전에서 정조로부터 지도를
   받던 중 필수 과목인 활쏘기에 성적이 너무 저조해서 정조의 명에 따라 북영北營에 입소해서 특별훈련을 받
   았지만 결과는 "구제불능의 최하급으로…더 손댈 수 없는 썩은 나무 같다(下愚不移…朽木不可雕也)."는
   평을 받을 정도였다고 한다. 그러나 서유구는 이후 사법서들을 정리해서 이 「사결」을 작성했다. 서유구는 또
   작성 시기는 분명치 않지만 처음 활을 배울 때의 일을 소개하면서 문인의 활쏘기에 관한 자신의 흥미 있는
   소회를 피력한 「학서학사기鶴西學射記」란 글도 남겼다. 정약용 역시 북영에 입소해 특별훈련을 받았고 이
   때의 일을 「북영벌사기北營罰射記」라는 글로 남겼다.

3) 정확한 발간연도는 미상이며, 비변사가 발간한 ≪무경회해≫라는 책자가 국립중앙도서관에 수장되어 있지
   만 사법射法 부분은 멸실되어 보이지 않는다.

法, 조전법造箭法, 찰시법擦矢法, 장전법臟箭法 등은 ≪무경칠서휘해≫에는 보이지 않는 항목이며 또 학사총법學射總法, 연초법演艸法, 연비법演臂法, 연모법演眸法, 원전법遠箭法, 원근취적법遠近取的法, 보사찰요步射撮要, 사법십사요射法十四要 등도 ≪무경회해≫에서 인용한 것이지만 그 내용과 제목이 ≪무경칠서휘해≫와는 상당한 차이가 있다. 그러나 이 글은 궁시弓矢가 아직 군대의 중요 무기로 사용되던 시기에 우리나라 군대가 통일적으로 사용하던 사법과 연습 방법을 기록으로 남긴 것으로 일제강점기에 발간된 「궁술의 교범」보다 더 큰 의미가 있는 글이다. 원문에는 각 제목에 번호가 없다.

제1장 초학연습初學演習 〈활쏘기 입문〉

I. 학사총법學射總法 〈활쏘기 입문 총론〉

초보자가 가장 경계해야 할 일은 자신의 손으로 제대로 다룰 수 없는 억센 활이다. 처음에는 매우 부드럽고 연하면서 일그러진 곳이 없고 고자가 큰 활과 이에 맞는 좋은 시위를 써야 한다. 활에 시위를 얹을 때는 반드시 도지개弓擎를 채워 놓고 얹어야 힘이 골고루 퍼져서 시위를 얹는 중에 활의 태胎와 뇌腦가 손상을 입는 것을 피할 수 있다.[1]

(원문) 初學最忌 弓不服手 當備極和軟周正大弰之弓 配上好弦 上弦 必用弓擎 則受力自均 無損傷胎腦之虞

시위를 얹은 활은 뿔과 민어부레풀이 자리 잡도록 잠시 기다렸다가, 비뚤어진 곳이 보이면 도지개를 풀고 비뚤어진 곳을 바로잡아서 잠시 활을 벌리고 가상의 과녁을 향해 활을 벌리며 자세를 취해 본다. 이때 줌손 하삼지로 줌통을 쥐고 활을 수직으로 세워서 엄지를 중지 위의 허공에 놓고 검지와 함께 게의 집게발 같은 모습을 만든다. 이렇게 활을 쥐면 보사步射 때도 시위에 화살을 먹이기가 편할 뿐 아니라 마사馬射 때도 화살을 놓칠 염려가 없다.

---

1) 원문의 '궁나弓擎'는 '활에 쓰이는 나지擎子'를 말하며 우리말로 '도지개'라는 도구를 말한다. 도지개를 '은궤' 또는 '은괄檃栝'이라고도 하고, ≪조선의 궁술≫에서는 '목지기木支機'라고 했다. 무기 종류에도 '나지擎子'라는 것이 있어 남송南宋의 육유陸游가 자신이 직접 겪거나 보고 들은 사건, 풍속 등을 기록한 ≪노학암필기老學庵筆記≫에서는 "군사 장비에 나지擎子 <'요鏡'라고도 한다>…가 있어…길이 2~3장丈 <6~9m>의 대나무 자루가 있고 칼이나 창을 든 적 병사는 이를 감당 못 한다(軍器有擎子 <其語謂擎爲鏡>…以竹杆為柄 長二三丈 短兵所不能敵)."라고 했는데 이곳에서 말하는 '궁나弓擎' 또는 '나지擎子'는 아니다. 원문 중 '태胎'와 '뇌腦'에 관해서는 뒤의 제5장, 주註 6 및 7 참고.

(원문) 弓旣上弦 少停片晌 竢角膠性定 看其斜 正解去拏子 再端放 片刻始虛擬一的對的空張 先習容止 將左手中名小三指搦定弓弝 弓要直竪 大指活按中指之上 食指虛中對合大指形如蟹鉗 如此搦弓 不惟步射便于搭矢 騎射亦無落架之患

두 발의 모습은 고무래 '丁' 자나 여덟 '八' 자 모습이 되지 않게不丁不八[2] 서서 왼쪽 무릎이 과녁을 향한 후 앞으로 약간 구부렸다 뒷다리에 힘을 주면서 곧게 서되 두 다리에 고루 힘을 주면 몸이 안 흔들린다. 몸은 곧바로 세우되 비스듬히 과녁을 향한 자세로 서야 한다.[3] 두 눈으로 과녁을 보되 눈동자를 굴리지 말고 턱끝은 앞어깨를 마주 보아야 하며 이때 조용히 기력을 돋우어야 한다.

(원문) 次將兩足立爲不丁不八之勢 左膝對的 稍曲向前 右足着力 直立 兩足用力均勻 自不搖動 身勢須直 略似向前 兩目視的 若不轉睛 下頦宜對左肩此際當從容養氣

다음은 깍지손의 검지, 중지 및 무명지 세 손가락을 시위 중앙에 걸고 두 팔을 함께 들어 올려 활을 벌린다.[4] 줌손을 과녁을 향해 내미는 것과 동시에 깍지손도 서서히 뒤로 당기면서 두 팔이 일직선이 되게 펴는데 뒷팔을 구부려 깍지손이 오른쪽 어깨 곁에 닿을 때쯤[5] 줌손이 과녁을 향한 채 정지하게 활을 벌려

---

2) 원문의 '부정부팔不丁不八'은 '비정비팔非丁非八'과 같은 말이다.

3) "왼쪽 무릎이 과녁을 향하게 하라"는 말은 「궁술의 교범」이 말한 앞발 끝이 과녁을 향하게 서는 자세와 같다. 다만 이곳에도 뒷발 방향에 관한 언급은 없고 다만 "비스듬히 과녁을 향한 자세"로 서라고 했다.

4) 앞서 「사예결해」는 해설解 2조, 주註 3에서 설명한 대로 거궁 시 깍지손을 줌손보다 높게 들면 화살대는 오늬가 지붕 제일 위 주심柱心 도리에 걸린 서까래 모습이 되지만, 두 손 높이가 그와 반대이면 화살대는 촉이 하늘을 향하게 되고, 두 손 높이가 같으면 화살대는 수평이 된다. 「사예결해」의 사법은 거궁 시 깍지손을 줌손보다 높게 드는 자세를 말하지만, 이 「사결」이나 장언식의 「정사론」에는 거궁 시 두 손의 높이 차이에 관한 구체적인 언급은 없다. 이중화의 「궁술의 교범」에도 이에 대한 언급은 없다.

5) 이 구절은 뒷손이 오른쪽 어깨에 닿게 시위를 당기는 자세를 언급한 유일한 기록이다. 옆구리가 과녁을 향하게 서는 서양에서는 짧은 화살을 쓰며 뒷손을 턱 밑까지 당기지만 일본에서는 서양과 같은 발 자세로 서면서도 긴 화살을 귀 높이로 오른쪽 어깨 위까지 당긴다. 중국에서는 서양과 우리나라의 중간쯤 되는 발 자세를 취하면서 뒷손을 대개 뺨 근처까지 당긴다. 서양 사법은 동양과 달리 시위를 당길 때 엄지가 아닌 검지와 중지를 시위에 걸고 당기므로 뒷손이 턱 밑보다 뒤로 나가면 발시 때 시위가 뺨을 때리므로 턱 밑까지만 뒷손을 당기는 것이고, 서양과 비슷한 발 자세를 취하는 일본에서 긴 화살을 어깨 근처까지 당길 수 있는 것은 깍지는 안 써도 손장갑을 끼고 엄지를 시위에 걸어 당기기 때문이다. 결국 동양에서 화살을

준다. 그런 다음 활을 쏘는 자세를 취하면서 정신을 집중해서 자세를 굳혔다 다시 팔에 힘을 풀고 시위를 늦춘다. 이런 자세를 아홉 차례 취해 본 후 잠시 쉬었다가 같은 연습을 다시 계속하기를 그치지 않아야 연습의 효과가 나타난다. 짧게는 1개월, 길게는 3개월을 이렇게 활을 벌리는 연습을 해서 손과 발과 몸의 자세가 익숙해지고 모든 자세가 사법대로 된 연후에야 비로소 시위에 화살 끼우는 방법을 배울 차례가 된다.

(원문) 然後將右手食中名三指鉤弦之中 左右手齊擧開弓 前手將出 必須對的 其勢要同右手漸次伸開 兩手平如一線 右手曲至右肩之傍 貼在肩 稍則前手已指的定矣 模彷式樣 審固片晷 隨手鬆 回再開如此九次 停息片時 又如前法 循環不輟 乃見功效 若是開弓 或一月 或二三月 手足身法 自然純熟 動輒合式 然後再學搭矢

시위에 화살을 끼우고 하는 연습도 담벼락 앞에 서서 담벼락에 가상의 과녁을 향해서 한다. 줌손으로는 앞서 말한 방법대로 활을 쥐고 깍지손으로 화살을 쥐되 촉에서 2치† <약 6cm>가량 떨어진 곳을 활대에 직각으로 대고 화살을 줌손 검지와 엄지 사이에 밀어 넣고 검지와 엄지로 화살촉을 감싼다.[6] 그런 다음 깍지손 다섯 손가락이 화살대를 따라 깃을 지나 오늬까지 가서[7] 엄지와 검지 및 중지로 더듬어 가면서 오늬를 절피 중앙에 조용히 끼운다. 그런 다음에 깍지 낀 엄지로 시위를 당기는데 이때 검지 끝마디를 엄지 끝마디 위에 걸치고 깍지와 함께 화살 오늬를 감싸되 너무 억세거나 너무 허술하게 감싸면 안 된다. 깍지손의 나머지 세 손가락은 가볍게 손바닥 속으로 구부려 넣는다.[8] 화살을 시위에 먹일 때는 손으로 더듬어 끼우며 눈으로 보며 먹이면 안 된다.[9] 줌손 엄지와 검지는

귀 넘어까지 당길 수 있는 것은 엄지로 시위를 당기기 때문이지 발 자세나 활 길이와는 무관한 일이다.

6) 화살촉은 유엽전의 경우 화살대 속에 박히는 내촉內鏃과 밖으로 나온 외촉外鏃이 있어 각기 5~7푼이다. 검지와 엄지로 감싸주라는 위치는 내촉 부분일 것이다.

7) 이 구절 다음에 '오늬를 쥐고 오늬가 시위에 닿을 때까지 화살대를 앞으로 밀어낸 후'라는 구절이 생략되었다고 보아야 한다.

8) 깍지손의 엄지 위에 검지 하나만 올려놓는 것은 북방 기마민족의 방식으로 이를 '단탑單塔'이라 하며 보사步射가 발전했던 중국 한족漢族은 엄지 위에 검지와 중지 둘을 올려놓으며 이를 '쌍탑雙塔'이라 한다. 기사騎射에서는 짧은 활에 짧은 화살을 쓰기 때문에 북방 기마민족에서는 '단탑' 방식이 발전한 것이다.

화살을 가볍게 감싸주고 나머지 세 손가락은 줌통을 단단하게 감아쥔다. 몸과 발의 자세를 앞서 말한 대로 취한 후 시위를 당겨 굳게 버티면서 과녁을 겨냥해 자세를 굳혔다가 다시 풀어준다.10)

(원문) 至矢之法 亦當對牆 虛擬一的 左手以前法搦弓 右手持箭離鏃二寸許 橫弓對齊 投鏃於左手大指食指之中 食指大指箝籠箭鏃 右手五指由箭桿而下 至羽後扣處 將中大食指 摩扣對弦 適中搭上 模索穩滿 以大指指機控弦 以食指交搭大指之上 同指機箝住箭扣 不可太緊 亦不可太鬆 其中名小三指俱宜空拳 搭矢之時 止可手摩 切忌眼看 左手大食兩指鬆鬆籠抱箭桿 中名等指搦緊弓弛 身法立法照前 持固審的 鬆回弓矢

이 연습에 숙달되면 짚과녁草把 앞에서 자세를 연습해 자세나 동작에 조금도 잘못이 없게 되면 활터로 나가 짚과녁箭把을 향해 활을 쏜다. 이 짚과녁箭把은 바로 세웠을 때 폭濶 8치寸 <약 24cm>, 높이高 4자尺 <약 120cm>이며11) 처음 20궁弓 <약 30m> 앞에 세운다.12) 짚과녁을 다리 역할을 할 말뚝에 못을 박아 고정하고 앞발을 이 말뚝을 향해 놓고 법도대로 화살 오늬를 시위에 먹이고 활을 벌린다開弓搭矢.13) 화살을 내보낼 때 줌손으로는 활을 더 단단히 쥐고 과녁을 향해 내뻗고 깍지손은 어깨 높이에서 뒤로 곧게 빼내 펴준다. 이때 줌통을 쥔 손가락이 풀리거나 줌손과 깍지손의 힘의 균형이 무너지면 화살이 나갈 때 시위가

---

9) 화살을 시위에 먹일 때 눈으로 보지 말고 손으로 더듬어 먹이라는 것은 모든 중국 사법서가 언제나 강조하는 동작으로 전투 때는 표적에서, 습사 때는 과녁에서, 시선이 떨어지지 않게 하기 위한 동작이다.

10) 장언식의 『정사론』에서는 화살을 시위에 먹인 활을 들어 올려 실제 쏠 때와 같은 동작을 취했다가 다시 풀어주기를 4차례 반복하다 마지막 거궁 때만 실제로 화살을 내보내는 '오거일결五擧一決'이라는 연습법을 권장하고 있다.

11) 이곳에서는 짚과녁箭把의 폭을 약 24cm라고 했는데 이를 원통형의 지름으로 보면 그 둘레는 약 75cm(24x3.14)가 되지만, 뒤의 '연초법演艸法' 항에서는 원통형 짚과녁草把의 둘레周圍를 2자尺 <약 66cm> 남짓이라고 했다. 따라서 이곳의 짚과녁箭把은 뒤의 '연초법演艸法' 항의 원통형 짚과녁草把과 달리 가로 24cm, 세로 120cm의 직사각형이었을 것으로 보인다. 또 이곳에서는 짚과녁箭把을 약 30m 앞에서 시작해서 조금씩 거리를 늘여 53m 앞까지 세워 놓고 쏜다 했는데 뒤의 '연초법' 항에서는 60cm 앞에서 시작해서 3cm씩 거리를 늘여 12m 앞까지 세워 놓고 쏜다고 했다. '연초법' 항의 짚과녁草把이 처음 쏘는 것이고 이곳의 짚과녁箭把은 다음 단계에서 쏘는 것으로 보인다.

12) 뒤의 '연초법' 항에서는 처음에 연습을 시작할 때는 짚과녁을 몸 앞 2자尺 <약 60cm> 거리에 놓고 연습을 시작한다고 했는데 이는 실내나 집 안에서 연습할 때 짚과녁의 거리이다.

13) 원문의 '개궁탑시開弓搭矢'는 '탑시개궁搭矢開弓'이라 해야 할 것을 어순이 바뀐 것으로 보인다.

옷소매를 치거나 화살이 요동치며 나가는 등 병폐를 못 면한다. 줌손은 활 윗고자를 앞으로 쓰러뜨리는 「별撇」 동작을 취하고 깍지손은 뒤로 펴서 손바닥이 하늘을 바라보는 「절彆」 동작을 취하는 것이 좋다. <「별撇」 동작과 「절彆」 동작의 설명은 뒤에 나온다.>14) 줌손과 깍지손에 균등하게 힘을 써야 화살에 힘도 있고 명중률도 높아진다. 짚과녁 연습은 거리를 조금씩 늘여 35궁弓 <약 53m>까지 늘여 나간다.15)

(원문) 如是而行 造至純熟 始用草把對身演習 無一不是 無一不精 然後至敎場 竪立箭把 把濶八寸 高四尺 量準二十弓爲遠近之 則釘一脚椿 前足對椿立定 照式開弓搭矢 更在撒放着意 以前手指的緊搦一挺 後手平肩一撒卽伸於後 若少有把持不固 用力不勻 則不免出矢打袖搖頭等弊矣 貴在前手撇後手彆 <按撇彆解見下> 用力均勻 巧力兼至也 然把則尺寸亦宜漸加 移至三十五弓爲度

이때 활은 점차 억센 활을 사용하되 손이 활을 부릴 수 있어야 하며 힘에 부치는 억센 활을 쓰면 안 된다. <무경회해> 활쏘기를 배울 때 매우 부드러운 활과 매우 긴 화살을 사용하는 것이 좋다. 사법을 공부해서 깊이 이해하고 매일 집안 마당에서 짚과녁을 이용해 연습하되 법도에 맞는 몸의 자세를 취해 화살을 쏘아 명중시키지 못하는 일이 없게 숙달되어야 한다.

(원문) 弓亦漸强 量力配合 總以服爲佳 不可使弓勝於力也 <武經匯解> 凡初學入門之始 貴用極軟之弓 極長之箭 精究學法 體會於胸 日於家庭中用草把演習 模倣架式 對的放箭 手熟心巧 無不中的

---

14) 뒤의 제2장 임장해식臨場楷式 'I. 총결' 항, 'IV. 전후수법' 항, 'XI. 극력견전' 항 및 'XV. 보사촬요' 항을 말한다. 'I. 총결' 항, 'IV. 전후수법' 항 및 'XI. 극력견전' 항은 왕거의 ≪사경≫ 중 같은 제목의 글을 일부 발췌해 놓은 것이다. 'XV. 보사촬요' 항은 비변사의 ≪무경회해≫ 중 같은 제목의 글을 그대로 옮겼지만 왕거의 ≪사경≫에서 말한 '별절' 동작을 정확히 묘사하지는 못했다. 「별절」을 우리나라에서는 통상 「撤絕」로 표기하지만 중국 사서에서는 「撤彆」 또는 「撤彆」로 표기하며, 이를 「질절搾彆(또는 搾彆)」로 표기하는 때도 있다. 「별절」 동작에 관해서는 앞의 「사예결해」, 해설 5조, 주註 10에서도 설명했다.

15) 뒤의 '연초법' 항에서는 처음 약 2자尺 <약 60cm> 정도 거리를 두고 연습을 시작해서 1치寸 <약 3cm> 단위로 짚과녁 거리를 늘여가면서 매번 익숙해질 때까지 연습을 계속하고 10보步 <약 12m> 거리에서 백발백중할 수 있을 때까지 짚과녁의 거리를 늘여가라 했는데 이는 실내나 집 안에서 연습 때 거리이다.

다음에는 활터에서 여럿이 조를 이루어 늘어서 활을 쏘는데 다섯 명이 한 조를 이루어 초보자를 가운데 세우고 양옆의 사람이 초보자의 잘못을 고쳐준다. 두 발의 간격은 너무 넓거나 너무 좁으면 안 되고, 두 발 모습이 고무래 '丁' 자나 여덟 '八' 자가 되지 않아야 한다. 과녁이 남쪽에 있을 때 몸은 똑바로 편안히 서서 과녁을 향하지만 대략 서남쪽을 향한다.16)

(원문) 然後就敎場排立而射 以五人爲一排 於中輪 一二人立于兩側 以攷其程度 立步不可太濶 亦不可太窄 須要適中 以成不丁不八之勢 擬的在南 端身穩立 勢要向的 略帶向西

앞뒤 두 손과 어깨와 팔꿈치는 모두 직선을 이루어야 한다. 시위를 뒤로 당길 때 깍지손이 눈을 가리면서 지나가면 안 되며 뒷팔 팔꿈치를 낮추어서 옆구리에 붙여도 안 된다. 몸통은 나무의 줄기같이 바로 세우고 두 팔은 곧게 펼쳐진 나뭇가지 같아야 한다. 가슴은 활짝 펴야 하지만 눈에 뜨이게 활짝 펴면 안 되며 뒷등은 조여야 하지만 조이지 않은 듯 조여야 좋다.

(원문) 前後手與肩肘齊平 往後扯去 手忌過目 肘忌貼脅 端身如幹 直臂如枝 前胸須挺開 切忌挺開之迹 後背須撮合 貴無撮合之形

앞주먹은 과녁 중심을 향하고 깍지손은 어깨 곁에 붙이고 줌손 엄지 위에 걸친 검지로 화살을 감싼다. 시위를 당길 때援弦17) 깍지손 손등이 대략 몸을 향하고 손바닥이 대략 바깥쪽을 향하게 비틀며 당겨야 한다. 눈은 항상 과녁을 보며 오늬나 줌통을 보면 안 된다. 턱끝은 왼쪽 어깨를 향해서 돌려야 한다. 두 손이 수평을 유지하면서 활을 벌려야 하며 얼굴을 움직이거나 일그러뜨리면 안 된다.

---

16) 원문을 직역하면 "대략 서쪽을 향한다."가 되나 "대략 서남쪽을 향한다."고 해야 정확하다. 이 구절은 우리의 전통적인 사법에서는 과녁을 정면으로 보면서 두 발을 놓는다는 주장이 근거가 없음을 말하며, 오히려 중국의 비정비팔 자세나 우리의 비정비팔 자세에 아무런 차이가 없음을 말해 주고 있다. "과녁이 남쪽에 있을 때 몸은 똑바로 편안히 서서 과녁을 향하지만 대략 서남쪽을 향한다(擬的在南 端身穩立 勢要向的 略帶向西)."는 것은 「사예결해」, '학사총법' 항에서 말한 "몸은 곧바로 세우되 비스듬히 과녁을 향한 자세로 선다(身勢須直 略似向前)."는 말과 일맥상통하는 말이다.

17) 원문의 '왠援'은 '인引'과 통용되는 글자이다.

(원문) 前拳直指的中 後手緊貼肩傍 大指在下 食指在上籠箭 援弦將手背向身略扭 使掌心略見於外 兩目視的 切忌看扣看靶 下頦須對左肩 雙手引弓平平扯開 不可動容作色

활이 가득 벌어지자마자 바로 발시하면 안 된다. 앞팔을 먼저 펴서 줌손을 고정시켜 놓고 깍지손으로 시위를 당겨 활을 벌려도 안 된다. 쏘기 전에 먼저 몸의 자세를 취해 진짜로 쏘는 듯한 흉내를 내서도 안 된다.[18]

(원문) 不可弓甫開圓便爾輕易發矢 不可將前拳預先伸直拄定始用後手扯弓 又不可未射之先糚成架式與印板相似

다리 자세를 잡기 전 먼저 손으로 활을 쥐게 되는데, 다리 자세를 잡고 활을 들어 올리기 전에未定弓 시위에 화살을 먹인 다음 활을 조금씩 벌려가며 이에 맞추어 조금씩 법도대로 몸의 자세架式를 잡으며, 활이 완전히 벌려지는 때에 맞추어 법도대로 몸의 자세를 완성하고式成,[19] 활이 완전히 벌어지고 법도대로 몸의 자세가 완성되면 완전히 벌려진 활을 쥐고 굳게 버티며 정신을 집중해 조준하고 법도대로 몸의 자세를 굳혀야만 하는데 이런 상태를 오래 유지해야 신묘한 솜씨를 발휘할 수 있다. 이때 법도대로 된 몸의 자세는 그대로 유지하고 잘못된 몸의 자세는 고쳐야만 한다.

(원문) 要必脚未立 手先持弓 立未定弓 卽搭矢 弓開一分 架式隨成一分 弓開式成 弓圓式定 持滿審固 愈久愈妙 合於式者因之 不合於式者去之

이때 손, 눈, 허리, 발, 몸, 서기, 화살을 먹여 활을 벌리기開弓搭矢[20]와 정신을

---

18) 화살은 먹이지 않은 활을 들고 쏘는 흉내도 내지 말라는 것인지, 아니면 빈손으로 활 쏘는 흉내를 내지 말라는 것이지 불분명하지만 여하간 이런 흉내는 실제로 활을 쏠 때 필요한 신체 각 부위의 감각과 너무 다르므로 활쏘기에 도움이 되지 않는다는 말로 보인다.

19) 원문의 '식式'은 앞에서 말한 '가식架式', 즉 '법도에 맞는 몸의 자세'를 말한다.

20) 이곳 원문의 '개궁탑시開弓搭矢' 역시 '탑시개궁搭矢開弓'이라 해야 할 것을 어순이 바뀐 것으로 보인다.

집중해 조준하기를 모두 법도대로 해야 비로소 발시 준비가 끝난다. <무경회해>

(원문) 總期手眼腰足身法 立法 開弓搭矢審固法 合式而後止 <上同>

II. 연초법演艸法 〈짚과녁 연습법〉

짚과녁 연습법은 활쏘기를 올바로 시작하는 방법이다. 활을 가득 벌리고 모든 자세를 두루 제대로 취할 수 있게 되면 짚과녁艸把 하나를 만든다. 우선 아주 길고 질긴 벼의 줄기를 구해서 잎과 벼가 열렸던 끄트머리를 쳐낸 후 화살 길이보다 약간 짧게 잘라서 거꾸로 세워 놓고 광주리 크기 지름의 원통형 짚 다발로 묶는다約蘿口大.[21] 이를 햇볕에 바짝 말려 그늘에 두었다가 한쪽 끝을 가지런히 맞추어놓고 삼줄로 위에서부터 아래로 단단하게 묶어 내려간다. 이때 짚 다발을 돌려가며 몽둥이로 골고루 두들겨가며 묶는데 한 바퀴를 두드린 다음 삼줄 한 바퀴를 묶는 식으로 반듯한 모양이 되도록 단단히 묶어 내려가서 둘레周圍 2자尺 <약 60cm> 남짓 되는 곡식 담는 말의 크기로 묶는다約斗口大.[22] 이후 둥근 정면의 중앙에 과녁 모양의 가로세로 각 1치寸 <약 3cm>의 사각 표적지를 만들어 붙이는데 표적지를 2개 만들어 바꾸어가며 쓴다.

(원문) 演艸之法 實初學正始之方 如弓開滿穀 架式周定則製一草把 用極長極硬稻莖 扯去護葉剪去穗頭 比箭略短 顚倒 作束約蘿口大 曬極乾 置陰所回潤一頭取齊 用麻繩從頭纏縛 漸漸縛緊 槌棒周圍敲打 敲打一次 緊縛一次 以最緊 直平爲度 約斗口大 周圍二尺餘 平面之中 點一方寸鵠 的一樣 制兩個 輪換取用

다시 나무다리 4개를 만들어 짚과녁을 받쳐주는데 다리 중간을 막대기 몇 개

---

21) 원문의 '蘿'를 풍석문화재단의 ≪유예지 1≫(2017년), 135쪽에 인용된 원문대로 '籮'로 고쳐 읽었다.

22) 원문의 '두구대斗口大'는 곡식을 담는 말의 주둥이 크기로 원통형 짚과녁의 둘레를 말한다. 이곳에서 말한 집과녁은 정면이 둥그런 원통형이지만, 앞의 '학사총법' 항에서 말한 짚과녁은 폭 8치 <약 24cm>, 높이 4자 <약 120cm>의 직사각형으로 보인다. 용도가 다른 짚과녁이기 때문이었을 것이다.

로 연결해 흔들리지 않게 고정한다. 위에는 목판 2개로 초승달 모양의 고정 틀月牙鉗口을 만들어[23) 짚과녁을 그 사이에 끼워 넣고箝定 새끼줄 2가닥으로 고정 틀을 다리에 결박하되 (아래위로) 이 고정 틀을 움직일 수 있는 손잡이活機를 만들어 짚과녁의 높이를 쏘는 사람 키에 맞출 수 있게 하며, 짚과녁 중앙의 표적지 위치가 쏘는 사람의 왼쪽 젖가슴보다 2~3치寸 <6~9cm>쯤 높아지게 해서 활을 가득 벌리고 자세를 취했을 때 화살이 가리키는 위치에 표적지가 있게 한다.

(원문) 再用木架 架之 置架之法 四足着地 中用數擋拘定 上用木板二塊作月牙鉗口 箝定草把 再用繩索兩頭 縛固架上 箝把之木 須作活機 可上可下 以便與人身段相配 鵠面向人 務要較準高下 與人左乳相對其鵠 比乳高二三寸許 務期開弓圓滿 架式平正 箭恰對鵠爲度

짚과녁이 준비되면 그 앞에서 진도를 보아가며 매일 서너 차례 활 쏘는 연습을 한다. 짚과녁 앞 2자尺 <약 60cm> 정도 거리에 서서[24) 자세를 취한 후 법도대로 시위에 화살을 먹이고 활을 가득 벌리면 화살촉은 짚과녁 표적지와 1자尺 <약 30cm> 거리에 있게 된다. 멀리 있는 실제 과녁을 쏠 때나 똑같은 마음가짐으로 정신을 집중해서 과녁을 조준하고 자세를 굳힌 후 앞뒤 손에 고루 힘을 써서 화살을 내보내야 한다. 짚과녁 표적지를 쏠 때는 가는 촉의 화살을 써야 짚과녁 손상을 줄일 수 있다. 사법에 익숙해지면 화살은 점차 짚과녁에 깊이 박히고, 표적지에 수평으로 박힌 화살은 실제 활터에서 쏜 화살이라면 과녁에 명중할 화살이다. 화살 꼬리가 왼쪽으로 치우쳐 박힌 화살은 실제 활터에서 쏜 화살이라면 오른쪽으로 치우쳐合於右 날아갔을 화살이고, 꼬리가 오른쪽으로 치우쳐 박힌 화살은 실제 활터에서 쏜 화살이라면 왼쪽으로 치우쳐揚於左 날아갔을 화살이다. 이렇게 짚과녁에 꽂힌 화살 오늬의 상하좌우上下左右를 보면 화살이 실제로 상하좌우大小揚合 어느 쪽으로 날아갈 것인지를 알 수 있다.[25)

---

23) 원통형의 짚과녁을 양쪽에서 잡아주려고 초승달 모양의 목판 2개를 만들었을 것으로 보이지만, 2개 목판으로 어떻게 짚과녁을 잡아주었는지는 설명이 없다.

24) 앞의 '학시총법' 항에서는 처음에는 짚과녁을 20궁弓 <약 30m> 앞에 세워 놓고 연습한다 했는데 이는 야외에서 짚과녁을 쏠 때 거리이다.

25) 원문 중 마지막에 각기 두 차례씩 쓰인 '합合'과 '양揚'은 문맥상 '오른쪽으로 치우침'과 '왼쪽으로 치우

(원문) 草把旣成 覈定工課 每日約三次學射 立身離草把二尺許 模彷格式 照法搭矢 開弓極圓極滿 箭鏃離鵠一寸 儼如遠射 對定審固良久 前後手用力均匀 撒放得法 向鵠射人須用尖頭小箭則不損把 射法點熟 箭自飮羽 箭入草把中正平直者 是中把之箭也 假如箭尾偏左則知箭合於右 箭尾偏右則知箭揚於左 以箭扣之上下左右 論準頭之大小揚合

이렇게 연습해 익숙해지면 1치寸 <약 3cm> 단위로 짚과녁까지 거리를 늘여가면서 매번 익숙해지게 계속 연습하며 10보步 <약 12m> 밖에서 백발백중할 수 있을 때까지 거리를 늘여간다.26) 이런 연습을 거친 후 활터로 나가 실제 과녁을 쏘면 완전한 준비를 갖추고 활을 쏘는 것이다. 이때 비록 처음에는 명중시키지 못하는 경우가 있어도 곧 명중시킬 수 있게 된다. <무경회해>

(원문) 射至純熟 分寸漸加 漸演漸遠 矢矢如是加之 十步之外發必中鵠 然後再往敎場試驗則成竹在胸 雖有不中 知不遠矣 <武經匯解>

III. 연비법演臂法 〈앞어깨 단련법〉

활쏘기를 배우려면 활을 벌리기 전 손과 팔을 단련시켜야 하는데 수시로 앞손

참'을 각각 말하는 것이 분명하지만 두 글자가 왜 그런 의미로 쓰였는지는 불분명하다. '합습'은 닫힌다는 의미나 엎어진다는 의미가 있는 글자이고 '앙양'은 떠오른다는 의미가 있는 글자이기 때문이다. 다만 뒤의 제4장, '논풍후論風侯' 항에는 "좌풍이 불면 화살이 오른쪽으로 치우치는 경우가 많으므로 과녁의 왼쪽을 조준해 쏘아야 하고 우풍이 불면 화살이 왼쪽으로 치우치기 쉬우므로 과녁의 오른쪽을 조준해 쏘아야 한다(左風矢多合 須迎左 右風矢易揚 須迎右)."는 구절이 있어 이때 좌풍은 동풍을, 우풍은 서풍을 각각 의미하는데, 동풍은 비교적 따듯하고 습도가 높은 바람이므로 화살이 오른쪽(즉, 서쪽)으로 치우칠 뿐만 아니라 활의 힘이 약해져 화살이 멀리 날아가지 않을 가능성이 있고, 서풍은 비교적 차갑고 건조한 바람이므로 화살이 왼쪽(즉, 동쪽)으로 치우칠 뿐만 아니라 활의 힘이 강해져 멀리 날아갈 가능성이 있으므로 '합습'은 화살이 조준점보다 오른쪽으로 치우치면서 짧게 날아가는 것을 말하고 '앙양'은 왼쪽으로 치우치면서 멀리 날아가는 것을 말한 것일 수도 있다.

26) 이는 실내나 집 안에서 연습할 때의 거리이다. 앞의 '학사총법' 항에서는 짚과녁 연습은 20궁력 <약 30m> 거리에서 시작해 35궁력 <약 53m>까지 거리를 아주 조금씩 늘인다고 했는데 이는 야외에서 연습할 때의 거리이다. 한편 당나라 왕거의 ≪사경≫ 중 「총결(總結)」 항에서는 짚과녁 연습이 아니라 실제 과녁을 쏘는 연습이기는 하지만 "처음에 과녁에서 1장丈 <약 3m> 거리에서부터 쏘아야 한다. 백발백중할 수 있게 되면 차례로 조금씩 거리를 늘여 1백 보步 밖에서 백발백중할 수 있을 때 비로소 궁술은 완성된다(其的必始於一丈 百發百中 寸以加之 漸至於百步 亦百發百中 乃爲術成)."고 했다.

을 기둥에 대고 앞팔을 뻗어 단련시키며 앞손의 높이를 앞어깨와 같게 하고 뒷팔꿈치를 들어 올려 앞주먹과 높이가 같게 한 후 옆 사람을 시켜 자신의 앞어깨를 아래로 돌려 누르게 한다捺向下捲.[27] 이렇게 하면 처음에 어깨에 통증이 생기지만 1개월쯤 이런 훈련을 반복하면 통증이 없어진다. 이때쯤 되면 쇠힘줄을 덧댄 대나무 활을 쥐고 (줌손을) 기둥에 대고 단련하는데 깍지손을 높이 들고 (화살을 먹이지 않은) 시위를 당기면서 앞어깨를 힘껏 아래로 돌려 누르는 동작이 익숙해지면 이때 비로소 시위에 화살을 먹이고 활을 벌리는 연습을 시작할 수 있다. 이 동작이 숙달되면 골절들은 저절로 펴지고 골절이 펴지면 힘이 솟고 이렇게 숙달되면 기세가 강해져서 온종일 활을 쏘아도 힘이 달리는 일이 없어진다. 또한 활을 가득 벌리고도 조금도 흔들림이 없게 되어서 발시 시기를 당기거나 늦추거나 마음대로 조절할 수 있게 된다. 무릇 앞어깨를 돌려 누르면從下捲 줌손이 위로 올라가면서 줌손에 힘이 솟는다. 또한 뒷팔꿈치를 높이 들어 올렸다 서서히 뒷어깨 높이로 쓸어내리면 깍지손에 힘이 솟는다. 이렇게 연습해서 앞뒤 두 손에 힘의 균형을 이루게 되면 연습을 할수록 저절로 솜씨가 늘어난다. <무경회해>

(원문) 學者將欲引弓 須先操練手臂 時常對柱挺直 使之堅固 以左手托在柱上與前肩齊 以後肘聳起與前拳齊 使他人從傍將前肩捺向下捲 竢其酸痛旣定 一月之後 方以鋪筋軟竹弓托在柱上 後手提高引間 俟前肩下得極熱 方可搭箭空引殼 法旣合 骨節自直 直則生力 熟則生勢 終日習射不勞於力 旣殼之時 自能堅持不動 遲速操縱無不如意 大抵前肩從下捲則拳達上 力從前拳而出 後肘從高瀉下 力從後拳而開 如此操鍊 兩手均勻 工夫純熟 巧妙自生 <武經匯解>

---

27) 《무경칠서휘해》에서는 '권捲'이라는 글자에 대해 '회전번하위권回前番下爲捲'이란 주註를 달아놓았다. "앞으로 돌려주며 아래로 누르는 것을 '권捲'이라고 한다."는 의미이다. 중국에서는 이렇게 앞어깨를 내리누르는 사법이 명明 나라 고영의 《무경사학정종》에서 비롯된 사법이지만, 우리나라에서는 그 이전부터 전해져 내려온 고유한 사법이었을 것으로 보인다. 자세한 내용은 앞의 「사예결해」, 해설 5조, 주註 4 참고.

IV. 연모법演眸法 〈시력 단련법〉

무릇 사람의 몸에서는 정신이 모두 눈으로 모이고, 눈이 응시하는 곳으로 정신도 향하며, 정신이 향하는 곳으로 온몸의 기운과 정기가 모이게 되는 법이다. 따라서 평시에 늘 두 눈의 힘을 모아 50보 떨어진 곳의 한 곳을 응시하다가 조금씩 거리를 늘여가며 100보 밖 한 곳을 응시하는 훈련을 한다. 이때 쳐다보는 곳의 모습을 뚜렷이 볼 수 있어야 하며 아주 작고 세밀한 부분까지 크게 볼 수 있어야 한다. 이렇게 오랫동안 끊임없이 연습하면 눈 힘이 모여 사물을 분명히 응시할 수 있게 되고 활을 쏠 때 놀라운 솜씨를 발휘하게 된다. <부경회해>

(원문) 夫人一身精神 皆萃於目 目之所注 神必至焉 神至而四體百骸筋力精氣俱赴矣 故平時常凝眸定目 先望五十步外 漸及白步外 以一物作準看得其中明明白白 雖細密處亦若粗大 久之 精光凝聚 凝視分明 臨射時自得天巧 <武經匯解>

V. 연향법演香法 〈향불 앞 연습법〉

사법을 익히려 해도 잘 안 될 때는 밤에 향불 3가닥에 불을 붙여 높은 흙더미나 흙담 아래 나란히 세우거나 3가닥을 묶어서 세워 놓고 연습한다. 집 마당에서 연습하려면 흙벽돌을 벽 밑에 놓고 두꺼운 풀 더미로 가리고 (그 앞에 향불을 세워 놓고) 20보步 <약 24m> 앞에 화살 3개를 향불 불꽃 아래 가로로 나란히 등간격으로 세우고用箭三枝 對香頭略下三四分停28) (향불을) 오래 응시하다 앞주먹을 향불을 향해 정면으로 뻗어 화살을 쏜다. 화살을 쏘았으면 반드시 직접 가서 (화살 꽂힌 자리가) 향불 상하좌우 어느 곳인지 확인해 이를 기억해 두고 다음 화살을 쏜다. 향불이 다 타서 꺼질 때까지 쏘면 1백 발 정도를 쏠 수 있고, 이렇게 매일 연습하다 보면 사법에 익숙해지고 솜씨가 생겨 쏘는 대로 명중시킬 수 있

---

28) 원문의 '분정分停'은 거리나 간격이 같다는 말이다. '천하제일 재녀才女'라는 별칭의 송宋 나라 이청조 李淸照의 「새 연꽃 잎新荷葉」이라는 시에 "엷은 이슬 내리니 밤낮의 길이가 같아졌다(薄露初零 長宵共永晝分停)."는 구절이 있다. '삼사드四'는 화살 3개를 나란히 세우면 공간이 4등분 됨을 말한 것으로 보인다.

다. 낮에 연습할 때는 동전 크기의 조준점을 만들어 놓고 사법대로 연습해 보면 매우 큰 효과를 거둘 수 있다. 신속히 화살을 시위에 먹인 후 줌손을 낮추고 깍지손을 높여야 정확하게 화살을 내보낼 수 있다. <무경회해>

(원문) 欲精射法 工不可間 每夜將香點灼三枝 並揷或作一束 置高土埂下 或高土牆下 若庭內演習 則置土墼壁下 再以厚草搪之 相去約二十步 用箭三枝 對香頭略下三四分停 久審視 必拳正對而後發矢 須親自檢取 看其高下左右何如 變化在心 發可百十矢 以香滅爲度 久之 法熟機生 隨手可以命中 或日間 以錢大鵠的 如法演習 得益甚 捷然搭箭 須前低後高 方能有準 <武經匯解>

제2장 임장해식臨場楷式 〈정식 활쏘기〉[1]

I. 총결總訣 〈정식 활쏘기 총론〉 〈왕씨사경〉

활을 쏠 때는 먼저 방석 가운데 앉아서 앞무릎은 똑바로 과녁垛[2]을 향하게 하고 뒷무릎은 횡으로 놓는다.[3] 활을 쥘 때 줌통 가운데를 쥐고 (줌손을) 시위의 절피와 같은 높이에 두어야 한다. 활을 왼쪽 무릎 앞에 수직으로 세워 방석 위에 놓고 아랫고자를 조금 앞으로 내밀며 윗고자는 조금 우측으로 기울인다. 그런 다음 (깍지손으로) 화살을 뽑아[4] 손을 엎고 가볍게 손가락을 구부리되微拳 손바닥쪽 마디들指第三節은 펴고 엄지와 검지 및 중지로 화살의 오늬 쪽 3분지 1 부분을 쥐고 촉 쪽 3분지 1 부분을 출전피에 대고 줌손 검지頭指[5]로 화살을 받아 쥐면서 활을 돌려서 몸 쪽에 있던 시위를 화살 쪽으로 가게 한다. 그런 다음 깍지손이 깃을 더듬으며 오늬까지 와서 검지의 둘째 마디를 오늬에 대고 서서히 오늬를 시위에 끼워 넣는데 손가락들을 봉황새 꼬리털같이 벌려서 시위의 절피에 대었다가 다시 오늬에 댄다. 이때 깃은 위를 향하고 있고 시위도 이미 몸에서 떨어져

---

1) 활터나 시험장에서 활을 쏘는 규격화된 자세와 동작을 말하며, 앉은 자세로부터 시작한다.

2) 원문의 '타垛'는 흙으로 쌓은 과녁 또는 과녁 뒤에 쌓은 흙무덤을 말한다.

3) 두 무릎을 모두 자리에 대었을 것으로 보인다.

4) 화살을 뽑기 전 위치가 어디인지에 관한 설명은 없지만 왕거의 ≪사경≫을 설명하려고 ≪사림광기≫에 수록된 삽화에는 화살을 허리춤에 차고 있는 모습이다. 다만 이 삽화에서는 오늬가 몸 우측을 향하게 해서 오른쪽 허리춤에 찬 모습이지만 뒤의 '권현입소卷弦入弰' 항을 보면 오늬가 몸 좌측을 향하게 해서 오른쪽 허리춤에 차고 있었을 것으로 해석된다.

5) 원문의 '두지頭指'는 '검지'를 말한다. 엄지는 '무지拇指', '벽지擘指', '대지大指' 또는 '거지巨指'라고 하며, 검지는 '식지食指', '인지人指', '염지臨指' 또는 '두지頭指'라고 한다. 셋째 손가락은 '중지中指', '장지長指' 또는 '장지將指'라고 하고, 넷째 손가락은 '무명지無名指' 또는 '약지藥指'라고 하며, 새끼손가락은 '소지小指' 또는 '계지季指'라고 한다. 활쏘기 용어로는 중지와 무명지 및 소지를 '하삼지下三指'라고 하며 '중명소삼지中名小三指'라고도 한다.

있으므로 오늬 높낮이를 눈으로 곧 확인할 수 있다. 화살이 수평이 되게 오늬의 높낮이를 바로잡는다. 그런 다음 활을 들고 자리에서 일어나擡弓離席[6] 곁눈으로 과녁을 노려보며 (줌)손이 턱 밑에 오도록 시위를 가득 당긴다. 활을 가득 벌렸을 때는 줌손, 깍지손, 왼팔 팔뚝 및 팔꿈치가 모두 직선으로 수평을 이루게 하고 왼팔 팔꿈치에 물잔을 올려놓을 수 있게 되어야 한다.[7] 몸은 나무줄기같이 바로 세우고端身如幹 팔은 나뭇가지같이 곧게 펴라는 것直臂如枝[8]은 이를 말한다. 팔뚝을 곧게 편다는 것은 처음부터 곧게 펴는 것은 아니며 시위에 화살 오늬를 먹여 놓고 당겨서 활이 가득 벌어졌을 때 곧게 펴는 것이다. 시위를 급히 당기면 안 된다. 급히 당기면 위엄도 없고 관통主皮[9]도 어렵다. 그러나 느리게 당겨도 안

---

6) '총결'과 별도로 '보사총법步射總法'이 있으므로 '총결' 항을 자리 위에서 무릎 꿇고 쏘는 자세에 관한 설명으로 본다면 원문의 "대궁이석擡弓離席"을 "(앉은 자세로) 자리에서 활을 들어 올리고"로 해석할 수도 있다. 그러나 '보사총법'은 발 자세에 관한 간단한 설명 외는 '총결' 항에 대한 부연설명일 뿐 아니라 ≪사림광기≫에 수록된 삽화(앞의 「사예결해」, 해설 5개 조, 그림 3 참고)는 서서 쏘는 모습이지만 이에 첨부되어 있는 설명은 '총결' 항을 포함한 전 부분의 요약이다. 명明 나라 척계광의 ≪기효신서≫나 이정분 李呈芬의 ≪사경射經≫은 이 '총결' 항의 구절을 '보사전법步射箭法'으로 인용하고 있다.

7) 뒤의 '흠신개궁欽身開弓' 항에서는 "앞팔 팔꿈치를 위를 보게 엎는다(前肘上飜)."고 했고 「궁술의 교범」에서도 왼팔 중구미(팔꿈치)를 엎으라고 했다. 또한 명나라 척계광의 ≪기효신서≫ 역시 「실약사도實握射圖」라는 삽화에 첨부한 설명에서 "활을 벌렸을 때는 팔꿈치 안쪽 오금이 밑을 보게 한다(弓滿則肱之曲心對下)."고 했고 이정분의 ≪사경≫에서도 "왼손 손목(의 손바닥 쪽)이 위를 보는 것은 잘못이니 조심해야 한다(前手腕仰爲病色 宜戒)."고 했는데 왼팔 팔꿈치가 위를 보게 엎으라는 말이다. 하지만 이런 자세로는 왼팔 팔꿈치에 물잔을 올려놓을 수 없고 팔꿈치 반대편 오금이 위를 보게 해야(「궁술의 교범」은 이를 붕어죽이라 하여 잘못된 자세로 본다.) 오금 위에 물잔을 올려놓을 수 있을 것이다. 정자이의 ≪무비요략≫의 삽화에도 왼팔 팔꿈치 부분에 "팔꿈치 안쪽 움푹 파인 오금이 위를 본다(肘窩向上)."는 설명이 있다.

8) 원문의 '팔비'을 왼팔에 관한 말로만 볼 수도 있지만 전한前漢 시대 유향劉向의 <열녀전列女傳>은 '오른손(오른팔을 말함)은 나뭇가지같이 수평으로 쳐들고右手附枝'라고 했고 한영韓嬰의 ≪한시외전韓詩外傳≫은 '손(팔을 말함)은 나뭇가지같이 수평으로 쳐들고手若附枝'라고 했다. 결국 두 팔을 모두 곧게 펴서 몸통에 나뭇가지를 붙여놓은 것같이 하라는 말로 보는 것이 타당하다.

9) 원문의 '주피主皮'는 솔포 중앙에 가죽으로 덧붙인 정곡을 꿰뚫는다는 뜻이다. ≪의례儀禮≫, 향사례鄕射禮 편에는 '예사부주피禮射不主皮'라는 구절이 있는데 이는 "예사禮射에서는 정곡을 꿰뚫는 것만을 중요시하지는 않는다."는 말로서 후한後漢의 정현鄭玄은 이에 대한 주注에서 "몸가짐이 예에 맞는지, 절도가 가락에 맞는지도 중요하며 정곡을 꿰뚫기만 하면 되는 것이 아니다(貴其容體比於禮 其節比於樂 不待中爲備也)."라고 했다. 그러나 ≪논어≫, 팔일八佾 편에도 "子曰 射不主皮 爲力不同科 古之道也"라는 구절이 있는데 이 구절의 의미에 대해 주자朱子의 ≪논어집주論語集註≫에서는 "옛사람들은 활 쏘는 것을 보고 덕을 살피면서 정곡 맞추는 것을 중시했을 뿐 정곡을 꿰뚫는 것을 중시하지는 않았는데 이는 사람마다 힘의 강약이 같지 않기 때문이다. ≪예기≫, 악기樂記 편에서 무왕武王이 상商 나라를 멸망시킨 후 군대를 해산하고 활쏘기를 벌였을 때부터 정곡을 꿰뚫는 것만 보는 활쏘기를 그쳤다고 한 것이 바로 이를 말한다. 주周 나라가 허약해지고 예禮가 피폐해지면서 열국이 싸우며 다시 정곡을 꿰뚫는 것을 중시하자 공자께서 이를 한탄하신 것이다(古者射以觀德 但主於中 而不主於貫革 蓋以人之力有强弱 不同等也 記曰 武王克商 散軍郊射 而貫革之射息 正謂此也 周衰 禮廢 列國兵爭 復尙貫革 故孔子歎之)."라고 하여 향사례 편의 '사부주피射不主皮'란 구절의 의미를 전투가 아닌 사례射禮에서는 정곡을 맞히는 것이 중요하지 억센 활로 정곡을 꿰뚫는 것을 중요시하지는 않는다는 뜻으로 해석했다. 요즘 '사부주피射不主皮'의 의미를 활쏘기에서는 과녁 맞히는 것이 중요한 것이 아니고 자세나 예의범절이 중요하다는 말로

된다. 느리게 당겨도 힘이 부쳐力難爲 화살이 힘없이 날아간다. 숙달된 사람만 적절한 속도로 시위를 당길 수 있다. 화살촉이 줌통과 나란히 있도록 시위를 당기는 것을 '만滿'이라 한다. 촉이 줌통 중간까지 들어오면 이를 '영관盈貫'이라고 하는데箭與弣齊爲滿 地平之中爲盈貫10) 참으로 아름답지만 도달하기 어려운 솜씨이지만 적어도 촉을 줌손 엄지가 감지할 수 있을 때까지 당긴 후에 화살을 내보내야 한다. 이를 두고 "촉이 엄지손가락 위에 있지 못하면 화살은 결코 명중 못 하고 엄지손가락으로 촉을 감지 못 하면 눈이 먼 것과 같다"11)라고 한다. 이를 잘 익혀두어야만 한다. 눈으로 촉의 위치를 확인하기도 하지만 말을 타고 쏘거나 어두울 때 쏠 때는 사정이 다르니 좋은 방법이 못 된다. 따라서 화살은 활 오른쪽에 있어도 눈은 활의 왼쪽에 두는 것이다矢在弓右 視在左.12) 화살을 내보낼 때 윗고자는 과녁을 향해서 앞으로 쓰러뜨리고 뒷팔꿈치는 밑을 향하게 하면서13) (뒷팔을 펴서) 뒷손의 손목이14) 위를 보게 하고15) 시선은 과녁을 응시하고 줌손도 과녁을

해석하는 경우도 있지만 이는 잘못된 해석이다.

10) 원문의 "箭與弣齊爲滿 地平之中爲盈貫"을 뒤의 '흠신개궁' 항 중의 "凡鏃與弣齊爲滿 半弣之間爲貫盈"과 같은 말로 보았다. '만滿'과 '영관盈貫' 또는 '관영貫盈'을 좀 더 명확히 구분하자면 '만滿'은 촉 중간 부분을 줌통 옆까지 당긴 것을, '영관盈貫' 또는 '관영貫盈'은 촉끝을 줌통 중간까지 당긴 것을 각각 말한다. 이정분의 ≪사경≫에서는 "촉이 줌통을 지나 더 들어오게 당겨 쏘는 사람은 명가名家로서 초보자는 그렇게 할 수 없다. 이런 명가를 '탈파전脫弝箭'이라고 부른다."고 했다. 그러나 영관이나 탈파전같이 화살을 깊게 당겨 쏘는 것은 숙달된 사람이 유엽전을 쏠 때는 수월하겠지만 촉이 전형적인 화살표(↑) 모양으로 생긴 화살을 쏠 때는 숙달된 사람이라도 어려울 것이다. 유엽전 형태의 화살이라 해도 초보자가 이를 흉내 내면 화살이 활에 걸려 부러지면서 줌손에 큰 부상을 입을 수 있다.

11) 이곳에서는 화살촉을 감지하는 손가락을 줌손 엄지라고 했으나 척계광의 ≪기효신서≫나 이정분의 ≪사경≫이나 고영의 ≪무경사학정종≫ 등 후대의 사법서들은 '중지中指의 끝'이라 했다. 양자의 차이는 줌통을 쥐는 방법의 차이에서 비롯된 것으로 보인다. 척계광 등은 엄지를 중지 옆에 붙이고 엄지로 중지를 눌러 주라고 한 것이고 이곳에서는 엄지를 중지 위에 올려놓는 방법을 취한 것으로 보인다.

12) 이곳에서는 언제나 눈을 활 왼쪽에 두는 것을 바람직한 방법이라고 말하지만 후일 고영의 ≪무경사학정종≫, '첩경문捷徑門' 편에서는 보사步射의 경우 먼 거리에 있는 과녁을 쏠 때는 시선을 활 오른쪽에 두고 화살대를 거쳐 촉을 통해 조준점을 보아야 하고 50보 이내의 가까운 과녁을 쏠 때나 기사騎射의 경우에는 시선을 활의 왼쪽에 두어야 한다고 했다.

13) 원문의 '염厭'은 덮어서 숨긴다는 의미의 글자로서 '염기주厭其肘'는 발시 전 뒤를 향하고 있던 뒷팔꿈치를 발시 순간 밑을 보게 한다는 의미이다. '보사총법' 항에서는 '압기주壓其肘' 또는 '압주壓肘'라고 했지만 이는 '염기주' 또는 '염주'와 같은 뜻이다. '염'이나 '압'이나 발시 때 뒷팔꿈치가 밑을 보게 하고 뒷손 손바닥과 손목이 위를 보도록 뒷팔을 펴는 것을 말한다. 왕거의 사법을 도해로 설명한 ≪사림광기≫의 삽화에도 뒷팔이 팔꿈치가 밑을 보면서 수평으로 펴져 있다.

14) 원문은 단지 '완腕', 즉 '손목'이라고만 했지만 '보사총법' 항에서는 "손바닥이 위를 향하게 해서 손금이 보이게 한다(仰掌現掌紋)."고 했으므로 여기서 말한 손목은 손목의 손바닥 쪽을 의미한다.

15) 원문의 '미기소 염기주 앙기완靡其弰 厭其肘 仰其腕'이라는 동작이 바로 중국의 전통적인 발시 동작인 「별절撇挈(또는 撇挈)」 혹은 「질절搢挈(또는 搢挈)」이다. "'미기소靡其弰'는 앞손 동작으로서 이를 '별撇' 또는 '질搢'이라 하며 '염기주 앙기완厭其肘 仰其腕'은 뒷손 동작으로서 이를 '절挈(또는 挈)'

가리키고 마음까지 과녁으로 향하면 명중되지 않을 수 없다. 또 화살을 활의 힘에 맞추고 활은 쏘는 사람의 힘에 맞추라고 한다. 얼굴을 움직이지 말고, 표정을 일그러뜨리지 말고, 자세를 편안하게 하고和其文體[16] 기와 호흡을 고르게 하고, 정신을 집중해야 법도에 맞는다. 이 다섯 가지가 활쏘기의 상덕上德이다. <왕씨사경>[17]

(원문) 凡射 必中席而坐 一膝正當垛 一膝橫順席 執弓必中在把之中 且欲當其弦心也 以弓當左膝前 豎按席 稍吐下弰向前 微令上傾向右 然後取箭 覆其手 微拳 令指第三節齊平 以三指捻箭三分之一 加於弓亦三分之一 以左手頭指受之 則轉弓 令弦稍離身就箭 卽以右手尋箭羽 下至鬧 以頭指第二節當鬧 約弦徐徐送之 令衆指差池如鳳翮 使當於心 又令當鬧 羽向上 弓弦旣離身 卽易見箭之高下 取其中平直 然後擎弓離席 目取睨其的 按手頤下 引之令滿 其持弓手與控指及左膊肘平如水准 令其肘可置杯水 故曰 端身如幹 直臂如枝 直臂者 非初直也 架弦畢 便引之 比及滿使臂直是也 引弓不得急 急卽失威儀 而不主皮 不得緩 緩卽力難爲而箭去遲 唯善者能之 箭與弓把齊爲滿 地平之中爲盈貫 信美而術難成 要令大指知鏃之至 然後發箭 故曰 鏃不上指 必無中矢 指不知鏃 同於無目 試之至也 或以目視鏃 馬上與暗中則乖 此爲無術矣 故矢在弓右 視在左 箭發 則靡其弰 厭其肘 仰其腕 目以注之 手以指之 心以趣之 其不中何爲也 又曰 矢量其弓 弓量其力 無動容 無作色 和其文體 調其氣息 一其心志 爲之楷式 知此五者爲上德 <王氏射經>

왼쪽 어깨와 왼쪽 허벅지가 과녁을 향하는 자세로 두 발을 나란히 놓고 섰다가 왼발 엄지발가락을 과녁 가운데를 향해 돌린다左脚大指垛中心.[18] 이를 '정자불성 팔자불취丁字不成 八字不就'[19]라고 한다. 줌손의 호구를 약간 풀고 중지 무명지 및

이라고 한다.

16) 원문의 '화기문체和其文體'를 척계광의 ≪기효신서≫나 이정분의 ≪사경≫에서는 '화기지체和其枝體'로 보다 정확하게 수정해서 인용하고 있다.

17) 이상의 내용은 왕거의 ≪사경≫에서 '총결' 항 중 일부분을 발췌해서 그대로 옮겨놓은 것이다.

18) 원문의 '좌각대지타중심左脚大指垛中心'이 '좌각첨지타중심左脚尖指垛中心'으로 되어 있는 본도 있으나 의미는 동일하다.

새끼손가락으로 줌통을 돌려 옆으로 눕히면 윗고자가 화살을 쫓아 과녁을 가리키고 아랫고자는 왼쪽 겨드랑이 밑으로 들어오는데 이를 '미기소靡其弰'라 한다. 오른손은 시위에서 떼어낸 후 힘껏 뒤집어 뒤로 보낸다. 이때 어깨, 팔, 손목이 수평을 이루며 손바닥은 위를 보게 해서 손금이 드러나게 하며 손가락이 벌어지지 않게 한다. 이를 '압주앙완'이라 한다.[20] <上同>[21]

(원문) 左肩與胯對垜之中 兩脚先取四方立後 次轉左脚大指垜中心 此爲丁字不成八字不就 左手開虎口微鬆 下三指轉把臥側 則上弰可隨矢直指的 下弰可低胛骨下 此謂靡其弰 右手摘弦 盡勢飜手向後 要肩臂與腕一般平直 仰掌現掌紋 指不得開露 此爲壓肘仰腕 <上同>

II. 탑시법搭矢法 〈화살을 시위에 먹이고 발시하는 법〉

화살을 시위에 먹일 때는 화살 깃 중 하나가 위에 있는지 여부만 먼저 눈으로 본 다음 오늬를 시위에 끼울 때는 손으로 더듬어가며 끼워야지 눈으로 보면서 끼우면 안 된다. 그리고 (발시 동작에서) 줌손보다 깍지손을 4〜5푼分 <약 1.6cm>쯤 낮추면 두 손 높이가 같아지고 화살이 지나치게 떠오르지 않는다. 그러나 활 쏘는 사람의 힘도 고려해야 한다. 힘이 세면 화살을 멀리 보낼 수 있어 깍지손을 높여야 하지만 힘은 약한데 깍지손을 높이면 화살을 멀리 보내지 못한다. 다만 평지에서 가까운 과녁을 쏠 경우는 줌손은 낮추고 깍지손은 높이는 것이 옳다. (깍지손) 엄지를 시위에 건 후 검지 끝마디 절반을 엄지 끝마디 위에 걸고 힘껏 버티면서 똑바로 아래로 향하게 해야지 옆으로 기울이면 안 되며 단단히 시위에 걸어야 한다. 엄지와 검지의 뿌리 부분은 가슴 쪽을 향하고 끝부분은 팽팽하게 오른쪽으로 밀면서[22] 검지의 뿌리 마디로 화살을 눌러주되 지나치

---

19) 우리 활터에서 발 자세를 말하는 "비정비팔非丁非八"과 같은 말이다. 이 부분은 우리나라 활터에서 전통적으로 통용되던 비정비팔非丁非八 발 자세의 본래 의미를 정확히 이해할 수 있는 대목이다.

20) 현재 일부 활터에서 말하는 소위 '온깍지사법'에서는 발시 동작에서 뒷팔을 지면과 약 45° 각도가 되도록 내리뻗거나 뒷손바닥이 옆이나 밑을 보게 하는데 왕거의 ≪사경≫이 말하는 「절」 동작은 아니다.

21) 같은 왕거의 ≪사경≫ 중 '보사총법' 항의 앞부분을 그대로 옮겨놓은 것이다.

22) 우궁右弓의 경우를 말한다.

게 누르지 않으면 화살을 떨어뜨리는 일이 없고 시위를 가득 당겨도 화살이 안 구부러진다. 손바닥이 바깥쪽에서 보이도록 비튼 다음 화살을 내보내는 순간 바짝 더 힘을 가해 엄지와 검지를 힘껏 풀어주면 팔에 힘이 느껴지면서 시위에서 가볍게 벗겨지고 경쾌한 소리가 난다. 이를 '양장亮掌'23)이라 하며 가장 훌륭한 발시법이다. <무경회해>24)

(원문) 凡搭矢 先看單翎在上 入扣止用手摩 切忌眼看 前手須高 後手四五分 蓋前高後低 方得水平 矢去不猫然 亦顧人力何如 力强自能遠到 後手宜高 若 力弱而後亦高 則矢不遠 須放平些惟射近 前低後高 方纔有準 大指羈弦之中 食指尖半搭大指尖 極力外撑 直向於下 不可橫斜 致令鉤弦 兩指根緊對懷中 兩指抄緊往右撇 內節傍矢 不可太逼傍矢 則矢不則落地 而不太逼則矢滿不彎 反掌向外 略見掌心 臨發着力再緊 大食二指 盡力直開 自覺臂力齊勁 脫弦鬆 脆 聲音淸亮 名曰亮掌 此至法也 <武經匯解>

III. 공현법控弦法 〈시위 당기는 법〉

무릇 시위를 당기는 방식은 두 가지가 있다고 한다. 무명지와 새끼손가락은 붙여놓고 중지로 엄지를 누르고無名指疊小指 中指壓大指25) 검지는 시위에 대고 아래로 똑바로 내려뜨리는 방식은 중국 방식이고 엄지를 갈고리같이 구부리고 구부린 엄지를 검지로 누르는 방법은 오랑캐 방식이며 그 외의 방식은 볼 것이 없다.26)

---

23) '경쾌한 깍지손 떼기'로 해석하면 무난할 것이다.

24) 이 '탑시법' 부분은 주용의 ≪무경칠서휘해≫에는 보이지 않는 내용이다.

25) 북송北宋 증공량曾公亮의 ≪무경총요武經總要≫는 원문의 '무명지첩소지 중지압대지無名指疊小指 中指壓大指'를 '무명지첩소지 압대지無名指疊小指 壓大指'로 인용했지만 명明 나라 모원의茅元儀의 ≪무비지武備志≫는 ≪무경총요≫를 인용하면서도 이를 왕거의 원문 그대로 '무명지첩소지 중지압대지'로 인용했다. 그러나 명明 나라 당순지唐順之의 ≪무편武編≫은 이와 또 달리 '무명지 중지압대지無名指中指壓大指'로 인용했다.

26) 이곳에서 말한 중국 방식을 '쌍탑雙搭'이라고 하고 오랑캐 방식을 '단탑單搭'이라고 하는데 정자이의 ≪무비요략≫에서는 이와는 반대로 단탑이 중국 방식이고 쌍탑이 오랑캐 방식이라고 한다. 이정분의 ≪사경≫에서도 단탑 방식을 취한다. 한편 여기서 말한 방식은 엄지에 암깍지를 끼고 시위를 당기는 방식이지만 뿔이 달린 수깍지를 엄지에 끼고 검지 하나 아니면 검지와 중지 둘을 뿔에 걸치고 시위를 당기는 방법도 있고 양궁에서는 엄지 이외의 나머지 네 손가락의 끝을 구부려 시위를 당긴다. 서양에서는 엄지에 깍지를 끼고 시위를 당기는 방식을 몽골 방식이라고 부르며 양궁의 방식을 지중해 방식이라고 부른다.

오랑캐 방식은 힘은 약하나 말 타고 쏠 때 유리하며 중국 방식은 힘 있고 서서 쏠 때 유리하다. 그러나 (어떤 방식이건) 벌린 활을 버틸 때의 비결은 검지에 있다. 대부분 검지로 시위를 눌러 비틀어 주지만 그렇게 하면 화살이 구부러지고 깃도 상하게 된다.27) 하지만 검지의 옆면을 시위에 대고 똑바로 내려뜨리기만 하면 어렵지 않게 화살을 내보낼 수 있고 명중시키기도 쉬워진다. 또한 화살이 보통 때보다 십 보(步) 정도 더 날아간다. 옛사람들은 이를 비법으로 여기고 숨겼었다. 오랑캐 방식에서는 엄지가 검지를 지나 중지에 닿지 않게 하는 것도 역시 그 비결이다. 활을 쥘 때는 줌통 앞면을 엄지와 검지 사이의 호구(虎口)에 넣고 줌통 뒷면에는 엄지를 제외한 네 손가락의 손바닥 쪽 첫 마디를 대주며 엄지는 펴서 화살촉을 받쳐주되 화살이 검지에 닿지 않도록 해야 한다卻其頭指使不碍.28) 그렇게 하면서 쏘면 화살은 부드러운 소리를 내면서29) 매끄럽고 빠르게 날아간다. <왕씨사경>30)

(원문) 凡控弦有二法 無名指疊小指 中指壓大指 頭指當弦直竪 中國法也 屈大指 以頭指壓勾指 此胡法也 此外皆不入術 胡法力少利馬上 漢法力多利步用 然其持妙在頭指間 世人皆以其指末齓弦 則致箭曲 又傷羽 但令指面隨弦直竪 卽脆而易中 其致遠 乃過常數十步 古人以爲神而秘之 胡法不使大指過頭 其執弓欲使把前入扼 把後當四指本節 平其大指承鏃 卻其頭指使不碍 則和美有聲而俊快也 <王氏射經>

---

27) 이곳에서는 중국 방식이건 오랑캐 방식이건 검지로 시위를 눌러서 비틀어주는 방법을 옳지 못한 방법으로 보고 있다. 그러나 검지로 시위를 눌러주되 화살이 구부러지지 않게만 하면 화살이 힘차게 날아가고 명중도 쉬워짐이 분명하다. 우리의 전통사법에서는 이를 두고 깍지손을 짠다고 한다. 숙달된 궁사라면 깍지손을 짜면서도 화살이 구부러지지 않게 하는 것이 어려운 일이 아니다.

28) 원문의 '애碍'가 '득得'으로 되어 있는 경우도 있지만 오기誤記이다. 증공량의 ≪무경총요≫, 당순지의 ≪무편≫에 모두 '애碍'와 같은 뜻의 글자인 '애礙'로 되어 있다.

29) 발시 후 시위가 제자리로 돌아갈 때 철퍼덕 소리를 내거나 화살 뒷부분이 활을 때리고 나가는 소리가 나지 않는다는 말이다. 줌손을 견고하게 쥐고 발시 후에도 풀어지지 않아야 그렇게 된다.

30) 왕거의 ≪사경≫, '총결' 항 중 마지막 부분을 그대로 옮긴 것이다.

IV. 전후수법前後手法 〈앞손과 뒷손〉[31]

송나라 노종매 태위는 다음과 같이 해설했다. '살撥'을 ≪설문說文≫[32]에서는 '손을 뒤집어서 무엇을 때리는 것과 같은 동작側手擊物'[33]이라고 했다. 뒷손이 무엇을 때리는 것 같다는 말이며 뒷손을 어깨 높이로 뒤로 내뻗는 동작을 말한다. '렬捩'을 ≪설문≫에서는 비트는 것捩拗이라 했다. 앞손으로 줌통을 밀고 뒷손이 시위를 당기는 모습이 무엇을 힘껏 비트는 것 같음을 말한다.[34] '절劈'[35]을 ≪설문≫에서는 자르는 것이라고 했다. 깍지손을 시위에서 떼어내는 모습이 무엇을 자르는 것 같음을 말한다. 손바닥을 뒤집어 뒤로 뻗으면서 하늘을 향하게 해서 손금이 보이게 하는 것이 바로 그것이다飜手向後 仰掌向上 令見掌紋 是也. '질搾'을 ≪설문≫에서는 던지는 것이라고 했다. 줌손으로 윗고자를 앞으로 쓰러뜨리는 모습이 마치 무엇을 던지는 것같이 윗고자는 과녁을 가리키게 하고 아랫고자는 왼쪽 겨드랑이 밑으로 끌어당기는 것을 말한다. <왕씨사경>

(원문) 宋盧宗邁太尉釋 撥 說文云 側手擊物曰撥 謂當後手如擊物之狀 令臂與肩一般平直 是也 捩 說文云 捩拗也 謂以前手推弨 後手控弦 如用力拗捩之狀 劈 說文云 劈斷也 謂當以後手摘弦 如劈斷之狀 飜手向後 仰掌向上 令見掌紋 是也 搾 說文云 搾擲也 卽當以前手點弨 如擲物之狀 令上弨指的 下弨低胛骨下也 <王氏射經>

---

31) 이곳의 'IV. 전후수법' 항부터 뒤의 'XII. 권현입소' 항까지는 왕거의 ≪사경≫에서 같은 제목의 글들을 모두 그대로 옮겨 놓은 것이다. 다만 서유구의 「사결」에서 '指弓審固', '擧弨按弦'으로 인용한 것을 왕거의 ≪사경≫ 원문과 같이 '持弓審固'와 '擧弨攃弦'으로 각각 고쳤다. 한편 이 항의 제목이 진원정의 ≪사림광기≫에는 '전후수법前後手法'으로 되어 있으나 당순지의 ≪무편≫과 모원의의 ≪무비지≫에는 '수후수법修後手法'으로 되어 있다. 내용상 '수修'는 '전前'의 오기誤記가 분명하다. 한편 서두에서 이 부분이 송나라 노종매 태위를 언급한 것은 이 글 전체가 왕거의 글은 아니고 원대元代 이후의 보정판補正版이라는 증거이다.

32) 동한東漢의 허신許愼이 편찬한 ≪설문해자說文解字≫의 약칭.

33) 원문의 '측수側手'는 '손의 옆면'을 말한 것이 아니라 '손을 기울여서'라는 말로 뒤의 '흠신개궁欽身開弓' 항에서는 깍지손으로 시위를 당길 때의 모습을 '측수側手'로 표현했는데 이와 같은 의미라면 이곳에서는 손등이 위로 향한 상태에서 뒤로 빼낸다는 말이 된다. 그러나 왕거의 ≪사경≫에서 말하는 발시 동작에서 뒷손의 모습은 손바닥이 위로 향하도록 뒤로 빼주는 동작으로 뒤에 자세한 설명이 있다. 따라서 이곳에서 '측수側手'는 '손바닥을 뒤집으면서'라는 말로 보아야 한다.

34) 앞의 「사예결해」에서 '발시決'를 '젖은 옷을 비틀듯이 한다如拗澣衣.'고 말한 것은 바로 이 구절을 인용한 것이며, 원문의 '살撥' 및 '렬捩'은 이어 설명하는 '절劈' 및 '질搾'과 각각 같은 동작의 다른 표현이다.

35) 후일의 사법서에서는 '절劈'을 '절擘'로 표기한다.

V. 지궁심고持弓審固

〈활을 벌려 버티며 정신을 집중해 조준하고 자세를 굳히기〉

왼손은 아래로 내리고 엄지를 약간 구부려 줌통을 감싸고 검지와 중지에 힘을 주어서 활과 화살을 쥐며[36] 나머지 손가락은 가볍게 갈고리와 같이 구부린다. 아랫고자는 왼발을 향하게 하고[37] 오른손은 구부려서 시위의 절피 높이에 두고 팔을 옆구리에 붙이며 엄지와 검지 및 중지를 절節[38] 위에 대고 무명지는 시위를 쓸고 올라가 윗고자에 댄다四指絃綅捉弰.[39] 이때 오늬의 높이와 왼손의 높이가 같다.[40] 활노래訣에서는 "활을 벌려 버티며 정신을 집중해서 조준하고 자세를 굳혀야 한다. 과녁이 남쪽에 있으면 얼굴은 서남쪽을 향한다面向西.[41] 오른손을 활에 대고 왼손으로 줌통을 쥐지만 화살 오늬는 여전히 (왼손과) 나란히 있게 한다."고 했다.

(원문) 左手垂下 微曲大指羈弝 第二第三指着力把弓箭 餘指斜籠 下弰指左脚面 曲右手當心 右臂貼肋 以大指第二第三指於節上 四指絃綅捉弰 箭筈與手齊 訣曰 持弓審固事須知 垛在南時面向西 右手捉弓 左當弝 仍令箭筈兩相齊

36) 뒤의 '말우취전抹羽取箭' 항을 보면 화살을 줌손 중지로 잡았을 것으로 보인다. 이때 활과 함께 줌손에 쥔 화살은 하나이고 나머지 화살은 전통箭桶이나 허리춤에 있었을 것으로 생각된다.

37) 활은 세워져 있고 왼쪽 어깨와 옆구리가 과녁을 향하고 두 발은 '二' 자로 나란히 놓인 자세에서 취하는 동작일 것으로 보인다.

38) 활의 구조를 보면 나무뼈대에서 줌통이 붙을 위치에는 줌통의 길이보다 약간 긴 얇은 나무를 덧댄다. 이를 '덧나무'라고 하며 한자로는 '절節', '부柎' 또는 '녀帤'라고 한다. 그러나 이곳의 원문에서 말한 '절節'은 문맥상 활대와 시위가 만나는 부분인 '도고지'쯤을 말한 것으로 보인다.

39) 이 번역본에서 서유구의 「사결」 중 왕거의 ≪사경≫ 내용을 그대로 옮겨 놓은 부분에서는 원문의 저본底本으로 중국 해방군출판사의 ≪중국병서집성中國兵書集成≫, 제2책(1988년 간행)에 수록된 명대明代 완위산당본宛委山堂本 ≪설부說郛≫에 수록된 원문을 사용했는데 이 저본에는 원문이 '사지현측제소四指絃綅提弰'로 되어 있으나 이 항의 가결歌訣, 즉 활노래 중 '우수착궁좌당파右手捉弓左當弝'란 구절과 조화를 이루도록 '제提'를 '착捉'으로 바꾸었다. 이 부분이 당순지의 ≪무편≫에는 '사지현측촉소四指絃綅促弰'로, 모원의의 ≪무비지≫에는 '사지현리촉소四指絃裏促弰'로, 진원정의 ≪사림광기≫에는 '사리현측착소四指弦綅捉弰'로 각각 달리 인용되어 있다. '촉促'과 '착捉'은 같은 의미로 사용되기도 하는 글자다.

40) 뒤의 '말우취전抹羽取箭' 항에서 "왼발을 들어 과녁 쪽으로 옮길 때 오른손 손가락들을 모아서 윗고자로부터 줌통 쪽으로 손을 낮춘 다음에 검지를 화살에 대고 중지로 가볍게 화살을 건드려" 본다고 했다.

41) 앞의 제1장, 주註 16 참고. '가결歌訣'이라고 하며 암기하기 쉬운 노래 형식으로 사법을 설명한 것으로 순간적인 동작이나 기술을 상징적으로 표현하고 있다. 유향의 <열녀전>에서 "뒷손을 시위에서 떼는 것을 앞손이 모른다(後手發矢 前手不知)."는 구절은 지금껏 전해져 내려오는 가장 오래된 가결이다.

VI. 거파누현擧弸搜弦42) 〈줌통을 들어 올리고 시위를 슬쩍 당겨 본다〉

몸의 자세를 약간 구부리고 과녁을 주목한다. 왼손 손가락을 감아쥐고 손목을 낮추어 가슴에서 달을 토해 내는 형세로 활과 화살을 쥔다把弓箭.43) 이어서 오른손右手44) 검지와 중지를 시위 절피에 대고 앞으로 넣어 시위를 슬쩍 당겨 윗고자가 오른쪽 어깨 앞에 오게 한 후 왼발을 들어 과녁 쪽으로 세 발폭만큼 옮기면서三移步45) 화살을 뽑는다.46) 활노래에서는 "줌통을 들어 올리고 시위를 슬쩍 당긴다. 앞발은 종縱으로 뒷발은 횡橫으로 놓는다. (왼손은) 손가락을 구부리고 손목을 낮춘다. 몸은 약간 구부리고身微欽47) 윗고자를 슬쩍 오른쪽 어깨 앞으로 당긴다. 왼손으로 줌통 중심을 쥔다."고 했다.

(원문) 欽身微曲 注目視的 左手輪指坐腕 把弓箭如懷中吐月之勢 續以右手 第二指與第三指靠心 斜入撥弦 令弓上傳著右肩 然後擧左脚三移步 以取箭 訣曰 擧弸撥弦 橫從脚 輪指坐腕 身微欽 上弰斜傳右肩膊 左手持弸橫對心

---

42) 필자의 저본과 진원정의 ≪사림광기≫에는 '거파안현擧弸按弦'으로 되어 있으나 당순지의 ≪무편≫ 및 모원의의 ≪무비지≫에는 '거파누현擧弸搜弦'으로 되어 있어 이에 따랐다.

43) 필자의 저본에는 '弸'로 되어 있으나 '把'의 오기誤記이다. 앞항에도 '把弓箭'이란 구절이 있기 때문이다.

44) 필자의 저본에는 원문이 '좌수左手'로 되어 있으나 '우수右手'의 오기誤記로 보았다.

45) 중국 사법에서 활 쏠 때 전형적인 발 자세, 즉 비정비팔非丁非八 자세는 이 말과 더불어 뒤의 '당심입괄當心入筈' 항 중간에 있는 "왼쪽 발끝을 과녁 쪽으로 돌리고 발꿈치를 약간 (왼쪽으로) 내민다. 오른발은 과녁과 바로 평행이 되게 횡으로 놓고 신발과 버선이 과녁을 마주 보게 한다(左脚尖指垜 脚跟微出 右脚橫 直鞋襪對垜)."는 구절을 함께 보면 알 수 있다. 아래의 그림은 앞의 '보사총법' 항 및 뒤의 '당심입괄' 항과 이곳의 말을 종합해 구성한 도해(圖解)이다. 화살표는 발끝 방향을 말하고 점 하나가 한 발폭을 의미한다. 원문의 '심이보三移步'에서 '보步'는 '걸음' 또는 '발 길이'가 아니라 '발폭'을 말한 것이 분명하다. '삼이보三移步'가 ≪무경칠서휘해≫ 초간본에는 '심이기보三移其步'로 수정되어 있으나 중간본(광서光緖 2년. 1876년)에는 '일이이기보一二移其步'로 수정되어 있고, 초간본과 내용이 같은 일본의 <무경사학비수공하武經射學秘授攻瑕>(안영安永 2년. 1772년)에는 숫자를 빼버리고 '이기보移其步'로 수정되어 있다.

46) 왼손으로 활과 함께 쥐고 있던 화살을 오른손으로 뽑는다는 말이다.

47) 필자의 저본과 진원정의 ≪사림광기≫에 '신身'으로 되어 있다. 당순지의 ≪무편≫ 및 모원의의 ≪무비지≫에는 '수手'로 되어 있으나 오기誤記일 것이다.

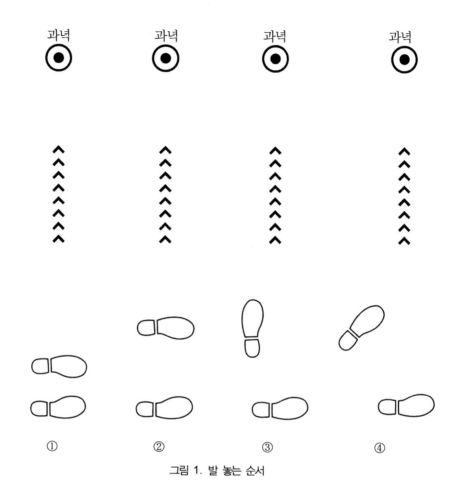

그림 1. 발 놓는 순서

VII. 말우취전抹羽取箭 〈깃을 더듬어 본 후 화살을 당겨 본다〉

(활과 화살을 쥔) 줌손은 중지를 아래로 (무명지에) 바짝 붙여承下緊48) 앞으로 내밀면서抵前49) 무명지와 새끼손가락은 갈고리같이 구부리고 그 위에 화살을 올려 놓는다落上箭.50) 왼발左脚51)을 들어 과녁 쪽으로 옮기며隨步 깍지손을 엎어 고자를

---

48) 원문의 '承'이 필자의 저본을 포함해서 여타 본에 모두 '丞'으로 되어 있으나 모원의의 ≪무비지≫에는 '承'으로 되어 있다. 어느 글자를 쓰건 의미는 같지만 의미가 보다 분명한 '承'으로 고쳤다.

49) 손가락을 펴서 손끝을 앞으로 내민다는 말이 아니라 구부린 채로 앞으로 내민다는 말일 것이다.

50) 원문의 '낙상전落上箭'이 필자의 저본과 진원정의 ≪사림광기≫에는 '낙상농落上籠'으로 되어 있으나 당순지의 ≪무편≫과 모원의의 ≪무비지≫에는 '낙상전落上箭'으로 고쳐져 있어 이에 따랐다. 줌손 중지 하나로 가로로 쥐고 있던 화살을 눕히면서 무명지 위에 올려놓는 동작으로 보인다.

거쳐 줌통 옆으로 내리고合右手指弰抵弝,52) 검지를 화살에 대고以二指按箭, 중지로 슬쩍 화살을 건드려 보고三指斜擗箭, 무명지와 새끼손가락은 손바닥 안에 가볍게 구부려 넣고, 중지와 검지로 화살대를 감싸 쥔 채 화살을 촉까지 당겨 본다.53) 활노래에 서는 "줌손은 줌통과 나란하게 둔다. (줌손의) 하삼지下三指는 차차 조여주고 엄지와 검지는 차차 느슨히 풀어주면서 새끼손가락으로는 화살촉을 단단히 감싸 쥔 다.54) (깍지손으로) 깃을 더듬어 보고 오늬를 시위에 먹일 때 서두르거나 머뭇거 리면 안 된다."고 했다.

(원문) 以左手三指承下緊 抵前 四指五指鉤 落上箭 先擧左脚 隨步 合右手 指弰抵弝 以二指按箭 三指斜擗箭 四指五指向裏斜鉤 左手二指三指羈靬 掣 箭至鏃 訣曰 前當弓弝一般齊 三實兩虛 勢漸離 小指取箭羈緊鏃 抹羽入弦無 暫遲

VIII. 당심입괄當心入筈 〈화살 오늬를 시위의 절피에 먹인다〉

깍지손 검지로 오늬를 잘 받쳐주면서 엄지로 오늬를 밀어서 시위 절피까지 가게 함과 동시에 왼손과 오른손을 함께 사용해 오늬를 시위에 끼운다. 이때 왼쪽 발끝을 과녁 쪽으로 돌리고 발꿈치를 약간 (왼쪽으로) 내민다. 오른발은 과녁과 바로 평행이 되게 횡으로 놓고 신발과 버선이 과녁을 마주 보게 한다. 오늬를 시위에 가볍게 먹였으면 왼손 손목을 낮추고 검지와 중지로 줌통 앞을 감싸 쥔 채 두 눈으로 슬쩍 과녁을 노려본다. 활노래에서는 "오른손의 검지로 오늬를 받치고 두 손을 모으면서 조용히 오늬를 시위에 끼운다. 오늬를 시위 절피에 먹였으면 슬쩍 과녁을 노려본다. 두 무릎에 팽팽히 힘을 주어 (두 다리를) 곧게 편다."고

---

51) 원문의 '좌左'가 필자의 저본에는 '우右'로 되어 있으나 문맥상 '좌左'의 오기誤記로 보여 고쳤다. 앞의 '거파누현擧弝攄弦' 항에 '거좌각심이보擧左脚三移步'라는 구절이 있기 때문이다.
52) 원문의 '합좌수지소저파合左手指弰抵弝'는 필자의 저본과 진원정의 ≪사림광기≫에 있는 문구인데, 당순지의 ≪무편≫과 모원의의 ≪무비지≫에 '합우수지소저파合右手指弰低弝'로 되어 있다. 후자가 문맥이 잘 통한다.
53) 오늬를 시위에 먹이기 전이므로 시위를 당기는 것이 아니라 화살만 끌어당기는 동작을 말한다.
54) 오늬를 시위에 먹이기 전 촉이 줌통에 오게 당긴 화살의 촉을 앞손 새끼손가락으로 감싸 쥐는 동작이다.

했다.

(원문) 右手第二指緊控箭筈 大指捻筈 當心 前手就後手 挱觖入弦 左脚尖指垜 脚跟微出 右脚橫 直鞋襪對垜 淺坐箭筈 左手第二第三指坐腕鞴前 雙眼斜覻的 訣曰 右手二指抱箭筈 兩手相迎穩入弦 捻筈當心 斜覻帖 緊膨兩膝直如衡

IX. 포박견현鋪膊牽弦 〈앞팔뚝을 펴며 시위를 당긴다〉[55]

줌통을 감아쥐고 줌손을 앞으로 내밀 때 윗고자를 약간 오른쪽으로 기울이되 두 팔은 약간 구부리며稍曲[56] 완전히 펴지는 않는다. 줌통을 감아쥔 손가락들은 힘을 빼고 검지는 줌통 위에弓弛節上[57] 놓는다. 엄지는 바닥면大指面[58]을 줌통에 밀착시키고 손가락은 편다. 여타 손가락을 꼭 감아쥔 후 앞팔을 펴면서 약간 내린다鋪下前膊. 이때 두 다리와 무릎에 힘을 주는 것은 오늬를 시위에 먹일 때부터 같다. 활노래에서는 "앞팔前膊[59]을 산을 밀 듯이 펴면서 약간 내리고鋪下,[60] 깍지 손 손가락右指[61]은 활을 벌릴 때 시위를 꼭 붙든다. 이때 두 팔을 약간 구부리고 완전히 펴지는 않는다. 부드럽게 시위를 당기려면 두 어깨를 서서히 벌려야 한

---

55) 졸저, 《조선과 중국의 궁술》(도서출판 이담 Books, 2010년), 245쪽에서는 이 '포박견현鋪膊牽弦' 항에서 '팔뚝'으로 번역해야 할 '박膊'을 '어깨'로 잘못 번역했다. 바로잡는다.

56) 원문의 '초稍'가 필자의 저본과 진원정의 《사림광기》에는 '현弦'으로 되어 있고 당순지의 《무편》에는 '소弰'로 되어 있고 모원의의 《무비지》에는 '초稍'로 되어 있다. '현弦'과 '초稍'는 문맥상 유사한 의미지만 뒤의 가결歌訣에 '양비초곡兩臂稍曲'이라는 구절이 있으므로 이에 맞추어 '초稍'로 했다. '소弰'는 문맥이 통하지 않는다.

57) 활의 나무뼈대에는 줌통이 붙을 위치에 줌통 길이보다 약간 긴 얇은 나무를 덧댄다. 이를 '덧나무'라 하며 한자로 '절節', '부柎' 또는 '녀帤'라 한다. 검지가 이곳을 지나게 한다는 말은 검지 위치를 줌통 위에 둔다는 말이다.

58) 엄지의 뿌리마디가 있는 면을 말한다. 우리말로는 반바닥이라고 한다.

59) 원문의 '박膊'이 필자의 저본에 '각脚'으로 되어 있으나 '박膊'의 오기誤記로 보고 고쳤다. 앞 구절에 '포하전박鋪下前膊'이라는 구절이 있기 때문이다.

60) 원문의 '포하鋪下'는 필자의 저본과 진원정의 《사림광기》에 따른 문구이지만 당순지의 《무편》과 모원의의 《무비지》에는 뒤에 이어진 '약추산若推山'에 맞추어 '추하推下'로 교정되어 있다. 그러나 어느 글자로 하건 의미는 같을 것으로 보인다.

61) 원문의 '우수右手'가 필자의 저본과 진원정의 《사림광기》에는 '우지右指'로 되어 있으나 당순지의 《무편》과 모원의의 《무비지》에는 '우수右手'로 교정되어 있다.

다."고 했다.

(원문) 輪指把弝 推出前手 微合上弰 兩臂稍曲 不可展盡 左手輪指空 第二
指過弓弝箭上 大指面緊著弓弝 屈起指節 餘指實屈 鋪下前膊 左右脚膝著力
同入筈法 訣曰 前膊鋪下 若推山 右指彎弓 緊扣弦 兩臂稍曲不展盡 文牽須
用緩投肩

X. 흠신개궁欽身開弓 〈몸을 약간 앞으로 기울이며 활을 벌린다〉

깍지손 검지로 화살을 확인하고知箭[62] 줌통 밖으로 과녁을 노려보면서 깍지손
을 기울인 채側手[63] 화살촉을 줌통까지 당긴다. (깍지손) 엄지가 턱뼈에 닿으면
'진進'이라고 하고, 화살촉이 줌통과 나란히 되도록 화살을 당겼을 때를 '만滿'이
라고 하고, 화살촉의 끝이 줌통의 중간까지 들어오도록 화살을 당겼을 때를 '관
영貫盈'[64]이라고 한다. 관영은 참으로 웅장한 모습이다. 이때도 늑골과 두 다리와
두 무릎에 힘을 주는 것은 오늬를 시위에 먹일 때와 같다. 활노래에서는 "활을
벌려 화살 내보내려면 먼저 몸을 앞으로 약간 기울이고 줌통弝[65] 밖으로 조준점
을 분명히 보아야 한다. 앞팔꿈치前肘[66]를 위를 보게 엎으면서 두 팔뚝을 모두
위로 올린다. 늑골과 두 다리와 두 무릎에는 고루 힘을 가해야 한다."고 했다.

(원문) 以右手第二指知箭 弝外覷帖 側手引箭至鏃 大指靠定血盆骨爲進 凡
鏃與弝齊爲滿 半弝之間爲貫盈 貫盈信美 雖有及者 大抵脅勒脚膝著力 亦同

---

62) 원문의 '지전知箭'이 필자의 저본과 진원정의 ≪사림광기≫에는 '취전取箭'으로 되어 있으나 당순지의
≪무편≫과 모원의의 ≪무비지≫에는 '지전知箭'으로 해야 문맥이 보다 자연스럽다.

63) 「궁술의 교범」에서 말한 깍지손을 짜준다는 동작, 즉 우궁의 경우 깍지손을 시계 반대 방향으로 돌려 손
등이 위를 보게 하는 동작을 말한다. 이 동작은 화살을 땅에 떨어뜨리지 않을 때도 도움이 될 뿐 아니라
줌손을 힘껏 비틀어 질 때 화살이 (우궁의 경우) 왼쪽으로 쏠리는 것을 방지해 주기도 하는 동작이다.

64) 앞의 '총결' 항에서는 '영관盈貫'이라고 했다.

65) 모로하시 데스지諸橋轍次, ≪대한화사전大漢和辭典≫ [동경, 대수관서점大修館書店, 소화 31년
(1956)], 권6, 630쪽의 '欽' 항에서는 '파弝'를 '이弛'로 잘못 인용하고 있다.

66) 필자의 저본과 진원정의 ≪사림광기≫에 '전주前肘'로 되어 있으나 당순지의 ≪무편≫과 모원의의 ≪무
비지≫에는 단순히 '주肘'로 되어 있다.

入筈法 訣曰 開弓發矢 要欽身 弝外分明認帖眞 前肘上飜 雙膊聳 脅勒脚膝力須勻

XI. 극력견전極力遣箭 〈힘껏 화살을 내보낸다〉

(화살을 내보낼 때는) 허리를 곧게 세운 후[67] 고자를 움직이는데 윗고자를 앞으로 쓰러뜨리면서 아랫고자를 왼쪽 겨드랑이 아래로 끌어당긴다上弰畫地 下弰傳左膊.[68] 이때 뒷손은 손목(의 손바닥 쪽)이 위를 향하게 하고 뒷팔꿈치는 늑골을 지나 등 뒤로 가게 돌리면서 뒷손을 힘껏 거침없이 뒤로 던진다極力蹇後肘過肋 掎後手向後.[69] 앞손은 호구虎口에 힘을 가해 아래로 누르면서 손목을 돌려준다.[70] 이때 무명지와 새끼손가락으로 줌통을 단단히 감아쥐고 있어야 한다. 두 어깨가 완전히 펴지면兩肩凸出[71] 화살은 배로 힘차게 날아간다. 활노래에서는 "(앞손으로) 윗고자를 과녁 쪽으로 쓰러뜨리는 모습은 줌통弝[72]을 꽉 쥐어 부러뜨리는 것搦斷 같고 (뒷손으로) 화살을 내보내는 모습은 시위를 비벼 끊어내는 것撚折[73] 같다. 윗고자는 왼발 앞쪽으로 쓰러지고 아랫고자는 등뼈 쪽에 붙는다. 힘껏 화살을 내보내지만 모습은 자연스럽다."고 했다.

---

67) 앞의 '거파누현擧弝搜弦' 단계부터 몸을 약간 앞으로 구부리고 있었다.

68) 원문의 '상소화지 하소전좌박上弰畫地 下弰傳左膊'이 필자의 저본에는 '상소화지 하소전우박上弰畫地 下弰傳右膊'으로 되어 있다. 이 구절은 '보사총법' 항 중 '상소가수시직지적 하소가저갑골하上弰可隨矢直指的 下弰可低胛骨下'나 'Ⅳ. 전후수법' 항 중 '상소지적 하소저갑골하上弰指的 下弰低胛骨下'라는 구절과 같은 의미이므로 원문의 뒷부분은 '하소전좌박下弰傳左膊'으로 고쳐 읽어야 한다. 「보사병색步射病色」(이곳에서는 제목을 「총병總病」으로 바꾸었다.)에서 '화살을 내보낼 때 아랫고자가 오른쪽 어깨 쪽으로 오는 것下弰傳右胛'을 '발소鏺弰' 또는 '소자대弰子大'라 하여 병으로 보았기 때문이다.

69) 원문의 '건蹇'이 필자의 저본에는 '九' 받침 위의 '卓' 자로 되어 있으나 '건蹇'과 통용된다. '건蹇'은 '거침없이'라는 말이다. 원문의 '기掎'는 필자의 저본과 진원정의 ≪사림광기≫에는 '의猗'로 되어 있으나 당순지의 ≪무편≫ 및 모원의의 ≪무비지≫에는 '기掎'로 교정되어 있다. '기掎'는 던진다는 말이다.

70) 호구를 아래로 누르는 것은 윗고자를 앞으로 쓰러뜨리는 동작이며 손목을 돌려주는 것은 시위를 아래로 향하게 하기 위한 동작이다

71) 원문의 '양견철출兩肩凸出'은 "두 어깨가 튀어나오면"이라는 말이지만 의미가 통하지 않으므로 활쏘기의 일반이론과 문맥에 따라 임의로 번역했다.

72) 원문의 '弝'가 필자의 저본과 여타 본에는 모두 '弝', 즉 '줌통'으로 되어 있으나 진원정의 ≪사림광기≫에만 '把', 즉 '과녁'으로 되어 있다. '把'로 하면 문맥이 통하지 않는다.

73) 원문의 '연撚'은 필자의 저본과 여타 본에는 모두 '연撚'으로 되어 있으나 진원정의 ≪사림광기≫에만 '염(捻)'으로 되어 있다. '연撚'은 '비튼다'는 말이다.

(원문) 竦腰出弰 上弰畫地 下弰傳左膊 後手仰腕 極力搴後肘過肋 掎後手向
後 前手猛分 虎口著力 向下急捺轉腕 以第四第五指緊鉤弓弝 兩肩凸出 則箭力
倍勁 訣曰 弰去猶如掮斷弝 箭發應同撚折弦 前弰畫鞋後靠脊 極力遣出猶自然

XII. 권현입소捲弦入弰 〈시위를 돌려 윗고자를 거두어들인다〉[74]

다음 화살을 쏘기 전後箭前[75] 두 손을 모으는데 오른팔을 펴서 가슴 앞으로 가
져오고 앞팔을 구부려 시위를 돌려 윗고자를 거두어들인다. 다음은 깍지손 (엄지
와 검지) 두 손가락以右手二指[76]으로 화살을 뽑는다. 이때 앞발 발꿈치에 체중을
두고前脚跟著地[77] 몸을 일으켰다 약간 구부리고 두 눈으로 과녁을 슬쩍 노려본 후
오른팔을 구부려 팔꿈치를 접고曲右手貼肘[78] 깍지손을 기울여 검지와 중지로 화살
대를 쥐고以右手第二第三指側手羈幹[79] 뒷팔 윗팔뚝을 펴며 손목이 위를 보고 가슴을
지나며 화살을 뽑는다. 활노래에서는 "오른손 손가락으로 화살을 쥐고 가슴 앞으
로 뺄 때 왼손은 시위를 돌려捲弦[80] 윗고자를 (뒷)어깨 쪽으로 보낸다. (이때 먼
저 쏜) 화살이 과녁에 꽂힐 때까지 손을 움직이지 않는다."고 했다. 깃을 더듬어
본 후 화살을 뽑는 법이나 화살 오늬를 절피에 먹이는 법은 앞서 말했다.

---

74) 다음 화살을 쏘기 위한 자세로 돌아가는 동작을 말한다. 원문의 '捲'이 필자의 저본과 여타 본에는 모두
'捲'으로 되어 있으나 진원정의 ≪사림광기≫에는 '卷'으로 되어 있다. 후자가 오기誤記로 보인다.

75) 원문이 필자의 저본과 진원정의 ≪사림광기≫에는 '後箭'으로 되어 있고, 당순지의 ≪무편≫에는 '後箭
前'으로 되어 있으나 모원의의 ≪무비지≫에는 '後前'으로 되어 있다. 원문을 '後箭前'으로 해야 문맥이
잘 통한다.

76) 원문이 필자의 저본과 진원정의 ≪사림광기≫에는 '이우제이지以右第二指'로 되어 있고 당순지의 ≪무
편≫ 및 모원의의 ≪무비지≫에는 '이좌수제이지以左手第二指'으로 되어 있는데 모두 문맥이 안 통한
다. 원문을 '이우수이지以右手二指'로 해야 의미가 분명해진다.

77) 원문이 필자의 저본에는 '전각근착지前脚跟着地'로 되어 있고 진원정의 ≪사림광기≫에는 '전각근저지
前脚跟著地'로 되어 있고 당순지의 ≪무편≫ 및 모원의의 ≪무비지≫에는 '전각근前脚跟'으로만 되어
있다. 원문을 '전각근착지前脚跟着地'로 해야 문맥이 통한다.

78) 원문의 '貼'이 필자의 저본과 진원정의 ≪사림광기≫에 '貼'으로 되어 있고 당순지의 ≪무편≫ 및 모원
의의 ≪무비지≫에는 '帖'으로 되어 있으나 의미는 같다.

79) 원문의 '우수右手'가 어느 저본이건 '좌수左手'로 되어 있으나 '우수右手'로 보아야 의미가 분명해진다.
원문의 '羈幹'이 필자의 저본에는 '羈幹'으로 되어 있고 당순지의 ≪무편≫ 및 모원의의 ≪무비지≫에
는 '羈幹'으로 되어 있으나 진원정의 ≪사림광기≫에는 '羈'로만 되어 있다. '羈幹'으로 보아야 의미가
분명해진다.

80) 원문의 '捲'이 필자의 저본과 여타 본에 모두 '捲'으로 되어 있으나 진원정의 ≪사림광기≫에는 '卷'으
로 되어 있다. 후자가 오기誤記로 보인다.

(원문) 後箭前 兩手相迎 直右手過胸 曲左手捲弦 以右手二指取箭 前脚跟著地 聳身稍斂 雙眼覘帖 曲右手貼肘 以右手第二第三指側手羈篧 直右手上臂仰腕過胸取箭 訣曰 右指羈箭當胸出 左手捲弦弰靠肩 箭已中時 無動手 抹羽入笴法如前

XIII. 원전법遠箭法 〈먼 과녁을 쏘는 방법〉

두 다리에 힘을 주고 곧게 서서 줌손으로 활을 쥐고 가슴 앞에 들고 깍지손으로 화살 하나를 허리춤에서 뽑아내 촉에서 2치寸 〈약 6cm〉쯤 되는 부분까지 줌손 엄지와 검지 사이에 밀어 넣고 엄지와 검지二指로81) 촉을 감싼다. 그다음 깍지손 다섯 손가락이 모두 화살대를 따라 깃을 지나 오늬까지 가서 (오늬를 쥐고 화살대를 앞으로 밀어낸 후) 엄지와 검지 및 중지로 더듬어 가면서 오늬를 절피 중앙에 조용히 끼운다. 이어 깍지를 낀 엄지를 시위에 걸고 검지의 끝마디 절반을 엄지 끝마디 위에 걸쳐 놓은 후 힘껏 버티는데 이때 검지 끝마디가 기울어지거나 화살을 지나치게 짓누르면 안 된다.

(원문) 兩足着力直站 左手拿弓搭胸勿動 右手將箭揷腰間取箭一枝 離鏃二寸許 投於左手大指食指之中 大指二指箝籠箭鏃 右手五指由箭桿直下至羽後扣處 將中指大指食指摩扣對弦 適中搭上 摸索穩滿 以指機控弦 食指尖半搭大指尖 極力直撑 勿橫勿逼

몸 앞에 활을 세우고 과녁의 중심을 응시한다. 두 팔을 직선으로 펴고 고루 힘을 주어 수평으로 활을 벌린다. 이때 앞어깨는 앞으로 돌려 누르고捲前肩 깍지손을 높여 입이나 목덜미보다 낮지 않은 높이에서 줌손을 마주 보게 하면서 뒷어깨에 붙인다. 줌손이 과녁을 마주 보도록 한 다음前拳對把子82) 두 눈으로 잠시稍83) 화살대에서 화살촉을 거쳐서 과녁까지 조준선이 일직선이 되었는지를 확인

---

81) 원문의 '이지二指'는 '식지食指'와 같은 말이다.

82) 원문에는 이 구절 끝에 '두상고일장頭上高一丈'이라는 문구가 있으나 뒤의 '사우영좌射右迎左' 다음에 있어야 할 문구가 잘못 삽입된 것으로 보여 바로잡았다.

한 후 이 조준선이 조금도 어긋나지 않도록 정신을 집중해서 지그시 자세를 굳힌 후 또다시 두 손에 더 힘을 주어 자세를 더욱 굳히면서 활이 움직이지 않게 쥐고 힘껏 깍지손을 뒤로 빼내 화살을 내보낸다.

(원문) 正面竪弓 看淸把子中心 線直左右手 使勁齊擧直開 捲前肩 亮後掌嘴 項挨而勿離 務使後拳對前拳貼後肩 前拳對把子 兩目稍自箭桿至鏃直達於的 審固良久分寸不差 然後兩手再緊 身勢逼近弓內 盡力一撒

이때 화살이 과녁에 못 미치면 (앞주먹을) 1자尺 <약 30cm>쯤 더 들어주고 그래도 못 미치면 1자尺를 더 들어주면서 형편에 따라 줌손의 높이를 정해 쏜다. 또한 화살이 왼쪽으로 치우쳐 나가면 줌손을 오른쪽으로 옮기고 쏘고 오른쪽으로 치우쳐 나가면 왼쪽으로 옮겨 놓고 쏜다. 줌손을 과녁 상단보다 1장丈 <약 3m> 위로 올려놓고 쏘기도 하고 줌손 밑으로 과녁을 조준해서 쏘기도 한다. 이렇게 형편을 헤아려 가면서 쏘면 과녁이 아무리 멀리 있어도 화살을 과녁까지 보낼 수 있고 화살이 과녁에 못 미쳐 명중시키지 못하는 일不到不中이나 오른쪽 또는 왼쪽으로 치우쳐 날아가는 화살或揚或闊之矢[84]이 결코 안 생긴다. 무릇 먼 과녁을 쏘는 방법은 가까운 과녁을 쏘는 방법과는 다르다. 가까운 과녁을 쏠 때는 오로지 과녁의 어느 한 곳을 조준해서 쏘며 줌손을 과녁 상단보다 결코 높이지 않고 하단보다 낮추지도 않으며, 줌손을 높이 들어 올리는 것을 가장 피하며, 앞뒤 두 주먹이 최대한 수평이 되게 해야 한다. 그러나 먼 과녁을 쏠 때도 이런 방법만 고집하면 화살이 과녁을 맞히지 못할 뿐만 아니라 과녁까지 날아가지도 못한다. 먼 과녁은 줌손을 형편에 따라서 몇 자尺씩 들어 올리고 쏘는 것이 운용의 묘이다. 늘 형편을 잘 판단해 가며 쏘아야 한다. <무경회해>

(원문) 看其落頭何如 不到 再高一尺 不到 再又高一尺 逐漸擧起 相勢發矢 射左迎右 射右迎左 把子頭上高一丈 或拳下審把 如此揣摹射 去步數雖遠 凌

---

83) 원문의 '稍'는 '梢'로 되어 있는 것을 오기誤記임이 분명하므로 바로잡았다. 이 글의 출전出典인 주용의 ≪무경칠서휘해≫에도 '稍'로 되어 있다.

84) 원문 중 '앙揚' 및 '합闊'은 앞의 '연초법演艸法' 항 중 '앙揚' 및 '합合'과 각각 같은 말이다. 앞의 제1장, 주註 25 참고.

決無不到不中 或揚或閣之矢 蓋射遠與射近不同 射近 惟指的心 縱上不過把
頭下 亦不過把足而止 最忌描高 務取水平 射遠 若拘此法 不但不中 並且不
到 所以要高數尺 運用之妙存乎 一心總在人神而明之耳 <武經匯解>

XIV. 원근취적법遠近取的法 〈거리에 따른 조준 방법〉

활 쏠 때 표적까지 거리가 언제나 일정한 것은 아니다. 따라서 줌손 높이를
표적까지 거리에 따라 달리해서 조준해야 비로소 명중시킬 수 있다. 줌손이 과
녁의 중심을 마주 보아야 한다는 말에 집착하는 것은 거문고 줄을 받친 줄기둥
을 아교로 고정해 놓고 거문고를 타는 것과 마찬가지다.85) 60보 거리 과녁을
쏠 때는 줌손이 과녁의 중심을 마주 보게 하고 쏜다. 70보 거리 과녁을 쏠 때
는 줌손을 과녁의 목 부분을 마주 보게 하고 쏜다. 80보 거리 과녁을 쏠 때는
줌손을 과녁의 상단에 올리고 쏜다. 때로는 과녁을 줌손보다 아래에 놓고 겨냥
을 할 수도 있다. 이렇게 거리에 따라 조준을 달리한다. 만약 가까운 과녁을 쏘
려면 줌손이 깍지손보다 낮아야 한다. 과녁까지 거리가 20보 정도로 아주 가까
운 때는 줌손을 과녁 하단에 놓고 쏜다. 이것이 과녁까지 거리에 따라서 겨냥
을 달리하는 방법이니 잊어서는 안 된다. <무경회해>

(원문) 凡射之時 步有遠近不等 手須高下以審其的 方能命中 若執定前拳對
鵠心之說 則膠柱而鼓瑟矣 如射六十步 則拳對把子中心 七十步 則拳對把子
頸項 八十步則拳對把子頭上 一百六十步則拳高把子一丈 或拳下審把亦可 務
指親切 若射近則拳須低于後手 太近二十步則拳對把子脚 此隨地變通審的之
法 不可不知也 <武經匯解>

---

85) 거문고에서 줄을 받치는 줄기둥을 거문고 몸통에 아교풀로 붙여놓고 연주하면 한 가지 소리밖에는 나지
않는다. 《사기史記》, <염파인상여전廉頗藺相如傳>에 있는 말로서 배운 것만 고집해 융통성이 없는
것을 이르는 말이다. 조趙 나라가 진秦 나라와 싸울 때 학식이 많기로 이름난 조괄趙括을 역전의 명장
염파廉頗를 제쳐놓고 대장에 임명하려 하자 재상 인상여藺相如가 "조괄을 대장에 임명하는 것은 마치
줄기둥을 아교풀로 붙인 거문고를 타는 것 같습니다. 조괄은 그 아버지가 준 병서兵書를 읽었을 뿐 상황
에 맞추어 변통할 줄 모릅니다."라며 반대했다. 왕은 인상여의 이 말을 무시하고 조괄을 대장에 임명했지
만 조괄은 병법 이론만으로 병력을 지휘하다 진秦 나라 명장 백기白起의 함정에 빠져 40만 대군이 모두
몰살당하는 세계 역사상 최대 최악의 참패를 당했다. 이것이 유명한 장평대전長平大戰이다.

XV. 보사촬요步射撮要 〈서서 쏘는 사법의 요점〉

활터에서 연습 때는 먼저 정신을 집중시킨 후 숨과 기氣息를 안정시키고 몸을 곧게 세운다. 활은 수직으로 세우고 얼굴은 정면으로 과녁을 본다. 시위에 건 깍지손의 모습은 봉황의 눈과 같은 것이 좋다.[86] 몸을 약간 앞으로 숙이고 서서히 시위를 당기다 마지막에는 바짝 당긴다.[87] 앞어깨는 힘껏 앞으로 돌려 누르고 뒷팔꿈치를 위에서 힘 있게 쓸어내리면서 활을 벌린다. 다리는 곧게 펴고 두 팔은 수평으로 편다. 턱끝을 당겨 앞어깨 쪽으로 돌리고 깍지손은 뒷어깨 옆에 바짝 붙인다. 활을 가득 벌린 다음 굳혀서 자세를 바르게 한다. 과녁이 크건 작건 중심의 극히 작은 한 점을 정해 두 눈으로 화살대와 이 조준점을 오가면서 주시해 조금의 오차도 없이 조준한 후 정신을 집중해 줌손으로 힘껏 줌통을 움켜쥐고 내뻗어 주먹을 아래로 낮추고前手猛力緊搦一挺 拳往下按 깍지손은 어깨 높이로 뒤로 뿌리듯 펴준다後手猛力平肩一撒 直伸於後.[88] 이렇게 하면 과녁을 올바로 조준할 수 있고 앞뒤 손이 고루 힘을 쓸 수 있어 화살을 과녁에 명중시킬 수 있다. 수시로 활터로 나가 반복 연습하되 늘 겸허한 마음을 지니고 활터에 가지 않을 때도 늘 활쏘기를 생각하면 잘못된 점도 고쳐지고 절로 사법에 익숙해져 솜씨가 는다. 이렇게 하면 어찌 마음대로 손이 움직이지 않을 수 있겠는가? 〈무경회해〉

(원문) 臨場演習 先一心志 次調氣息 身宜壁立 弓要直竪 相把當正面 搭扣貴鳳眼 鞠躬緩拽 先寬後緊 前肩極力下捲 後肘堅持瀉開 兩足矢直 兩手平衡下頦直置肩尖 右拳緊貼肩畔 務期滿而又滿 固而又固高 正而又正 不論的之大

---

86) 봉황 눈은 힘 있고 매서운 눈이다. 깍지손 엄지와 검지가 만드는 모습으로 보는 것이 일반적이다.

87) 앞의 '학사총법' 항에서는 "왼쪽 무릎이 과녁을 향하게 한 후 앞으로 약간 구부렸다가 뒷다리에 힘을 주면서 곧게 서되 두 다리에 고루 힘을 주면 몸이 안 흔들린다. 몸은 곧바로 세우되 비스듬히 과녁을 향한 자세로 선다(左膝對的 稍曲向前 右足着力 直立 兩足用力均勻 自不搖動 身勢須直 略似向前)."고 했다.

88) 이 구절은 주용의 《무경칠서휘해》의 내용을 일부 축약 인용한 것으로 《무경칠서휘해》 원문에는 이 구절 뒤에 "이런 모습을 '봉황이 머리를 끄덕이고 용이 꼬리를 친다'고 한다(名曰鳳點頭龍擺尾)."는 말이 있다. 이는 중국의 전통적 발시 동작인 「별撇」 동작과 「절絶」 동작을 말하지만, 왕거의 《사경》이 말한 「별」 동작과 「절」 동작을 정확하게 묘사하지는 못하고 있을 뿐 아니라, 《무경칠서휘해》는 기본적으로 중국의 전통적 발시 동작 중 앞손 동작인 「별」 동작은 배척하고(뒤의 제3장 자병疵病, 전수병前手病, '장張' 항 참고) 뒷손 동작인 「절」 동작만 취했는데 이곳과 함께 사학문답射學問答 중의 '심풍후審風侯' 항 및 '기사대략騎射大略' 항에서는 앞손 동작에서도 「별」 동작을 취했다. 의도적인 것인지 여러 사법서 내용을 축약 각색하며 모순을 발견하지 못한 것인지 불분명하다.

小 惟指中心極細之處 兩目近注於箭 遠注於的 自的至箭 自箭至的 往復凝視
不差緊黍 然後倍加精神 前手猛力緊搦一挺 拳往下按 後手猛力平肩一撒 直伸
於後 則認的眞 用力均 撒防齊 可至可中矣 若再進以時習之功 謙虛之度 退思
之詣 病則改而善 則遷自然法熟機生 寧慮射之 有不得心應手哉 <武經匯解>

XVI. 사법십사요射法十四要 〈사법의 14가지 요점〉 〈무경회해〉[89]

1. 궁요연弓要軟 〈활은 부드러워야 한다〉

무턱대고 활이 부드러워야 한다는 말은 아니다. 자신의 힘에 부치는 강한 활
은 자신의 힘을 속이는 법이니 이를 탐해서는 안 된다. 자신의 힘이 활의 힘보
다 강해야 활을 자신의 힘으로 부릴 수 있다. 그래서 활은 부드러워야 한다고
한 것이다.[90]

(원문) 非必欲軟也 弓勝于力 則力爲弓所欺 不欲 力强于弓 則弓方能爲力所
使 故要軟也

2. 전요장箭要長 〈화살은 길어야 한다〉

화살 길이는 팔 길이에 맞추어 써야 한다. 팔은 짧은데 긴 화살을 쓰면 앞어
깨가 튀어나오기 쉽다.[91] 팔은 긴데 화살이 짧으면 관절과 근육이 구부러진다.
화살이 길어야 한다는 말은 두 팔이 완전히 펴질 수 있도록 이에 맞는 화살을
쓰라는 것이다. 무턱대고 긴 화살이 좋다는 것은 아니다.

(원문) 箭隨人之膀爲長短 膀短箭長 易致前肩之凸 膀長箭短 必致筋骨之拘
攣 所謂要長之說 使兩膀到得恁地位而箭稱之 非必欲長也

---

89) 주용의 《무경칠서휘해》에서 '심담십사요心談十四要'를 그대로 옮겨 놓은 것이다.

90) 《무경칠서휘해》의 '사법약언射法約言'에서는 이와 약간 다르게 "팔 힘은 강한데 활이 약하면 손이
   활을 속이게 되고 활은 강한데 팔 힘이 약하면 활이 손을 속이게 된다(若手强弓弱 則手欺弓 弓强手弱
   則弓欺手)."는 말도 있는데 이는 명明 나라 이정분의 《사경》에서 인용한 말이다.

91) 뒤의 '11. 전견요장前肩要藏' 항 참고.

3. 흉전의흡胸前宜吸 〈가슴은 수축시켜야 한다〉

'흡吸'은 수축시키는 것이다收斂之謂也.[92] 가슴이 튀어나오면 앞팔뚝도 어깨에 밀착되지 못하고 앞어깨도 솟아오르며 뒷손도 가슴에 걸려서 제자리를 찾지 못한다. 이렇게 되면 앞뒤 팔 마디마디가 모두 느슨해져서 마침내 허공에 걸리게 된다. 그러나 가슴을 수축시키면 온몸에 기력이 솟구치고 앞팔뚝前臂[93]도 어깨에 붙고 앞어깨도 낮아지고 뒷어깨는 조여져서 앞뒤 팔의 골절들이 저절로 단단히 맞물리게 된다. 가슴을 수축시킨다는 것은 아주 미묘한 것이다.

(원문) 吸者收斂之謂也 胸凸 則前膀不收 前肩因胸之凸而俱凸 後手爲胸所碍而不得歸巢 此前手與後手節節俱鬆 遂成一虛空架子 惟一吸 則週身之氣力皆提而鼓于上 前膀因之而收 前肩因之而藏 後肩因之而擠 兩手骨節自然撞緊 此吸字工夫最細

4. 각립요방脚立要方 〈발은 바르게 놓아야 한다〉

바르게 놓는다는 것은 나란히 놓는다는 말은 아니다. 앞발이 너무 앞에 있으면 앞발의 디딤이 무력하고 뒷발이 너무 뒤에 있으면 뒷허리가 무력하다. 두 발을 정해진 위치에 놓고 편안하고 견고하게 서는 것이 바르게 놓는 것이다.[94]

---

92) 숨쉬기를 말하는 '호흡呼吸'에서 '호呼'는 숨을 내쉬는 것이고 '흡吸'은 숨을 들이마시는 것이다. 그러나 이곳에서의 '흡吸'은 숨을 들이마셔서 가슴을 부풀리라는 말이 아니고 앞가슴을 수축시키라는 말이다. 하지만 앞가슴을 수축시킨다고 해서 숨을 내쉬면 안 된다. 시위를 당겨 발시 단계에 이르기까지는 근육에 많은 산소가 필요하므로 반드시 숨을 들이마셔야만 한다. 그러나 숨을 들이마셔서 가슴을 부풀리면 마치 공기가 가득 찬 풍선과 같은 가슴에 유동이 생길 수 있다. 많은 산소를 들이마시되 가슴의 유동을 없애려면 들이마신 숨을 아랫배로 내리밀어 가슴을 수축시켜야 한다. 이런 호흡법을 흔히 '복식腹式 호흡' 또는 '단전丹田 호흡'이라고 한다. 우리나라 전통사법에서 말하는 '흉허복실胸虛腹實'도 바로 그런 호흡 방법을 말한다. '흉전의흡胸前宜吸'의 '흡吸'은 '흉허복실胸虛腹實'의 '허虛'와 같은 의미로 보아야 한다.

93) 원문의 '전비前臂'가 필자의 저본에 '고勝'로 되어 있으나 일본의 《무경사학비수》에는 '방膀'으로 인용했다. '방膀'으로 수정해도 무방하겠으나 '비臂' 또는 '전비前臂'로 수정하는 것이 가장 바람직하다.

94) 왕거의 《사경》은 물론 《무경칠서휘해》의 '참법站法' 항에서 말하는 중국 사법의 발의 자세는 앞의 '주註 45'에서 설명한 바와 같이 우선 과녁을 옆으로 보고 과녁을 향해 두 발을 '二' 자로 나란히 하고 선 다음 앞발을 과녁 중심을 향해 돌린 후 발꿈치를 약간만 바깥쪽으로 돌려준 다음에 앞으로 약간 옮겨 딛는 자세이다. 이때 앞발이 너무 앞에 있게 되면 체중을 주로 뒷발로 지탱하며 서게 되고 뒷발이 너무 뒤에 있게 되면 체중을 주로 앞발로 지탱하며 서게 된다. 원문 중 '방方'은 《무경칠서휘해》의 '참법站法' 항에서 말한 '양족사편립兩足四平立'과 같은 말이다.

(원문) 方者非方正之謂也 前脚太前 則前跨無力 後脚太後 則後腰無力 故前
後各有定位 期于平穩牢靠 卽是方也

5. 지궁여악란持弓如握卵 〈활을 벌려 버틸 때는 계란 쥐듯 해야 한다〉

활을 벌린 후 버틸 때 계란을 쥐듯 줌통을 쥐어야 한다는 것은 앞손의 가장
중요한 비결이다. 줌통을 처음부터 너무 세게 움켜쥐면 엄지와 검지 사이의 호구
虎口가 조여지기는 하지만 하삼지下三指(중지, 무명지 및 새끼손가락)가 무력해져
(발시 때) 화살 나가는 거리가 짧아진다. 그러나 줌손 반바닥을 너무 위로 치받
쳐도 손목이 무력해져서 (발시 때) 화살이 맥없이 날아간다. 계란 쥐듯이 줌통을
쥐면 하삼지에 적절하게 힘이 들어가서 줌손과 줌통이 하나같이 움직이게 되고
윗고자가 초승달같이 적당히 기울어져서 활이 너무 눕거나 너무 서는 병이 없게
된다. 이를 세밀히 살펴야 한다.95)

(원문) 持弓如握卵者 最爲前手心秘訣 前手直握弓弝 則虎口緊而下三指鬆
箭去易小 下掌往上太托 則手腕無力 箭去鬆而無力 不速疾至 握卵則不輕不
重 手與弓弝 帖然相服 而弓弰有偃月之狀 無合手陽手之病 射者最宜細玩

6. 탑전여현형搭箭如懸衡 〈화살을 끼울 때는 저울 눈금 재듯 해야 한다〉

화살을 시위에 끼울 때는 저울 눈금 재듯이 해야 한다. 저울이란 물건의 무게
를 재는 기구이다. 화살을 시위에 먹일 때 조금만 차이가 있어도 화살 나가는 거
리에 크게 차이가 생긴다. 위에 끼울수록 화살은 반드시 짧게 나가고 아래에 끼
울수록 반드시 멀리 나간다. 저울추 옮기듯이 거리에 따라 화살 먹이는 위치를

---

95) 줌통을 쥘 때는 줌손 엄지의 뿌리마디 부분을 줌통의 정면 약간 좌측에 대고 밀어주면서 하삼지(중지, 무
명지 및 새끼손가락)로 줌통을 단단히 감아쥐고 화살을 내보내야 한다. 줌손 엄지의 뿌리마디 부분을 중국
에서는 '장근掌根' 또는 '하장下掌'이라고 하며 우리말로는 '반바닥'이라고 한다. 줌통을 '계란을 쥐듯이
쥐어야 한다.'는 말은 이렇게 줌통을 쥐기는 하지만 처음에는 하삼지를 너무 세게 감아쥐지는 말고 반바닥
도 너무 세게 밀어주지 말라는 말이다. 처음부터 줌손에 너무 힘이 들어가면 화살을 내보낼 때는 오히려
하삼지가 풀리기 쉽다. 반바닥으로 줌통을 힘차게 밀어주고 하삼지를 바짝 감아쥐어야 하는 시점은 화살
을 내보내기 직전부터이다. 《무경칠서휘해》의 사학문답射學問答 중 '파궁把弓' 항, '악지허실握指虛
實' 항 및 '용력선후用力先後' 항 그리고 포우편褒愚篇 중 '악고우握固愚' 항에 힘을 쓰는 순서와 요
령에 대한 설명이 나온다. 원문의 "직악直握"은 반바닥으로 줌통을 밀지 못하고 호구虎口에 힘을 주어
진다는 말로서 이를 우리 활터에서는 '막줌'이라고도 한다.

정하면 거리에 오차가 생기지 않는다.

(원문) 搭箭如懸衡 衡者 稱物輕重 差之毫釐 失之千里 扣搭上去 必小 扣搭
下去 必大 如懸衡而輕重隨之 自無大小矣

7. 궁소요측弓弰要側 〈윗고자는 기울여야 한다〉

기울인다는 것은 약간 눕힌다는 뜻이다. 고자를 너무 세우는 것을 '양수陽手'
라고 하고 너무 눕히는 것을 '합수合手'라고 한다.[96] 이런 병이 있으면 제대로
조준이 안 된다. 약간만 기울이면 이런 병들이 없어진다. 사법에 "처음 앞어깨
에 기세를 몰아 활이 눕고 시위가 가득 당겨질 때쯤 가슴을 더욱 벌려주라"는
말도 있고 "활을 초승달같이 벌리라"는 말도 있는데 바로 이를 두고 하는 말이
다.[97]

(원문) 側者少臥之意 如太直則爲陽手 太合則爲合手 犯此二病 認的不眞 稍
側者 不合不陽 法謂初出勢前肩 弓臥滿來時急反胸堂 又云 開弓如偃月 是也

8. 수요평형手要平衡 〈두 팔은 수평으로 펴야 한다〉

화살의 적중 여부는 모두 두 팔에 달려 있다. 앞팔은 낮고 뒷팔은 낮으면 화
살이 멀리 못 가고 그 반대이면 화살이 낮고 힘차게 날아가지 못한다. 두 팔을
수평으로 펴라는 것은 두 팔의 높이를 같게 하라는 말이다.[98] 두 팔은 젖가슴과

---

96) 원문 중 '합수合手'는 "손바닥을 밑으로 한다(掌心向下)."는 의미로 쓰인 말이며 '손을 엎어주는 동작'
을 일반적으로 지칭하는 말이므로 줌손이 엎어지면 활고자도 눕게 된다. 그러나 '양수陽手'는 문맥상 줌
손을 가로로 세워 활고자가 똑바로 세워지는 경우를 말하는 것이 분명하지만 이렇게 표현한 유래는 알 수
없다. 한편 이곳에서 쓰인 '陽'과 '合'이란 글자의 의미는 앞의 제1장 중 '연초법演艸法' 항 및 제2장
중 '원전법遠箭法' 항에서 쓰인 '揚'과 '合 또는 閤'이란 글자의 의미와 다르다.

97) 초승달은 우측으로 기운 모습으로 이는 우궁의 경우를 말한다. 좌궁의 경우는 고자가 왼쪽으로 약간 기울
어야 하므로 그믐달 모습이 된다. 다만 이곳에서 말하는 것은 보사의 경우이고 마사의 경우는 활을 거의
수평에 가깝게 눕혀놓고 줌손 뒤로 표적을 조준해서 쏜다. 한편 이곳에서는 고자를 너무 세우거나 눕히는
경우 모두 제대로 조준이 안 된다 했지만 필자의 경험상 촉을 통해 표적을 조준할 경우 고자를 세울수록
조준은 용이하다. 서영보・이춘식의 「사예결해」에서는 활이 이렇게 기울어진 모습을 '기러기가 갈대를 물
고 있는 형상鴈啣蘆狀'으로 묘사하면서 이렇게 하면 "손과 팔과 몸과 어깨의 힘이 모두 활로 모여서 활
이 아래로 끄덕이지 못한다(手臂身肩齊力湊弓 更不得低仰翻覆)."고 했다.

98) 이 항에서 '수手'는 내용상 '팔'을 말하므로 '팔'로 번역했다. 두 팔을 수평으로 하라는 말은 일정 범위의

턱 사이에서 팽팽한 줄같이 수평이 되어야 한다. 시위 당기는 법에서 말한 "가슴과 팔뚝과 옷소매가 꿰뚫린 듯이 하라", "저고리 앞섶을 가르라" 또는 "앞팔을 낮추라"고 하는 것은 이를 말한다.

(원문) 中與不中 皆在兩手 前手低而後手高 則不行 前手高而後手低 則不平 所謂平衡者 兩手無分毫高下 只在奶上頤下 如彈線一般平平 扯去法所謂 穿胸臂袖 分襟 落膀 是也[99]

9. 전방요전前膀要轉 〈앞팔뚝은 비틀어야 한다〉

비틀라는 말은 곧게 펴라는 의미이다. 팔뚝을 비틀지 않으면[100] 팔이 곧게 펴지지 않고 팔이 곧게 펴지지 않으면 힘줄과 뼈가 펴지지 않고 구부러져 무력해지며 결국은 마디마디가 모두 어긋나게 된다. 그러나 팔뚝을 비틀기만 하면 활고자도 저절로 기울어지고 팔뚝의 힘이 주먹까지 곧바로 뻗치게 된다. 이를 잘 익혀야 한다.

(원문) 轉者直也 膀不轉 則臂不直 臂不直 則筋骨不伸 遂至曲而無力 究竟節節盡差 惟一轉則弓弰自臥 而前膀之力可直貫于前拳 此最要工夫

거리와 높이에 표적이 있거나 비교적 강궁을 사용할 때나 가능한 말이다. 매우 높거나 낮거나 멀거나 가까운 표적을 쏠 때는 통상 앞팔과 뒷팔의 높이를 달리한다.

99) 원문이 평양감영의 《무경칠서휘해》와 중국에서 간행된 《무경칠서휘해》, 중간본에는 3가지 차이가 있다. 첫째, 전자는 제목이 '手要平'이나 후자는 '手要平衡'으로 수정했다. 둘째, 전자는 '前手低而後手高 則不行'이라고 한 것을 후자는 끝 글자를 '平'으로 수정했다. 셋째, 마지막 구절에서 전자는 '胸臂袖'라 한 것을 후자는 '胸臂袖'로 수정했다. 첫째 부분을 고친 것은 제목의 '平'을 본문 중 '前手高而後手低 則不平'의 '平'과 구분하려는 것으로 옳은 수정이지만, 둘째 부분과 셋째 부분은 초간본이 말한 '行'과 '臂'의 의미를 파악하지 못했기 때문이다. 일본의 《무경사학비수공하》는 첫째 부분만 중간본과 같이 수정하면서 본문 중간의 '所謂平者' 역시 '所謂平衡者'로 수정했다. 의미를 완전히 파악하고 제대로 수정한 것이다.

100) 팔뚝을 비틀라는 것은 중국뿐 아니라 우리나라와 일본의 사법이 모두 마찬가지이다. 왕거의 《사경》, '흠신개궁欽身開弓' 항에서는 '왼팔 팔꿈치를 위를 보게 엎는다前肘上飜.'고 했고 「궁술의 교범」에서도 왼팔 중구미(팔꿈치)를 엎으라고 했다. 또한 척계광의 《기효신서》 역시 실아사도實握射圖라는 삽화에 첨부한 설명에서 "활을 벌렸을 때는 팔꿈치 안쪽의 오금이 밑을 보게 한다(弓滿則肱之曲心對下)."고 했다. 또 이정분의 《사경》에서도 "왼손 손목(의 손바닥 쪽)이 위를 보는 것은 잘못이니 조심해야 한다(前手腕仰爲病色 宜戒)."고 했는데 팔꿈치가 위를 보게 엎어주라는 말이다. 정자이의 《무비요략》에 있는 삽화에도 왼팔 팔꿈치 부분에 "팔꿈치 반대쪽 움푹 파인 오금이 위를 본다(肘窩向上)."는 설명이 있다. 모두가 같은 말이다.

10. 골절요신骨節要伸 〈골절은 펴져야 한다〉

사람 몸에서 힘줄과 뼈마디들은 본래 짝을 이루어 조그만 차이도 없이 맞물리게 되어 있고 각기 얇은 막(膜)으로 둘러싸여 있어 들러붙지 않게 되어 있다. 펴주어야 할 힘줄과 뼈마디를 구부린 채 활을 쏘면 마침내 그 상태로 굳는 병이 생긴다. 편다는 것은 뼈마디들을 조용하게 펼쳐서 은연중 곳곳이 서로 맞물리게 한다는 뜻이다. 지나치게 힘주어 펴도 안 되지만 지나치게 허술하게 펴도 안 된다.

(원문) 人身筋骨 原對偶而不差毫 末稍有一膜 不湊幷 其伸者而曲之出射 遂有生硬之病 所謂伸者 從容舒展 緩緩于骨節湊理之間 隱然有處處相對之意 毋過太硬 亦毋過太弱

11. 전견요장前肩要藏 〈앞어깨는 감추어야 한다〉

감춘다는 것은 거두어들여 드러내지 않는다는 뜻이다. 앞어깨가 솟아오르면 가슴도 그로 인해 튀어나오고 결국 (앞어깨와 앞팔이) 맞물리지 못하게 된다. 이를 죽은 팔뚝死膀 또는 솟은 어깨聳肩라고 한다. 시위가 팔뚝을 때리는 병도 이로 인해서 생긴다. 그러나 앞어깨를 감추면 앞팔뚝前臂101)이 (어깨뼈와) 들러붙고 가슴도 수축된다. 이때 가슴뼈를 벌리고 등 근육은 조여주면 힘에 여유를 지닐 수 있다. 발시하려 할 즈음에는 앞어깨를 감추는 것이 매우 중요하다.

(원문) 藏字 斂而不露之意 前肩一凸 則胸因之而凸 而手遂不接 謂之死膀 又謂聳肩 打臂之病 因之而生 惟藏 則前臂收而胸亦吸 胸骨開而背肉緊 可以蓄有餘之意 於將發之時 此藏字奧者也

12. 후견요제後肩要擠 〈뒷어깨는 젖혀져야 한다〉

뒷팔後手이라 하지 않고 뒷어깨라고 한 것은 앞어깨와 호응하는 것이 뒷어깨이

---

101) 원문의 '비臂'가 모든 저본에 '고跨'로 되어 있으나 의미가 잘 통하지 않는다. 앞의 주註 92에서 말한 대로 '비臂' 또는 '전비前臂'로 수정해야 의미가 확연해지기에 수정했다.

기 때문이다. 풀어준다고 하지 않고 젖혀진다고 한 것은 앞어깨를 감추는 것과 호응하는 것이 뒷어깨를 젖히는 것이기 때문이다. 뒷어깨는 아래로 처진 것을 튀어나왔다 한다. 뒷어깨를 그대로 두면 근골筋骨이 안 펴진다. 젖힌다는 것은 (등 뒤에서) 지그시 앞으로 모은다는 말이다. 뒷어깨를 등근육과 모으고 등근육을 앞어깨와 모으고 앞어깨를 앞팔뚝과 모으면 마디마디 빈틈없이 모이지만 이는 뒷어깨를 등쪽으로 젖혀주면서 시작되는 것이다. 따라서 앞어깨를 감추는 것은 뒷어깨를 젖혀주는 것과 서로 호응하는 것이다.

(원문) 不言後手而言後肩 與前肩相應也 不言放而言擠 與藏字相應也 後肩直垂謂之凸 後肩不動則筋骨不伸 擠字 輕輕往前一湊 後肩與背肉湊 背肉與前肩湊 前肩與前膀湊 節節皆湊 節節皆緊 俱從擠字得來 故前肩之藏正對後肩之擠也

13. 출전요경出箭要輕 〈화살은 가볍게 내보내야 한다〉

명중 여부는 화살이 나가는 순간 결정된다. 화살을 가볍게 내보내려면 손가락 놀림에 의지하지 않고 화살이 저절로 나가게 해야 한다. 그렇게 해야 화살이 정확하고 매끄럽게 나간다.

(원문) 中與不中 皆在出時 輕者 不用手指工夫 俟其輕輕自脫而去 無有不細而平者

14. 방전요속放箭要速 〈화살을 빠르게 날려 보내야 한다〉

화살을 빠르게 날려 보내려면 조금도 망설이거나 머뭇거리지 말고 내보내야 한다. "앞손이 화살을 내보내는 것을 뒷손이 모른다前手放箭後手不知."는 말은102) 화살이 빠르게 떠나가기 때문이다. 조준은 시위를 끌어당길 때 끝내야 한다認的工夫盡在扯時.103) 화살을 내보낼 때 조금도 머뭇거리면 안 된다. 따라서 화살을 빠르게

---

102) 〈열녀전〉의 '우수발지 좌수부지右手發之 左手不知', 즉 "오른손이 시위를 놓는 것을 왼손이 모른다." 는 말과 같은 의미이다.

날려 보내려면 화살을 가볍게 내보내야 한다. 활쏘기를 연습할 때 이를 세밀히 살펴야 한다.

(원문) 速者 不要纖翳 不滯毫忽 所謂前手放箭後手不知 疾速而行也 認的工夫盡在扯時 放時少有着意 反爲沾滯 故速者從輕字而發也 習射者宜細玩之

103) 원문의 '扯'가 일본의 <무경사학비수공하>에는 '抡'으로 되어 있다. 자전字典에서 찾아볼 수 없는 글자이나 '扯'와 같은 의미의 글자로 보인다. 한편 이곳에서 말하는 내용은 앞의 '학사총법學射總法' 항에서 말한 내용과 충돌한다. '학사총법學射總法' 항에서는 "활이 완전히 벌어지고 법도대로 몸의 자세가 완성되면 완전히 벌어진 활을 쥐고 굳게 버티며 정신을 집중해 조준하고 법도대로 몸의 자세를 굳혀야만 하는데 이런 상태를 오래 유지해야 신묘한 솜씨를 발휘할 수 있다(弓圓式定 持滿審固 愈久愈妙)."고 했다. 서영보·이준식의 「사예결해」 역시 척계광의 ≪기효신서≫에 따라 "시위를 충분히 당겨 활을 가득 벌려야⋯심고審固 단계 <정신 집중 및 조준>에 들어갈 수 있다(引滿然後 經所謂審固之旨 可以論矣)."고 했다.

제3장 자병疵病 〈활쏘기의 고벽〉[1]

I. 총병總病 〈활쏘기의 고벽 총론〉 〈왕씨사경〉[2]

1. 개궁감수開弓勘手 〈앞팔이 뒷팔보다 높음〉[3]

활을 벌렸을 때 앞팔은 너무 높고 뒷팔은 너무 낮아 두 팔이 수평을 못 이룬 것을 말한다.

(원문) 開弓勘手 謂前手太高 後手低 不平

2. 개궁제수開弓提手 〈앞팔보다 뒷팔이 높음〉[4]

활을 벌렸을 때 앞팔은 너무 낮고 뒷팔은 너무 높은 것을 말한다.

---

1) 활쏘기에서 잘못된 동작이나 자세를 말하며 '고벽痼癖', '모병毛病' 등도 같은 말이다.

2) 왕거의 《사경》에서 '보사병색步射病色' 부분을 그대로 옮겨 놓은 것이다. 진원정의 《사림광기》에는 이 '보사병색'이란 제목에 '전한장군이광교정前漢將軍李廣校訂'이란 주註가 있다. 그 내용이 원래 전한前漢 이광李廣 장군의 말이라는 것이다. 이광 장군은 전한前漢 무제武帝 당시의 장수로 호랑이로 알고 돌을 쏘아 깃까지 돌을 파고들었다는 유명한 '사석위호射石爲虎' 또는 '사석음우射石飲羽' 고사故事의 주인공이지만(전한前漢 시대 한영韓嬰의 《한시외전》에서는 이 고사를 초楚 나라 웅거자熊渠子의 일화로 소개하고 있다.) 원광元光 6년(기원전 129년) 무제의 2차 흉노 토벌전 당시 1만 기騎를 이끌고 나갔다가 흉노에게 패해 전 병력이 궤멸되고 자신도 포로로 잡혔다가 탈출해 돌아왔지만 하옥되었다 사면되어 서인庶人이 되었고, 7년 후인 원수元狩 원년(기원전 122년) 복권되어 다시 4천 기騎를 이끌고 출전했을 때는 우북평右北平 전투에서 흉노 수천 명을 죽이는 전과를 올리고도 흉노에게 포위되어 병력을 모두 잃을 뻔하다 다행히 장건張騫이 구원군 1만 기를 이끌고 와서 적의 포위가 풀렸지만, 2년 후인 원수 3년 다시 흉노 토벌전에 나섰을 때 막북漠北에서 길을 잃어서 토벌군 작전에 차질을 빚게 했고 이로 인해 질책을 받자 자살했다. 이광은 매우 용맹했지만 작전 지휘에는 큰 능력을 발휘하지 못한 장군이었다.

3) 원문이 모든 저본에 '勘手'로 되어 있으나 '勘'이란 '교정한다'는 뜻으로 문맥이 통하지 않는다. 다음 항은 뒷팔을 너무 올리는 자세를 말하므로 '제수提手'라고 한 것을 보면 이 항은 뒷팔을 너무 낮추는 자세로 '斟手'라고 하는 것이 적절할 것이다.

4) 원문의 '개궁제수開弓提手'에서 '제提'는 들어 올리는 동작을 말하는 글자로 뒷팔을 너무 들어 올리는 자세라는 뜻으로 '제수提手'라고 한 것으로 보인다.

(원문) 開弓提手 謂前手太低 後手太高

3. 개궁언소開弓偃弰 〈머리가 기울고 앞손 손목이 위를 향함〉

활을 벌렸을 때 몸은 똑바로 세웠어도 머리가 옆으로 기울고 앞손 손목(의 손바닥 쪽)이 위를 향한 것前手腕仰을 말한다.[5]

(원문) 開弓偃弰 謂身直頭偃 前手腕仰

4. 양적兩摘 〈두 손의 힘이 분리됨〉[6]

(화살을 내보낼 때) 앞뒤 두 손이 한 동작으로 동시에 힘을 쓰지 못하는 것不一發用力及前後分解不齊[7])을 말한다.

(원문) 兩摘 謂不一發用力及前後分解不齊

5. 작현斫弦 〈줌손 손목을 비틀지 못함〉

화살을 내보내고 윗고자를 앞으로 쓰러뜨릴 때 줌손이 줌통을 너무 꽉 쥐어서 손목을 못 비트는 것을 말한다. 줌손 호구를 약간 풀어 줌통을 비틀어야 한다.[8]

(원문) 斫弦 謂遣箭 分弓實握 不轉腕 微鬆手 轉弝

---

5) 「궁술의 교범」이 말한 소위 붕어죽을 말한 것으로 보인다. 손목의 손바닥 쪽이 위를 향하면 윗고자가 (우궁의 경우 왼쪽으로) 넘어지기 쉽다. '언소偃弰'란 고자가 넘어져 기울어졌다는 의미이다.

6) 원문의 '양적兩摘'이 필자의 저본에는 '적적的摘'으로 되어 있으나 오기誤記로 보고 고쳤다. 진원정의 ≪사림광기≫, 당순지의 ≪무편≫, 모원의의 ≪무비지≫ 등에 모두 '양적兩摘'으로 인용되어 있다. '적摘'은 시위에서 손을 떼는 동작, 즉 발시 동작을 말하는 글자로서 발시 동작에서 두 손이 동시에 힘을 쓰지 못하고 따로 힘을 쓰기 때문에 '양적兩摘'이라고 한 것으로 보인다.

7) 원문의 '불일발용력不一發用力'이 여타 모든 저에 '불발용력不發用力'으로 되어 있으나 진원정의 ≪사림광기≫에는 "불일발용력不一發用力"으로 되어 있다. 후자가 문맥이 잘 통하므로 후자와 같이 고쳤다.

8) 앞서 '보사총법' 항에서는 화살을 내보낼 때 줌손 호구를 풀고 하삼지로 줌통을 돌리면서 옆으로 눕혀주면 윗고자가 화살을 쫓아 과녁을 향한다고 했다. 이때 앞의 「그림 5」와 같이 줌통을 비틀어 시위가 밑을 향해야 하는데 줌손이 너무 경직되어 줌통을 비틀어주지 못한 경우를 말한 것으로 보인다. '작斫'이란 무엇을 찍어 끊는 동작을 말한다. '작현斫弦'은 뒷손으로만 시위를 끊어내듯 발시 동작을 취한다는 말로 보인다.

6. 탈파脫弝 〈줌손이 줌통을 돌리지 못함〉[9]

(발시 때) 줌손이 너무 느슨해서 줌손을 앞으로 쓰러뜨리기는 했지만 줌통을 돌려주지는 못하는 것을 말한다.[10]

(원문) 脫弝 謂手太鬆 倒提手 弝不轉

7. 발소鏺弰[11] 또는 소자대弰子大
〈아랫고자가 오른쪽 어깨로 올라옴〉

(발시 때) 아랫고자가 오른쪽 어깨右胛[12] 쪽으로 올라오는 것을 말한다.[13]

(원문) 鏺弰 弰子大 二件 謂下弰傳右胛

8. 후수약後手約 〈깍지손 손목이 위를 보지 못함〉

(발시 때) 뒷손이 기울어져 (손바닥 쪽) 손목이 위를 못 보는 것을 말한다.[14]

(원문) 後手約 謂手側 不仰腕

9. 후수소後手小 〈깍지손을 펴지 못함〉

(발시 때) 뒷손을 오므린 채 펴지 못한 것不放罙[15]을 말한다.[16]

---

9) 원문의 '탈파脫弝'가 필자의 저본과 진원정의 ≪사림광기≫에는 '탈파脫弝'로 되어 있으나 당순지의 ≪무편≫과 모원의의 ≪무비지≫에 '비파肥弝'로 되어 있다. 후자가 오기誤記이다.

10) 앞에서 말한 '작현斫弦'의 경우와는 달리 앞손이 너무 느슨해서 윗고자를 앞으로 쓰러뜨리기는 했지만 줌통을 함께 비틀어주지 못해 시위가 밑으로 가지 못한 경우를 말한 것으로 보인다. 줌손이 줌통과 분리되어 따로 움직였다는 의미에서 '탈파脫弝'라고 한 것으로 보인다.

11) '발소'의 원문이 필자의 저본을 포함해서 여타의 본에 모두 '劉弰'로 되어 있으나 진원정의 ≪사림광기≫에는 '鏺弰'로 되어 있다. '劉'과 '鏺'은 같은 의미의 글자이다.

12) 필자의 저본과 진원정의 ≪사림광기≫에는 '우갑右胛'으로 되어 있으나 당순지의 ≪무편≫과 모원의의 ≪무비지≫에는 '이갑二胛'으로 인용되어 있다. '二'는 '右'의 오기誤記일 것으로 보인다.

13) 발시 후 왼쪽 겨드랑이 아래로 와야 할 아랫고자가 오른쪽 어깨까지 올라오는 것을 말한 것으로 보인다. '발鏺'은 낫질을 뜻하는 글자로 '발소鏺弰'나 '소자대弰子大'란 이름은 아랫고자가 오른쪽 어깨 쪽으로 올라오는 동작이 낫질하듯이 큰 동작이기 때문에 붙여진 이름일 것으로 보인다.

14) 뒷팔이 뒤로 펴지기는 했지만 손바닥이 위를 보지 못하고 옆을 보는 것을 말한 것으로 보인다.

(원문) 後手小 謂斂定手 不放平

10. 후수언後水偃 또는 후수권後水捲 〈깍지손을 시위에서 떼어내지 못함〉[17]

화살을 내보낼 때 뒷손 손목에 너무 힘을 주어 똑바로 시위에서 떼어내지 못하는 것을 말한다.

(원문) 後水偃 後手捲 二件 謂遣箭 不直硬腕勞弦列手[18]

II. 전수병前手病 〈무경회해〉[19]

1. 장張 〈펼침〉

화살이 나갈 때 앞손을 과녁 쪽으로 돌려 누르는 것을 말한다往外一捲.[20] 골절들이 단단하게 맞물리지 못하는 병이다. 활 쏘는 사람들은 잘못 알고 이런 동작을 취하는 것이 고벽癖[21]으로 되어 있다.

(원문) 是出箭時 往外一捲 病在骨節對不緊 而射家惧認爲癖也

---

15) 원문의 '평平'이 필자의 저본에는 '수手'로 되어 있으나 여타의 본에 모두 '평平'으로 인용되어 있다. 모두 같은 의미이지만 '수手'보다 '평平'으로 하는 것이 의미가 보다 명확하므로 '평平'으로 고쳤다.

16) 손바닥을 오므린 채 전혀 펴지 못하는 것을 말한 것으로 보인다.

17) 원문의 '언偃'은 기울인다는 뜻이고 '권捲'은 이곳에서는 구부린다는 뜻이다. 뒷손을 펴기는 했어도 완전히 수평으로 펴주지 못하고 엉거주춤하게 펴는 것을 말하는 것으로 보인다.

18) 원문의 뒷부분이 필자의 저본을 포함한 여타 본에는 "謂遣箭 不直硬或剪弦列手"로 되어 있으나 진원정의 《사림광기》에는 "謂遣箭 不直硬腕勞弦列手"로 되어 있다. 해석이 가능한 후자와 같이 고쳤다.

19) 주용의 《무경칠서휘해》에서 같은 제목의 내용을 그대로 옮겨 놓은 것이다.

20) 원문의 '권捲'의 의미에 대해 주용의 《무경칠서휘해》에서는 "앞으로 돌려주면서 아래로 누르는 것을 '권'이라고 한다(回前番下爲捲)."는 주註를 붙여 놓았다. 이에 따라서 해석해 보면 원문의 '왕외일권往外一捲'은 (줌손을 의도적으로) "과녁 쪽으로 돌려 누른다."는 뜻이다. 이를 잘못된 동작으로 보는 것은 발시 때 윗고자를 앞으로 쓰러뜨리고 아랫고자를 겨드랑이 밑으로 끌어들이는 중국의 전통적인 발시 동작인 '별撇' 또는 '질撞' 동작을 비판한 것이다. 원문의 '왕往'이 일본의 〈무경사학비수공하〉에는 '주住'로 되어 있다. '왕往'의 오기誤記이다.

21) 원문의 '벽癖'이 평양감영의 《무경칠서휘해》와 중국의 《무경칠서휘해》, 중간본에는 '辟'으로 되어 있으나 일본의 〈무경사학비수공하〉는 '癖'으로 고쳐 읽고 있다.

2. 도挑 〈삐침〉22)

앞손이 바깥쪽으로 삐치는 것을 말한다. 당연히 화살이 매끄럽게 날아가지 못한다. 앞팔 윗팔뚝의 기력이 직선으로 뻗지 못하는 병이다.23) 이렇게 되는 이유는 호구虎口로 앞손의 동요를 억제하지 못했기 때문이다.

(원문) 是前手往外一拱 箭去自然不平 病在前手上半節氣力貫不直 虎口所以壓不住手也

3. 탁卓 〈끄떡임〉

화살이 나갈 때 앞손을 아래로 끄떡이는 것을 말한다. 호구虎口에 너무 힘을 가해 활이 손에 눌리는 병이다弓力爲手扼住.24) 활 쏘는 사람 중 모르는 사람은 (화살이 멀리 가지 못하면) 앞팔을 내렸기 때문인 것으로 아는 경우가 있다. 그들은 앞손을 들어 올려도 (아래로 끄떡이면) 화살이 멀리 가지 못함을 모른다.

(원문) 是出箭時 手往下一卓 病在虎口太緊 弓力爲手扼住 射家不識者 則每認爲落膀 而不知此爲揭手箭去易小

4. 눈嫩 〈유약함〉

앞손 손목이 앞쪽으로 구부러진 것이다. 시위가 팔뚝 때리는 것打臂25)을 겁내 그러는 것으로 알고 있으나 사실은 앞 손목이 무력한 병이다. 앞팔을 펴주지 않으면 기력이 손바닥까지 뻗어 나가지 못해 자연히 손목이 펴지지 않는다.26) 그

---

22) 원문의 '도挑'가 평양감영본 《무경칠서휘해》에는 '桃'로 되어 있으나 중국의 《무경칠서휘해》, 중간본과 일본의 《무경사학비수공하》에는 '挑'로 수정되어 있다. 이를 보면 《무경사학비수공하》가 《무경칠서휘해》, 중간본을 참고한 것 같지만 이는 우연의 일치이다. 간행연도가 《무경사학비수공하》는 안영安永 2년(서기 1772년)이고 《무경칠서휘해》, 중간본은 광서光緖 2년(서기 1876년)이다. 이뿐만 아니라 《무경사학비수공하》의 다른 부분은 평양감영본 《무경칠서휘해》, 말권과 같다.

23) 「궁술의 교범」에서는 어깨에서 손까지 일직선으로 뻗치는 듯힘으로 줌통을 밀어주라고 했는데 이렇게 못했다는 말이다.

24) 「궁술의 교범」에서는 "웃아귀가 밀리면 화살이 덜 나가게 된다."고 했는데 이에 해당하는 말이다. 원문의 '주住'가 일본의 <무경사학비수공하>에는 '왕往'으로 되어 있는데 오기誤記이다.

25) 원문의 '타打'가 일본의 <무경사학비수공하>에는 '절折'로 되어 있는데 오기誤記이다.

렇게 되면 활을 벌릴 때 앞주먹이 버티지 못하며 따라서 화살이 결코 과녁을 향해 바로 날아갈 수 없다.

(원문) 是前手右曲 射家止知怯于打臂所致 而實病在前腕無力 前臂不伸 氣力透不直手心 自然伸不直 拳撑不開弓 箭去時斷不對的

5. 노老 〈흔들림〉

앞팔의 골절이 무력해 전혀 줏대가 없는 것이다. 버들가지 꽃눈이 바람에 날리듯 앞팔이 흔들리게 된다. 결코 과녁을 맞힐 수 없다.

(원문) 是前手骨節無力 一毫無主 如楊花敗絮隨風所致 決無中理

6. 만彎 〈구부러짐〉

앞팔 팔뚝이 구부러진 것만 말하지 않는다是非獨手指彎也.27) 어깨눈肩眼28)이 생기지 않는 것, 앞팔뚝을 비틀어 팔꿈치를 엎어주지 못하는 것, 앞팔목을 펴주지 않는 것, 앞주먹을 곧게 세우지 못하는 것29) 등도 역시 구부러졌다고 한다. 잡념이 많고 경락經絡은 뛰고 기력이 안정되지 못하고 뼈마디들이 단단히 맞물리지 못한 것이 병이다. 활 쏘는 사람들 가운데 이를 아는 사람은 극히 드물다.

(원문) 是非獨手指彎也 肩眼不出亦是彎 前膀不轉亦是彎 前腕不伸亦是彎 前拳不直亦是彎 病在理不淸 經絡鼓不定氣 力對不緊骨節 射家識此最少

---

26) 「궁술의 교범」에서 말한 '흙받기줌'을 말한다.

27) 원문의 '수지手指'는 통상 '손가락'을 말하나 여기서는 문맥상 '手枝'와 같은 말로 '팔뚝'을 말하는 것으로 보았다. 한문의 '手'는 '손' 또는 '팔'을 말한다.

28) 앞어깨를 앞으로 돌려서 낮춘 채로 앞팔을 들어 올리면 어깻죽지뼈와 윗팔뚝이 서로 단단히 맞물리게 되는데 이때 어깻죽지뼈와 윗팔뚝 사이에는 움푹 파인 작은 구멍이 생긴다. 이를 '견안肩眼', 즉 '어깨눈'이라 한다. 고영의 ≪무경사학정종≫, 첩경문(捷徑門) 편, '논구법論彀法' 항에서는 이를 '견상담와肩上潭窩' 또는 '견와肩窩'라고 했다. 원문의 '견肩'이 일본의 <무경사학비수공하>에는 '근根'으로 되어 있다. '견肩'의 오기誤記임이 분명하다.

29) 앞주먹은 주먹을 세우고 반바닥으로 줌통을 밀어주어야 한다.

7. 잉剩 〈촉을 남김〉

화살을 충분히 당기지 못한 것이다. 활 쏘는 사람 중 이를 뒷손이 시위를 충분히 당기지 못한 것으로 알고 있는 경우가 있으나 깊이 보면 앞팔이 펴지지 않고 근골(筋骨)이 서로 맞물리지 못해 팔뚝이 안정되지 못한 것이다. 뒷손이 할 일을 다 해도 앞팔이 덜 펴지면 뒷손을 도와주지 못한다. 촉을 남기는 것은 실은 앞팔의 병이다.

(원문) 是扯箭不滿有剩餘也 此病 射家每認爲後手不地所致 若深一層看 皆因前臂不伸 筋骨不湊不落 膀不歸巢 後手已盡 前手未伸 無以助後手之力 此剩之一字 實前手所致之病

III. 후수병後手病 〈무경회해〉[30]

1. 돌突 〈급작 발시〉

시위를 너무 틀어쥐어서 뒷팔꿈치를 밑으로 누르지 못하고 위로 삐쳐 올린 채 갑자기 시위를 놓는 것을 말한다. 활 쏘는 사람들은 잘못 알고 이렇게 엉거주춤하게 화살을 내보낸다.

(원문) 是紐弦太重 用力太過 後肘不壓 往上一拱 突然有聲 射家誤認爲趣也[31]

---

30) 주용의 《무경칠서휘해》에서 같은 제목의 내용을 그대로 옮겨 놓은 것이다.

31) 원문의 '예趣'는 평양감영본 《무경칠서휘해》에는 '됴' 받침의 글자로 되어 있으나, 중국의 《무경칠서휘해》, 중간본 및 일본의 〈무경사학비수공해〉에는 '足' 받침의 글자로 수정되어 있다. 할 일을 끝내지 않았다는 뜻이다. '후주불압後肘不壓'은 뒤의 「5. 토吐」 중 '부지압주앙완지법不知壓肘仰腕之法'과 같은 말로서 뒷팔꿈치를 누르면서 손바닥과 손목이 위를 보게 뒷팔을 펴주는 법을 모른다는 뜻이다. '압주앙완壓肘仰腕'은 중국의 전통적 발시법 중에 뒷팔 동작인 절擘(또는 勞)을 말하며, 《무경칠서휘해》는 발시 동작에서 뒷팔 동작은 이런 동작을 원칙으로 한다. 뒤의 주註 34 참고.

2. 핍逼 〈화살 짓누르기〉

뒷손과 뒷팔꿈치가 일체가 되지 못하고 시위에 건 엄지와 검지 및 중지의 세 손가락으로 화살대를 구부러질 정도로 짓누르는 것을 말한다. 이러면 화살이 곧게 앞으로 나갈 수 없다.[32]

(원문) 是與肘不一氣平衡 後三指搭弦太緊逼住 將箭桿逼曲 發箭不能直前

3. 추揪 〈시위 붙들고 늘어지기〉

뒷손 엄지와 검지 및 중지 세 손가락을 시위에 힘 있게 걸지 못해서 붙들고 늘어지기만 하고 가볍게 풀어주지 못하는 것을 말한다. 그리되면 화살이 빠르게 날아가지 못한다. 사법에 "(뒷손의) 모양은 봉황의 눈같이 하고 발시는 유성같이 하라"는 말이 있다.[33] 그 뜻을 깊이 새겨보면 붙들고 늘어진다는 말의 의미를 알 수 있다.

(원문) 是後三指搭弦太老 揪緊不放 射箭不能速去也 法曰形如鳳眼發如流星 深所以解揪字也

4. 송鬆 〈느슨함〉

화살을 느슨히 쥐고 시위를 당기는 것만 느슨한 것이 아니다. 뒷손과 뒷팔목의 모든 마디마디들이 느슨하고 구부러지면 제아무리 시위를 힘껏 당긴다고 하더라도 전혀 기력이 없고 손으로는 화살을 내보내도 화살에 전혀 힘이 실리지 않는다. 모르는 사람들은 이를 두고 가볍게 화살을 내보낸다고 하지만 이는 진정으로 가볍게

---

32) 척계광의 《기효신서》와 이정분의 《사경》에서는 화살이 흔들리며 날아가는 것은 뒷손의 엄지와 검지가 시위를 너무 붙들고 늘어지기 때문인데 보다 근본적인 원인은 무명지와 새끼손가락이 느슨하게 풀려 있기 때문이라고 했다. 한편, '뒷손은 호랑이 꼬리를 잡듯이 하라後手如握虎尾.'는 옛말도 있는데 정종유 程宗猷의 《사의주해射義註解》는 이는 "뒷손 무명지와 새끼손가락으로 호랑이의 꼬리를 당겨 멈추게 할 정도에 이른 것을 말한다."고 했다. 뒷손은 손등이 위를 향하게 해서 시위를 약간 비트는 것이 원칙이다. 그러나 이곳에서 말한 동작은 이같이 시위를 짜는 동작이 아니고 시위에 건 엄지와 검지 및 중지의 세 손가락에만 과도한 힘을 주어서 화살대를 구부러질 정도로 짓누르는 것을 말한다.

33) 시위를 잡은 뒷손이 봉황의 눈같이 매서운 기세를 보이라는 말이며 "발시는 유성같이 하라"는 말은 뒷손을 힘차게 시위에서 떼어내며 팔을 펴서 뒤로 뻗어내라는 말이다.

화살을 내보내는 것이 아니라 느슨하게 화살을 내보내는 것에 불과하다는 것을 모르는 것이다.

(원문) 非止搭箭也 是後手後腕節節俱鬆俱曲 隨意扯來 毫無氣力 隨手放去 毫不着緊 不識者誤認爲輕 而不知此假輕眞鬆也

5. 토吐 〈촉 토하기〉

뒷손이 앞으로 끌려 나가면서 화살촉을 앞으로 약간 토해 낸 다음에 내보내는 것을 말한다. 뒷팔꿈치가 무력한 것이 병이다. 발시 동작에서 뒷팔꿈치를 누르면서 손바닥과 손목이 위를 보도록 뒷팔을 펴주는壓肘仰腕[34] 원칙을 모르는 것으로서 병 가운데 가장 큰 병이다.

(원문) 是後手往前一送 箭頭反出一段放去 病在後肘無力 不知壓肘仰腕之法 病之最大者也

---

[34] 원문의 '압주앙완壓肘仰腕'은 왕거의 ≪사경≫에서 말하는 발시 순간 뒷팔의 자세로서 팔꿈치를 누르면서 손목과 손바닥이 위를 보도록 뒷팔을 펴주는 소위 절확(또는 挈) 동작을 말하며 '염주앙완厭肘仰腕'이라고도 한다. 고영의 ≪무경사학정종≫은 <지미잡旨迷集>, 척확세실방도尺蠖勢撒放圖에서 알 수 있듯이 중국의 전통적인 발시 동작인 별절撇挈(또는 撤挈) 혹은 질절控挈(또는 控挈)을 배척했다. 그러나 ≪무경칠서휘해≫는 앞의 전수병前手病, '장張' 항에서 알 수 있듯이 앞손의 동작에 대해서는 고영과 같은 입장을 취한 반면 뒷손의 동작에서는 이곳에서 알 수 있듯이 전통적 동작을 그대로 계승하고 있다. 발시 동작에서 앞손에 대해서는 전통적인 별撤 또는 질控 동작을 버렸지만 뒷손에 대해서는 전통적인 절挈(또는 挈) 동작을 따르던 것이 청나라 때의 일반적 풍조였을 것으로 보인다. 청나라 유기劉奇의 ≪수상과장사법지남繡像科場射法指南車≫ 중 '실수험법세撒手驗法勢' 항을 보면 앞뒤 두 손 동작이 ≪무경칠서휘해≫가 말하는 동작과 거의 같다. 다만 ≪무경칠서휘해≫도 사법약언射法約言 중 '서序' 항과 사학문답 중 '심풍후審風候' 항과 기사대략騎射大略에서는 앞손 동작에 대해서도 전통적인 별撤 혹은 질控 동작을 취하고 있다.

제4장 풍기風氣 〈바람과 기후〉

I. 논풍후論風候 〈바람과 습도〉

무릇 활터에서 활을 쏠 때 바람 먼지가 사방에서 일어나면 화살의 거리나 방향이 달라진다. 모름지기 바람에는 큰바람 작은 바람이 있고 또 풍향도 사방으로 다를 수 있다. 기후가 건조할 때도 있고 습할 때도 있고 또한 계절에 따라 구분이 있다. 대개 40보 내에서는 활의 힘이 강하고 화살은 날카로워서 바람과 기후가 화살을 흔들지 못하므로 염두에 두지 않아도 된다. 그러나 과녁이 40보 이상 멀리 있을수록 화살의 힘도 점차 약해져 바람과 기후에 따라 거리와 방향에 편차가 생기는데 이를 무시하면 화살이 치우쳐 날아간다. 대개 봄에는 온화하고 여름에는 뜨겁고 가을에는 건조하며 겨울에는 춥다. 습도가 높으면 바람은 부드럽고 건조하면 바람이 거센 것이 보통이지만 계절마다 덥고 추운 것이 다르고 같은 계절 중에도 습도나 온도가 변하고 그에 따라 바람도 바뀐다. 건조하고 추운 바람이 강하게 불면 화살에 치우침이 많아지고 뜨겁고 습기가 많은 바람이 부드럽게 불면 화살에 치우침이 적어진다. 활이 강하면 바람이 거세도 화살이 멀리 갈 수 있고 바람이 부드러워도 활이 약하면 화살이 멀리 못 간다.

(원문) 凡臨場演射 一遇風塵四起 矢不免有大小左右之偏 夫風有大小 又有四方之殊 氣有燥濕 亦有四時之別 夫射而止數十步之內 弓矢勁銳 風氣不能使此 不辨可也 若射四十步之外射漸遠[1] 則矢力亦漸弱 大小左右皆爲風氣所

---

1) 원문의 이곳 '遠'부터 뒤의 '發矢常近'까지는 2010년 필자가 ≪조선과 중국의 궁술≫을 출간 당시에 필자의 저본에 누락되어 있어 생략했었지만, 최근 간행된 풍석문화재단의 ≪유예지 1≫(2017년)에 그 원문이 보이는데 주용의 ≪무경칠서휘해≫ 중 강해講解에 포함된 '풍기風氣' 항과 내용이 일치하므로 필자의

使此 而不辨 發矢皆偏矣 大抵春氣多溫 夏氣多炎 秋氣多燥 冬氣多冽 氣濕
則風和 氣燥則風勁 此其大槩也 然而四時之中 又有寒熱不常 則就一時之中
又有燥濕炎冽之氣 風亦隨之以變矣 燥冽之風勁 矢遇之而多偏 炎濕之風和
矢遇之而少偏 且風勁而弓亦勁 發矢常遠 風和而弓力弱 發矢常近

　　부드러운 바람은 온종일 변함이 없지만 차가운 바람은 변화가 있어 처음에는
힘이 강해서 화살의 비행에 큰 영향을 주고 수그러들 때는 힘도 약해 화살의 비
행에 큰 영향을 안 준다. 따라서 차가운 바람이 불기 시작할 때는 이를 피하고
수그러들 때를 기다려야 한다. 좌풍이 불면 화살이 오른쪽으로 치우치는 경우가
많으므로矢多合 과녁의 왼쪽을 조준해 쏘아야 하고 우풍이 불면 화살이 왼쪽으로
치우치기 쉬우므로易揚2) 과녁의 오른쪽을 조준해 쏘아야 한다. 그리고 촉 쪽에서
부는 바람에는 화살이 멀리 날아가지 않으므로 과녁의 위를 조준해 쏘아야 하고
오늬 쪽에서 부는 바람에는 화살이 멀리 날아가므로 과녁의 밑을 조준해 쏘아야
한다. 한편 활도 강하고 바람도 순풍이면 촉으로 과녁에 이르는 중간쯤을 조준해
쏘아야 할 때도 있고 활도 약하고 바람도 역풍이면 과녁보다 2~3자 정도 위를
조준해 쏘아야 할 때도 있다. 활은 약한데 동풍이나 서풍이 거셀 때는 과녁 서쪽
이나 동쪽 1장丈 <10자> 이상 지점을 조준해 쏘아야 할 때도 있고, 활도 강하고
동풍이나 서풍도 조금만 불면 과녁 서쪽이나 동쪽 1자 내외의 지점을 조준해서
쏘아야 할 때도 있다. 그러나 어느 정도 오조준할 것인지는 활 힘의 차이와 공기
중 습도나 온도의 차이를 참작해서 결정해야 할 일이며 이를 일률적으로 말할

　　《조선과 중국의 궁술》에 포함되어 있던 그 원문과 번역문을 풍석문화재단의 《유예지 1》에 인용된 원
문을 참고해 수정해서 이곳으로 옮겼고, '發矢常近' 다음의 '和風無起伏'부터 마지막의 '不若因風而力
擧力勢也'까지는 《무경칠서휘해》와는 차이가 있어서 《유예지 1》에 인용된 원문을 그대로 옮기고 번
역했다.

2) 원문 중 '多合'의 '合'과 '易揚'의 '揚'은 앞의 제1장의 '연초법演艸法' 항 중 '양揚' 및 '합合'과 각각
같은 말이다. (앞의 제1장, 주註 25 참고.) 한편 원문 중 '좌풍左風'과 '우풍右風'은 과녁이 통상 남쪽에
있으므로 각각 '동풍東風' 및 '서풍西風'이라고 할 수 있으므로 이 글의 원전原典인 《무경칠서휘해》
중 강해講解에 포함된 '풍기風氣' 항에서는 이곳의 "좌풍이 불면 화살이 오른쪽으로 치우치는 경우가 많
으므로 과녁의 왼쪽을 조준해 쏘아야 하고 우풍이 불면 화살이 왼쪽으로 치우치기 쉬우므로 과녁의 오른쪽
을 조준해 쏘아야 한다(左風 矢多合 須迎左 右風 矢易揚 須迎右)."라는 구절이 오히려 "동풍이 불면
과녁 동쪽을 조준해 쏘아야 하고 서풍이 불면 과녁 서쪽을 조준해 쏘아야 한다(東風則發矢宜頂的之左
西風則發矢宜頂的之右)."고 쉽게 기술되어 있다. 한편, 이곳의 원문에서 말한 '대면풍對面風'과 '배후풍
背後風'은 '역풍逆風' 및 '순풍順風'과 각각 같은 말이며 우리말로는 '촉바람' 및 '오늬바람'이라 한다.

수는 없다. 다만 바람이 불 때는 발시 때 앞손은 있는 힘껏 별擎 동작을 취하고 뒷손은 있는 힘껏 절撦 동작을 취하면 화살이 힘차게 날아가 바람의 영향으로 요동치지 않는다. 화살이 바람에 휘날리는 것은 화살이 힘차게 날아가지 못하기 때문이다. 바람에 따라 오조준하고 쏘는 것보다 있는 힘껏 별절擎撦 동작으로 발시하는 것이 한층 더 효과적이다. <무경회해>

(원문) 和風無起伏 一日平平 冽風有首尾 起於呼吸 風首力大 驅箭必遠 風尾力小 打矢不多 當觀其勢 避首乘尾 左風矢多合 須迎左 右風矢易揚 須迎右 對面風矢難到 頂的之首 背後風矢易去 頂的之足 弓勁風順 則以鏃頂半路 弓軟風逆 頂把頭二三尺 弓軟風大 須認把左右丈餘 弓勁風微 則頂把左右尺寸 而頂之多寡 一因弓力之發 强弱不齊 與風氣燥濕炎冽 大小之不同 而爲之叅酌 不可執一 然但遇有風 前手須極力一擎 後手極力一撦 則矢之去也 實而不虛 無風不搖 有風不動矣 其爲風飄去者 特矢虛耳 與其因風而有左右高下之迎 不若因風而力擎力撦也 <武經匯解>

II. 논한서論寒暑 〈기온〉

습사를 하며 기온을 살피지 않으면 활을 잘 쏘지 못한다. 기온은 낮을 때도 있고 높을 때도 있다. 기온이 낮으면 활이 억세지고 약한 활도 억세져서 화살이 평시보다 더 날아가므로 반드시 줌손을 내리고 쏘게 되는데, 심하면 줌손을 과녁보다 더 밑으로 내려야 할 경우도 있다無蓋把之弊. 기온이 높으면 활이 부드러워지고 강한 활도 점차 힘이 떨어져서 화살 비거리가 평소보다 점점 짧아지므로 반드시 줌손을 올려야 비거리가 줄지 않는다. 다만 기온이 낮을 때 줌손을 내리누르고 쏘는 것은 문제가 없지만 기온이 높을 때 줌손을 들어 올리면 "다리를 놓느냐?"고 옆에서 조롱할 수 있으니 억센 활로 바꾸거나 활에 열을 가하면 화살을 낮게 날려 보낼 수 있다. 하루 중에도 새벽에는 기온이 낮고 낮에는 기온이 높고, 바람이 불어도 기온이 낮아지므로 수시로 활의 상태를 점검해서 줌손 높이를 조절해 가면서 쏘아야 한다. 또 억센 활이라도 많이 쏘면 힘이 떨어진다. 이

렇게 매 순간 주의를 기울여야 하는데 내 몸이 기후에 적응한다면 어찌 솜씨를
발휘하지 못하겠는가? <무경회해>

(원문) 習射而不相天時 非射之善者也 天時有寒有暖 寒則弓硬 弱者亦進於
強 箭去較遠於平時 須捺下前手 方無蓋把之弊 暖則弓柔 强者亦漸於疲 矢去
倍促於尋常 須提起前拳 始無短索之慮 然寒時捺下弗疑 若暖時遇高前拳 恐
招搭橋之誚 或易硬弓 或加烘焙 方不失水平箭法 至一日之中 晨寒而午暖 甚
或日出則暖 風至則寒 隨時察其弓性柔硬 以爲手之高下 而且始射弓硬 久射
弓疲 皆當則此而推心細如是 吾身則具天時 尙何射之不神 <武經匯解>

제5장 조궁시調弓矢〈활과 화살의 선택과 관리〉

I. 조궁법造弓法〈활 만드는 법〉[1]

활은 손으로 잘 다룰 수 있는 것이 좋다. 재료인 (소의) 힘줄과 뿔 그리고 대나무와 나무를 결합시켜 활을 만드는데 재료 중 하나라도 좋지 않으면 서로 어울리지를 못한다. 태죽胎竹[2]은 속까지 건조시켜야 하고, 활고자弭의 재료는 두상杜桑을 써야 하며 사상沙桑을 쓰면 안 된다. 재료들이 서로 잘 어울리면 활의 성질이 부드러우면서도 화살을 곧고 힘차게 날려 보낼 수가 있다. 서울에서 만드는 '상태桑胎'[3]는 먼저 힘줄과 뽕나무를 밑바탕으로 결합한 후 겉에 뿔을 덧대면서 강약을 조절한 활로 '반태궁盤胎弓'이라고도 부르며 가장 좋은 활이다. 그다음 좋은 활이 '정각면궁正角面弓'[4]이다. 소뿔의 옆면을 쓰면 뿔이 밑으로 주저앉으면서 下墊[5] 줌통이 삐걱대는閃弛 문제가 생긴다. 재료가 소뿔의 정면인지 옆면인지를 알려면 그 무늬를 보아야 한다. 여하간 좋은 활을 얻으려면 명장名匠을 찾아가야

---

1) 2010년 필자가 ≪조선과 중국의 궁술≫을 출간 당시에 필자의 저본에는 제목도 없어 필자가 제목을 '택궁법擇弓法'으로 했었고 또 첫 문단의 원문도 마지막 '以四尺一二寸爲度~筋角須相對配' 부분만 있고 나머지는 모두 누락되어 있었는데 최근 간행된 풍석문화재단의 ≪유예지 1≫(2017년)에 그 제목과 원문이 모두 보여 이를 보충했다.

2) 활의 몸체를 만드는 데 쓰이는 대나무를 말한다.

3) 활의 몸체를 대나무가 아닌 뽕나무로 만든 활을 말하며 '상태궁桑胎弓'이라고도 한다. 활의 몸체를 쇠로 만든 활을 '철태궁鐵胎弓'이라고 한다.

4) 소뿔의 정면을 갈라서 덧댄 활을 말한 것으로 보인다. ≪조선의 궁술≫에 의하면 소뿔의 구부러 들어온 안쪽을 '음편陰片'이라 하고 그 반대쪽을 '양편陽片'이라 하는데 활에 덧대는 부분은 양편을 갈라내서 쓴다. 이를 '정각면正角面'이라 한 것으로 보인다. 음편은 아예 활의 재료로 쓰이지 않지만 간혹 양편에 흠이 있거나 하면 양편도 음편도 아닌 옆면을 쓰기도 하고 이곳에서 말한 '옆면傍面'은 이를 말한 것으로 보인다.

5) 뿔이 단단하지 못해 쪼그라들면서 밑으로 주저앉는다는 말로 보인다.

한다. (재료들을 결합시킬 때 쓰는) 어교魚膠는 농도가 너무 진하면 안 된다. 어교는 공이로 오래 찧어서 풀어준 다음 삼베로 짜서 입자가 미세하고 매끄럽고 희고 맑은細膩白淨 어교를 얻는 것이 묘리妙理이다. 태胎6)는 얇아야 하고 활 양쪽 끝의 고자는 가늘고 작아야 하며 두껍고 크면 안 된다. 뇌腦7)는 단단하고 강하면서도 두툼하고 실해야 하며堅勁穩實 얇고 좁은 것을 쓰면 안 된다. 뇌腦가 얇으면 화살이 힘없이 날아가고 뇌腦가 좁으면 유동성이 커서 활이 쉽게 뒤집어진다. 각면角面의 무늬는 상하좌우 대칭을 이루면서 단정해야 한다. 뿔은 늙은 소의 검은老而黑 뿔을 써야 하며 어린 소의 검은嫩而黑 뿔을 쓰면 안 된다. 길이8)는 4자尺 1치寸 내지 2치寸 <약 135~140cm>가 표준이다. 힘줄은 길고 가늘며 굵기가 고른 것이 좋다. 힘줄을 너무 많이 덧대면 안 된다. 힘줄을 너무 많이 덧댄 활은 쉽게 뒤집어지고, 충분히 건조시키지 않으면 쉽게 풀어지고, 너무 건조시켜도 역시 쉽게 일어난다. 힘줄을 너무 적게 덧대면 활의 힘이 부족해 화살이 멀리 가지 않는다. 힘줄과 뿔은 서로 배합이 맞아야 한다.

(원문) 弓以服手爲佳 其材料用筋角竹木連合而後成 有一不善必不相調 胎竹須乾透 弓弰宜杜桑 勿用沙桑 一色配合則性和而發矢平直 京製桑胎 先盤筋木後配角面 以定强弱 名盤胎弓 最佳 次則正角面弓 若傍面則有下墊閃弬之病 欲察傍正 須辨角紋 欲得好弓 須訪名匠 用膠無太濃厚 膠以千杵 杵以極化 用麻布絞得細膩白淨爲妙 胎宜薄 兩弰須細小 不宜粗大 腦須堅勁穩實 不取薄而狹 薄則發矢無力 狹則活而易滾 角面紋欲相對而端正 取老而黑 勿取嫩而黑也 長以四尺一二寸爲度 筋貴長貴細貴勻 不宜過多 多則易滾 烘未

---

6) 원문의 '뇌腦'가 무엇을 말하는지 알기 힘들지만 뒤에 "궁심弓心과 두 뇌腦가 서로 호응하면 부드러운 활이라도 시위 소리가 맑게 울린다(弓心과 兩腦相應 弓雖弱而弦聲和鳴晌嘹)."는 구절이 보여 '고자弰'를 '뇌腦'라고 하는 것같이도 보이지만 어떤 문헌에서도 이런 예를 찾아볼 수 없다. 최근 풍석문화재단에서 간행한 ≪유예지 1≫(2017년)에서는 '뇌腦'를 활대의 본체와 고자를 잇는 '삼삼이'로 보았지만 납득이 안 된다.

7) 활의 몸체가 되는 뽕나무나 대나무를 말하며, ≪조선의 궁술≫에서는 대나무로 만든 '태胎'를 '대소' 또는 '죽심竹心'이라고 했다. 뒤에서는 이를 '궁심弓心'이라고 했다.

8) 문맥으로 보면 뿔의 길이를 말하는 것 같은데, ≪조선의 궁술≫에 의하면, 활대의 본체와 고자를 이어붙이는 삼삼이를 지나 도고지를 붙이는 정탈목 부분까지 긴 뿔을 덧대는 활인 장궁(長弓)에 쓸 흑각은 길이가 1자 7치 5푼이며 삼삼이까지만 뿔을 덧대는 활인 후궁(猴弓)에 쓸 뿔은 장궁의 경우에 비해 5치 3푼을 짧게 한다고 했다. 각궁은 이런 뿔을 다듬어 활의 아래와 위에 각기 하나씩 덧대는데 이런 기준으로 보면 이곳에서 말한 길이는 활 전체의 길이를 말한 것으로 보인다.

透易鬆 火太煨亦易起 若筋過少又易疲 發矢不遠 筋角須相對配

　파저弝底[9]는 평평하면서 단단해야 하며 너무 튀어나와도 안 되고 너무 부드러워 쉽게 구부러져서도 안 된다. 줌통 굵기는 적절해야 하며 파안弝眼과 협도脅道[10]는 조화를 이루어야 한다.

　(원문) 弝底平勁 不宜太突 不宜軟而折陷 弓弝粗細 貴於適中 弝眼與脅道勻調

　궁심弓心[11]과 두 뇌腦[12]가 서로 호응하면 부드러운 활이라도 시위 소리가 맑게 울린다. 억센 활이라도 활을 가득 벌렸을 때弓底[13]에는 손힘에 맞고 버겁지 않아야 한다. 시위를 처음 당길 때는 극히 **뻑뻑해야** 하지만初引口要極緊[14] 당길수록 부드러워져야 과녁을 조준하던 중에 시위를 갑자기 놓는 일이 없어진다. 시위를 처음 당길 때 **뻑뻑해야**口緊 화살이 낮게 멀리 날아간다. 가득 벌린 후 과녁을 조준할 수가 없어 화살을 높이 쏘아도 과녁까지 날아가지 못하는 경우는 모두 활을 가득 벌렸을 때는 억세면서 시위를 처음 당길 때는 느슨하기口鬆 때문이다.[15] 활을 오래 건조시킨 다음 모양을 잘 다듬고 좋은 시위를 얹어서 매일 벌렸다 늦추어 보면서 활의 특성이 드러나기를 기다려 본 후 따로 바로잡고別姸媸 그런 다음

---

9) 줌통을 붙이는 부분의 활대 위에 덧붙이는 나무를 말하며 ≪조선의 궁술≫에서는 이를 '파간弝幹' 또는 우리말로 '대림' 또는 '다림'이라고 했다.

10) 원문의 '파안弝眼'과 '협도脅道'가 무엇을 말하는지 불분명하며 문맥상 줌통에 관련된 것으로 전자는 줌통의 정면을, 후자는 줌통의 옆면을 각각 말하고 특히 그 크기를 말하는 것으로 보인다. 풍석문화재단의 ≪유예지 1≫(2017년)에서는 이를 각각 '대림끝'과 '오금'을 말하는 것으로 보고 이에 관한 구절을 뒤의 구절과 연결해 해석했지만 어떤 문헌에서도 이런 예를 찾아볼 수 없다.

11) '태胎', 즉 ≪조선의 궁술≫에서 말하는 '대소' 또는 '죽심竹心'과 같은 말로 보인다.

12) 위의 주註 6 참고.

13) 위에서 말한 '태胎'와 '파저弝底'를 통칭하는 말로 보인다.

14) 원문의 '구口'는 문맥상 '입구', 즉 '시작점'의 의미이다.

15) 화살을 멀리 보내려면 시위를 당겼다 놓았을 때 마지막에 화살을 밀어주는 활이 강해야 하는데 이를 위해서는 처음 시위를 당길 때 뻑뻑해야 한다. 처음 시위를 당길 때 뻑뻑하지 않으면 시위를 놓았을 때 마지막에 화살을 밀어내는 힘이 약해진다는 의미이다. 그러나 활을 가득 벌렸을 때도 활이 뻑뻑해서 힘에 겨우면 끝까지 정신을 집중해서 조준을 끝내고 차분하게 발시 동작을 취하기가 어려워지므로 활을 가득 벌렸을 때는 힘에 겨울 정도로 뻑뻑하면 안 된다.

에 뿔 반대편에 화피를 입혀야 한다裏樺. 활은 여러 장 지니고 있을수록 좋다. 바꾸어가며 손에 익히기 편하기 때문이다. 여러 장 손에 넣기 어려워도 구하려고 노력해야 한다. <무경회해>

(원문) 弓心與兩腦相應 弓雖弱而弦聲和鳴晌哴 性雖勁而弓底與手掌相和而不悖 初引口要極緊 漸漸引滿愈覺活和 方可審把 不致拘肘暴發 口緊則箭去平而更遠 若滿而不能審 去高而猶不到把者 皆底硬口鬆之故也 乾久銼淨 配上好弦 逐日張弛 待其性情 以別妍媸 然後裏樺 弓以多爲貴 便於更換習服 或不能多得 亦當勉力爲之 <武經匯解>

시위는 사슴 가죽으로 만든 것이 가장 좋고, 실로 만든 것이 그다음이다. 소 가죽이나 양의 창자로 만든 시위를 쓰면 안 된다. 시위는 활의 힘과 어울려야 한다. 길이가 너무 길거나 짧으면 안 되며 굵기가 너무 굵거나 짧아서도 안 된다. 긴 활일 경우 줌통과 시위의 간격이 7치寸 <약 23cm>가 되면 적절하고 짧은 활일 경우 6치寸 5푼分 <약 21cm>이 적당하다. 시위가 길어서 늘어지면 화살이 흔들려 정확하게 날아가지 못한다. <무경회해>

(원문) 弦以鹿皮爲上 線弦次之 牛皮羊腸皆不可用 要與弓力相配 不可過於長短粗細 弓長弦離弝七寸 弓短弦離弝六寸五分 若弦長口鬆 發矢振蕩不準 <上同>

좋은 활은 6가지 장점이 있다.16) 첫째, 왕체往體,17) 즉 시위를 당기기 전 시위

---

16) 좋은 활의 6가지 특징을 설명한 것이며 이곳에서는 11세기 송宋 나라의 사천감司天監 심괄沈括의 저서인 《몽계필담夢溪筆談》에서 인용했다고 했지만, 실제는 왕거의 《사경》 내용을 그대로 옮겨 놓은 것이다. 《주례周禮》, <동관冬官> 편, '궁인위궁弓人爲弓' 조에서 원용한 부분이 많이 보이며 심괄의 《몽계필담》 중 <기예技藝> 편이나 이정분의 《사경》 등 후대의 여러 책들이 이를 인용하고 있는데 각각 글자 몇 개의 차이가 있을 뿐 내용이 같다. 모원의의 《무비지》에는 왕거의 《사경》을 인용하면서 이 항을 누락시켰다.

17) 원문의 '왕往'이 필자의 저본과 진원정의 《사림광기》에는 '성性'으로 되어 있으나 오기誤記로 보고 고쳤다. 당순지의 《무편》에도 '왕往'으로 교정되어 있다. 《주례》, <동관> 편, '궁인위궁' 조에는 "왕체往體가 크고 내체來體가 적은 활을 협궁夾弓이나 유궁庾弓 종류의 활로서 헝겊 과녁을 쏠 때나 주살로 새를 쏠 때 유리하다. 왕체가 적고 내체가 큰 활을 왕궁王弓 종류의 활로 가죽 과녁이나 나무 과녁을 쏠

와 활대 간 간격이 작고 탄력은 강하다少而勁.[18] 둘째, 태화太和[19]를 이루며 힘이 있다. 셋째, 오래 써도 힘이 약해지지 않는다. 넷째, 더우나 추우나 힘이 일정하다. 다섯째, 시위 소리가 맑고 실하다. 여섯째, 활을 벌렸을 때 뒤틀림이 없다. 시위를 당기기 전 시위와 활대의 간격이 작은 활은 벌리기 쉽고 오래 쓸 수 있으나 탄력이 모자랄 수 있다. 탄력이 있게 할 수 있는 비결은 힘줄의 처리에 있다. 소에서 바로 발라낸 힘줄 1자尺를 건조시키면 길이가 절반으로 줄어드는데 이를 어교魚膠에 적셔 힘껏 펴주면 길이가 다시 1자로 늘어난다. 이렇게 처리한 힘줄을 사용하면 힘줄의 신장력伸張力이 사라지기 때문에 더는 늘어나지 않게 된다. 이를 다시 주물러서 활대에 펼쳐서 붙이고 그 위에 뿔을 붙인다. 이 두 단계를 거쳐 활에 덧대는 힘줄이 되는 것이다. 무릇 활은 절節이 짧으면 부드럽지만 허虛하다. 허하다는 것은 시위가 입술 너머까지 힘없이 당겨진다는 뜻이다. 절節이 길면 억세고 버틴다. 버틴다는 것은 입술 너머로過吻[20] 시위를 당기려면 강해서 잘 당겨지지 않는다는 말이다. 절은 줌통 부위의 활대에 덧대는 덧나무를 말하며節謂把梢裨木[21] 이 절이 길면 잘 버티고 짧으면 힘이 없다. 절의 길이를 적당히 하면 부드러우면서 힘이 있게 되고 시위 소리도 맑고 실하게 된다. 활은 처음 사용할 때나 기온이 낮을 때는 탄력이 좋고 강하므로 시위를 당기기 어렵지만 오래 쓰거나 기온이 높으면 약해져서 화살 내보내는 힘이 떨어지는데 이는此[22] 어교에 이상이 생기기 때문이다. 어교를 조금만 써야 힘줄이 탄력을 발휘한다.

때 유리하다. 왕체와 내체가 같은 활을 당궁唐弓 종류의 활로 과녁을 깊이 관통하는 데 유리하다(往體多來體寡 謂之夾臾之屬 利射侯與弋 往體寡 來體多 謂之王弓之屬 利射革與質 往體來體若一 謂之唐弓之屬 利射深)."는 구절이 있다.

18) 원문 중 '왕체소往體少'는 ≪주례≫, <동관> 편, '궁인위궁' 조에서 말한 '왕체과往體寡'를 '왕체소往體少'로 인용한 것이다. ≪주례≫에서는 시위를 당기기 전 시위와 활대의 간격이 작은 활을 왕궁王弓 종류라고 하면서 가죽 과녁이나 나무 과녁을 쏠 때 유리한 좋은 활이라고 했다.

19) ≪주례≫, <동관> 편, '궁인위궁' 조에서는 좋은 활에는 세 가지의 삼균參均이 있고 이를 모두 합해 구화九和, 대화大和 또는 태화太和라고 한다. 첫째의 삼균은 '좋은 재료, 훌륭한 솜씨, 활 만드는 적절한 시기材美 工巧 爲之時'를 말하고 둘째의 삼균은 '뿔이 나무뼈대보다 강하지 않고 나무뼈대는 힘줄보다 강하지 않은 것角不勝幹 幹不勝筋'을 말하며 셋째의 삼균은 '화살 길이는 활의 힘에 맞고 활의 힘은 사람 힘에 맞는 것矢量其力 弓量其力'을 말한다.

20) 원문의 '문吻'이 필자의 저본에는 '해亥'로 되어 있으나 '문吻'의 오기誤記로 보고 고쳤다. 심괄의 ≪몽계필담≫이나 이정분의 ≪사경≫에서도 이 부분을 '문吻'으로 인용했다.

21) 원문의 '위謂'와 '초梢'가 당순지의 ≪무편≫에는 '조調'와 '소捎'로 각각 잘못 인용되어 있다.

22) 원문의 '차此'가 필자의 저본과 당순지의 ≪무편≫에는 '즉則'으로 되어 있으나 진원정의 ≪사림광기≫에는 '차此'로 되어 있다. 문맥상의 의미는 양자가 같다.

(활의) 강약은 힘줄에 있는 것이지 어교에 있는 것이 아니다. 어교를 조금 쓰면 활을 오래 써도 힘이 떨어지지 않고 더울 때나 추울 때나 힘이 한결같다. 시위를 얹었을 때 활이 뒤틀리지 않도록 하려면 좋은 재료들을 선택해야 한다. 재료23)를 고를 때는 그 결을 보고 골라야 한다. 그 결이 손질을 거쳐 바로잡아 주지 않아도 처음부터 먹줄같이 곧바른 재료로 활을 만들면 시위를 얹었을 때 활이 뒤틀리지 않는다. 활을 만드는 사람은 이를 잘 알아야 한다.

(원문) 弓有六善 一者性(往)體少而勁 二者(太)和而有力 三者久射力不屈 四者寒暑力一 五者弦聲淸實 六者張便正 凡弓 (往)體性少則易張而壽 但患其不勁 欲其勁者 妙在治筋 凡筋生長一尺 乾則減半 以膠湯濡而梳(極)之 復長一尺 然後用則筋力已盡 無復伸弛 又揉其材令仰 然後傳角與筋 此兩法 所以爲筋也 凡弓 節短則和而虛 虛謂挽過吻則無力 節長則健而柱 柱謂挽過吻則木强而不來 節謂把梢褲木 長則柱 短則虛 節得中則和而有力 仍弦聲淸實 凡弓初射與天寒則勁 强而難挽 射久天署則弱而不勝矢 此(則)膠之爲病也 凡膠欲薄而筋力盡 强弱任筋而不任膠 此所以射久力不屈 寒暑力一也 弓所以爲正者材也 相材之法 規(視)其理 其理不因矯揉 而直中繩 則張而不跛 此弓人之所當知也 <夢溪筆談>

II. 상현법上弦法 〈시위 얹는 법〉

활에 시위를 얹을 때 손바닥으로 아래위를 오가며 비벼서 힘줄과 뿔을 따듯하게 풀어준다. 점화통烘箱에서 활을 꺼낸 다음 바로 시위를 얹으면 안 되며 적당히 열이 식기를 기다렸다가 먼저 윗부분을 쥐어보고 나중에 아랫부분을 쥐어본다. 그런 다음 줌통의 중간을 손으로 붙잡고 활을 옆으로 뉘어서 (뿔에) 튀어나오고 들어간 곳이 있는지를 살펴본 후 다시 활을 똑바로 세워 놓고 (고자가) 기울거나 비틀린 곳이 있는지 살펴본다. (뿔이) 튀어나온 곳은 무릎으로 뿔 쪽을 눌러주고 들어간 곳은 힘줄 쪽을 무릎으로 눌러주며 고자가 왼쪽으로 기울어진 부분이 있

---

23) 이곳에서는 활대를 만드는 나무와 그 위에 덧붙이는 뿔을 말한다.

으면 무릎으로 오른쪽으로 눌러주고 오른쪽으로 기울어진 부분이 있으면 무릎으로 왼쪽으로 눌러준다. 때로는 발로 지그시 밟아주기도 한다. 그런 다음 잠시 쉬며 활 모양이 제대로 되기를 기다렸다 사용한다. 때로는 약한 불로 아래위를 오가며 덥혀서 서서히 활의 형태를 잡아주면 화살을 똑바로 내보낼 수가 있다. <무경회해>

(원문) 凡上弦 用手掌上下熨抹 令筋角溫潤 若初出烘箱 不可驟上 俟冷定用 擎先上硬頭 後下硬頭 手執把中 橫看雌雄直 看歪斜 雄邊膝抵角面 雌邊膝抵筋面 弰斜右膝抵左 弰斜左膝抵右 或用脚從容一蹋 再停片刻 待其性定 用之 或微火往來 烘熱 緩緩調正 發箭正直 <武經匯解>

III. 칭궁법稱弓法 〈활의 강약 측정법〉

활을 바닥에 내려놓고 발로 줌통을 밟고 저울 고리를 시위에 건 다음 들어 올리면서 무게를 재는데[24) 화살촉의 끝箭鏃頂이 줌통에 닿고 시위는 화살대의 끝箭根[25)과 같은 높이에 있게 될 때의 무게를 가지고 활의 강도를 측정한다. <무경회해>

(원문) 以弓置地上 用脚蹋定弓弰 以秤鉤弦稱起 將箭鏃頂在弓弰上 弦至箭根齊 卽知弓力之重輕矣 <武經匯解>

---

24) 이곳에서 말한 방식은 줌통을 발로 밟은 채로 수평 저울의 고리를 시위에 걸고 일정한 높이로 끌어 올려서 무게를 재는 방법을 말하며 현재 개량궁의 경우는 2자 6치 화살의 길이만큼 시위를 끌어 올렸을 때의 무게를 파운드(*lb*)로 계산해서 활에 표시해 놓는다. 그러나 이런 방식과는 달리 「그림 1. 시궁정력도試弓定力圖」에서는 줌통을 발로 밟는 대신 바닥에서 떨어지지 않을 정도의 무거운 물건으로 줌통을 고정시킨 다음에 활의 강도를 측정하고 있다.

25) 오늬를 말한 것으로 보인다.

그림 1. 명대明代 문헌인 ≪천공개물天工開物≫ 중의
시궁정력도試弓定力圖

IV. 장궁법藏弓法 〈활의 보관법〉

　습기가 찬 활을 쓰면 활이 뒤집어지고 자주 뒤집어지면 부러진다. 궤짝을 준
비해 활을 보관해야 한다. 여름과 가을에는 늘 약한 열로 활을 건조시켜야 하며
가을, 겨울에도 날씨를 보아가며 활을 써야 한다. 그러나 3～4일은 계속 열을
가해야 활 내부가 건조된다.26) 하루만 써도 벚나무 껍질에 습기가 차므로 열을
가해 말려야 한다. 습기에 물러진 활은 쓸 수 없으니 늘 열에 건조시킨 후 써야
하며 보관할 때는 명반明礬 물에 적셨다 말린 주머니에 넣어서 바람이 잘 통하
는 높은 곳에 보관해야 하며 나무판자로 된 벽에 걸거나 탁자 위나 난로 옆에
보관하는 것도 무방하다. 〈무경회해〉

---

26) 날이 더울 때 활에 열을 가하는 것은 온도가 높으면 통상 습도도 높기 때문이다.

(원문) 弓若潮濕 用卽打黴 數黴必折 須備櫃盛之 夏秋常用微火烘焙 春冬則
量天氣而用 然須連焙三四天 其內方乾 苟徒一晝夜 樺皮搨濕亦可烘火 仍軟
難用 用必常常烘焙 必要用礬水獎囊 盛懸風高之處 或板壁床頭爐傍 方可
<武經匯解>

V. 조전법造箭法 〈화살 선택법〉

활의 강약과 화살의 무게가 맞아야 한다. 활 힘에 비해 약간 가벼운 화살은
무관하나 활 힘에 비해 무거운 화살을 쓰면 안 된다. 화살 길이는 팔 길이에 따
라 정한다. 팔이 길면 긴 화살을 쓰고 팔이 짧으면 짧은 화살을 쓴다. 대개 화
살촉이 앞주먹에 있을 때 오늬가 오른쪽 어깨에 오는 화살이 적당하다. 화살 무
게와 길이를 잘못 정하면 좋은 활도 쓸모가 없다. 오묘한 활솜씨를 얻으려면 활
의 힘과 팔의 길이와 힘에 잘 맞는 좋은 화살을 골라야 한다. (나무 화살의) 화
살대는 본래부터 곧은 나무를 쓰는 것이 좋다. 불로 펴서 곧게 편 나무는 조금
만 쓰면 휘어진다. 나무는 곧고 단단한 것이 좋다. 무른 나무로 만든 화살은 가
득 당기면 휘어지고 쏘면 빗나간다. 나무를 곧게 가른다고 너무 가늘게 가르면
잘 날아가지 못한다. 촉의 날鏃稜은 휘면 안 된다. 깃 크기는 적당해야 한다. 촉
이 너무 무거우면 화살이 멀리 가지 못한다. 깃이 너무 크면 바람을 타며 멀리
날아가지 못한다. 화살대는 허리가 너무 굵으면 안 되고, 아래위 굵기가 균형이
맞아야 한다. 화살이 너무 가벼우면 똑바로 날아가지 않고 흔들리며 힘도 약하
다. 토리鐵信27)는 길어야 한다. 내촉內鏃 외부를 힘줄로 단단하게 감아주면 좋다.
나뭇가지를 화살대로 써야 할 때는 무게가 고르고 한 번 정도 휘어진 나뭇가지
는 쓸 만하나 무게가 고르지 않고 여러 번 휘어진 나뭇가지는 쓸 수 없다. 대나
무 화살은 굵고 단단한 것이 좋다. 무늬가 크고 (두들겨 보아) 소리가 맑은 것
은 늙은 대나무라도 쓸 수 있다. 몸통이 가늘고 무늬가 작고 연하며 소리가 둔
탁한 대나무는 약하다. 줄기 위에 흰 점들이 많고 푸른색이 탈색된 대나무로 만

---

27) 내촉內鏃이 박힌 화살대 외부를 감싼 힘줄을 보호하려고 겉에 입히는 대롱인 죽관竹管을 '상사'라고 하고,
'상사'의 끝을 '굽통'이라 하며, 이 '굽통'을 겉에서 감싸주는 얇은 철판으로 만든 고리를 '토리'라 한다.

든 화살은 안 좋다. 화살대나 깃이 휘면 불에 쪼여 펴야 하며 차갑게 하면 안 된다. 손톱 위에서 굴려보아 소리가 고르고 눈으로 보아서 똑바른 화살이 좋은 화살이다. <무경회해>

(원문) 量弓强弱配箭重輕 寧可箭用略輕 不可箭重違弓 定箭長短宜隨臂之骨節 臂長箭長 臂短箭短 總以鏃齊前拳 扣之右肩爲度 若少有輕重長短 卽失用弓之靈 欲得窾竅 全凭揀擇 配搭用意 其木貴天然挺直 用火治者稍久卽曲 幹貴决而勁 鬆軟之木 引滿必彎 發去橫 削木太决而夗 必不善走 鏃稜忌歪 翎宜大邊 鏃不可過重 重則去促 翎不可過大 大則招風 並不能及遠 肚不欲粗 前後須勻 過輕不準 且搖而弱 鐵信宜長 纏筋貴多 須號桿定做枝 枝般重一彎者猶可 輕重不等與彎多者不宜 竹箭貴厚而勁 紋粗聲淸者 老而可用 體薄紋細而軟 與聲木朴者爲嫩 桿上多白點者 去靑太多 其箭劣 榦曲翎曲 用火烘熱端正 愼勿冷 調扣聲細密 用目照視 一直如針者佳 <武經匯解>

VI. 찰시법擦矢法 〈화살 손질법〉

활을 쏘면 매번 화살을 닦아내 흙이 묻어 있지 않도록 해야 한다. 쏘고 난 화살은 매번 풀로 비벼서 반짝거리게 닦으면 잘 날아간다. <무경회해>

(원문) 射時要逐會拂拭 勿粘泥土 每用將亂草擦光肯走 <武經匯解>

VII. 장전법臟箭法 〈화살 보관법〉

화살을 보관할 때 잘 싸서 건조한 곳에 보관하며 가끔 열을 가해 말려주어야 한다. 먼지와 습기에 절면 깃이 떨어진다. 화살을 보관할 때 큰 대나무통 속에 몇 개의 화살씩 넣어 보관한다. 대나무통은 화살보다 한 치R 정도 긴 것이 좋고 덮개를 씌워 보관한다. 소가죽으로 만든 주머니나 명반明礬 물에 적셨다 말린 주머니에 화살을 보관해도 된다. <무경회해>

(원문) 收藏包固 宜置乾燥處所 時加烘焙 若經塵濕 翎莖皆解 臟箭用大竹
數箭打通爲筒 比箭略長寸許 置蓋盛之 或用生熟牛皮縫囊 或礬布爲囊皆可
<武經匯解>

(부록) 학서학사기鶴西學射記

　　내가 학산[1] 기슭에서 특별히 하는 일이 없이 한가롭게 지내고 있을 때 유탄소 柳彈素[2]라는 객이 있었는데 내가 할 일 없이 지내는 것이 딱했는지, 학산 서쪽에 넓은 평지가 있어 솔포를 치고 활을 쏠 만하니 함께 활쏘기나 즐기자고 했다. 이에 나는 솔포를 치게 하고 소매를 걷어붙이고 깍지와 팔찌[拾][3]를 준비하고 화살 乘矢[4]을 전통에 담고 나갔다. 나는 활을 다뤄 본 적이 없는 처지라 활을 벌리기도 전에 손이 떨리고 흔들려서 화살을 놓치자 마음이 답답하고 조급해졌고 이에 화살은 대부분 발밑에 떨어졌다武落.[5] 활쏘기에 익숙했던 탄소는 시위에 문제가 있다며 "시위를 당길宛 때는 가득 당겨야 하고, 놓을釋 때는 거침없이技 놓아야

----

1) 현 경기도 파주 장단長湍의 백학산白鶴山. 서유구의 고향이다. 서유구는 1790년 26세 때 과거에 급제 후 곧 초계문신抄啓文臣으로 선발되어 집현전에서 수학할 때 활쏘기 수업을 받은 적이 있는데 본문 중 자신이 활을 다루어 본 적이 없다는 구절로 보면 이 글은 26세에 관직에 나서기 전의 일을 말한 것이 분명하다. 이 글에서 대화 상대로 등장하는 유금은 1741년생으로 1788년, 즉 서유구가 24세가 되던 때 사망하므로 이 글은 서유구의 10대 시절 일을 말한 것일 가능성이 높다. 다만 이 글을 쓴 시기는 알 수 없다.

2) 탄소彈素는 호號이며 이름은 금琴이다. 조선조 후기 북학파 실학자 중 1인으로 거문고 연주에 능해서 호를 탄소라고 했다고 한다.

3) 활 쏠 때 옷소매를 동여매는 끈.

4) 원문에 '승시乘矢'라고 한 것은 원래는 '화살 4발'을 말하지만 이곳에서 '승시'는 그런 특정된 의미는 아닌 것으로 보인다. 현재는 습사 때이건 대회 때이건 1순에 5발씩 쏘는데 이것이 어느 때부터 생긴 관습인지는 불명확하다. 고대 중국의 활쏘기 의식에서는 '승시乘矢'라 하여 한번 사대에 나서면 4발씩 쏘았고, 조선 시대에 임금이 직접 참여해 쏘는 대사례大射禮에서도 이런 중국의 관습에 따랐다. 그러나 정조 대왕의 임자년(서기 1792년) 10월 30일 습사 기록인 어사고풍첩御射古風帖에는 1순에 5발씩 총 10순(이를 1획劃이라 했다.)을 쏜 것으로 기록되어 있고 뒤의 장언식(고종 때 인물)의 「정사론」에서도 한 번 활을 쏠 때 화살 5발을 쏘는 것이 제도화되어 있다고 했다. 《조선의 궁술》에도 "관사官射에서는 10순, 즉 50발을 쏘는 것을 1획이라 했고, 1획을 쏘아 15발 이상 맞히면 '소살판', 20발 이상 맞히면 '살판', 25발을 맞히면 '대살판'이라 했다. 25발 넘겨 맞히면 이를 30발로 보았는데 1획에 30발을 맞히면 사람부터 비로소 '사수꾼'이라 했다. 35발을 넘겨 맞히면 이를 40발로 보았고, 45발을 넘겨 맞히면 이를 50발로 보았다."는 구절이 있다.

5) 원문의 '무武'는 '족적足跡' 또는 '각보脚步'의 의미가 있는 글자이다.

하네. 시위를 가득 당기지 않으면 화살이 힘이 없고霜, 거침없이 놓지 않으면 화살이 느려서梥 멀리 나가지 못하네."라고 했다. 그의 말대로 해 보니 과연 화살이 멀리 나가기는 했는데 여전히 좌우로 빗나갔다. 이에 탄소는 대림棚6)에 문제가 있다며 "대림을 쥔 팔을 곧게 펴주지 못하고 있네. 곧게 펴주지 못하면 (팔이) 고정되지 않고 고정되지 않으면 흔들리므로 화살이 똑바로 나가지 않는 것일세."라고 했다. 그의 말대로 해 보니 과연 화살은 똑바로 나가기는 했지만 솔포를 넘거나 못 미쳤다. 이에 탄소는 몸 자세에 문제가 있다며 "몸을 젖히거나 구부리면 안 되네. 젖히면 화살을 조준한 대로 나가도록愿中 할 수 없고, 수그리면 화살을 멀리 나가도록速中 할 수 없네."라고 했다. 그의 말대로 해 본 결과 드디어 두 발을 솔포에 맞출 수 있었다. 이에 나는 곧 시위를 풀어 활을 궁대에 넣고弢 화살통 마개를 닫고榍 이제 그만하겠다면서 활쏘기를 그쳤다. 탄소가 왜 그러냐고 묻기에 나는 "장차 성인聖人의 가르침을 배우려 하는데 활쏘기를 배워 무엇 하겠습니까? 제 말을 들어보고 계속 쏘세요."라고 한 다음 "시위를 가득 당기는 것은 활을 가득 벌리려는 것이고, 거침없이 놓는 것은 화살이 힘차게 나가도록剽 하려는 것이고, 대림을 쥔 팔을 곧게 펴주는 것은 팔이 흔들리지 못하게 하려는 것이고, 몸을 젖히거나 수그리지 않는 것은 몸이 기울어지지 않게 하려는 것입니다. 활을 가득 벌리는 것은 능력을 말하고, 화살을 힘차게 날려 보내는 것은 용기를 말하고, 흔들리지 않는 것은 신의를 말하고, 몸이 기울어지지 않아야 자세가 바른 것입니다. 군자는 능력에서 앞서가고, 용감하게 실천하고, 신의를 지키며, 자신을 바르게 한 후 움직입니다. 화살을 멀리 보내고 솔포를 못 맞추더라도 위의 네 가지는 군자의 덕德을 말하니 저는 이를 명심하고 성인聖人의 가르침을 배울 것인데 활쏘기는 더 배워서 무엇 합니까? 군자는 화살촉같이 뜻을 다듬고 화살이 날아가듯이 곧은 말을 해야 합니다. 삼균三均의 구화九和7)를 갖추기 위해 광대싸리나무나 귤나무로 만든 뼈대荊橘幹와 청백색 뿔靑白角8)을 재료로 쓰듯 군자는

---

6) 활의 뼈대 중 줌통을 붙이는 곳에 덧대는 나무를 말하지만 문맥상 실제로는 줌통을 말한다.

7) '구화九和'는 ≪주례周禮≫, 고공기考工記에서 말한 좋은 활의 특성을 말한다. 좋은 활은 세 가지의 '삼균參均'을 갖추어야 하고 이를 모두 합쳐 '구화九和', '대화大和' 또는 '태화太和'라고 한다. 그 이외에도 원문 중 '완宛', '석需', '교挍', '수需', '도荼', '부柎', '원중愿中', '속중速中', '표剽' 등 난해한 용어도 모두 ≪주례≫, 고공기에 있는 용어로 이에 대한 해석은 후한後漢 정현鄭玄의 주注에 따랐다. ≪주례≫, 고공기 중 궁시 관련 문구의 해석은 졸저, ≪조선과 중국의 궁술≫(도서출판 이담 Books), 200~214쪽이 아직 미흡하기는 해도 참고가 될 것이다.

8) ≪주례≫, 고공기에서 말한, 활에 쓰는 좋은 재료이다.

일거수일투족이 모두 법도에 맞고, 마음은 바르고 자세는 곧고 언행에 절도가 있으면 됩니다. 군자의 활쏘기는 평생 하는 것이지만 이는 시위 소리를 내고 화살을 뽑는 것을 말하는 것이 아닙니다."라고 했다. 탄소는 망연한 표정으로 "활을 쏘지! 활을 쏘지!"라고 했지만 나는 도덕을 궁시弓矢로 알고 인의仁義를 과녁 삼아 무형의 활쏘기를 하려 한다.9)

(원문) 徐子在鶴山匝月日 漫漫無所事 客有柳彈素者 憫其無業也 告之曰 山之西 平疇曠夷 可侯而射 盍射以爲樂 徐子曰諾 遂張侯袒決拾 搢乘矢以出 蓋徐子未嘗操弓者也 彎未旣 手顫掉 輒舍矢 紆而趮 不數武落 彈素素習弓 敎之曰 是病于弦 宛之欲滿 釋之欲挍 宛不滿則需 釋不挍則荼 故矢不遠 如其言 矢遠 而邪左右侯 而落無常 彈素曰 是病于柎 執柎不挺臂也 不挺臂則不固 不固則易搖 故不中 如其言 矢向侯 而或過之或不及 彈素曰 是病于子之身 毋已昂毋已俯 已昂則莫能以愿中 已俯則莫能以速中 如其言 獲二矢焉 徐子洒弢其弓捌其矢曰 已哉 吾不復射矣 彈素曰何故 徐子曰 吾將學聖人 而焉用學射 居吾語子射 夫宛欲滿者 充其彀也 釋欲挍者 發之剽也 執柎挺臂者 操之勁也 毋已昂毋已俯者 身無偏也 彀近乎量 剽近乎勇 勁近乎信 身無偏則正己也 是故君子量以範之 勇以行之 信以守之 正己而後動 雖不中不遠矣 四者德之府也 吾將以是學聖人 而焉用學射 且夫君子礪志如鏃也 發言如矢也 語其學則三均而九和也 語其材則荊橘幹而靑白角也 進退中矩 周旋中規 內體正外體直 故發已皆中節 君子之於射 沒身焉已矣 而非鳴弓抽矢之謂也 彈素憮然作而曰 射哉射哉 吾願道德以爲弓矢 仁義以爲侯的 而從事于無形之射

後射義 兼用考工法 靑城
文氣古雋規橅 八家者不能作乃爾語 愚山
前一半 彈素敎射于準平 後一半準平喩學于彈素 互有師資之益 文亦爾正堪讀 炯庵

9) 서유구의 문집인 《풍석고협집楓石鼓篋集》, 권2 기記에 수록된 이 글의 말미에는 "《예기禮記》, 사의射義 편과 《주례》, 고공기를 원용한 글이다."는 청성靑城 성대중成大中(1732~1809)의 논평과 "문장의 기세文氣가 고풍스럽고 그윽해서古雋規橅 당송팔대가唐宋八大家의 글을 능가한다."는 우산愚山(?)의 논평과 함께 "앞에서는 유금이 서유구에게 활쏘기를 가르쳤고, 뒤에서는 서유구가 유금에게 학문에 대해 가르쳤으니 서로 도움을 받은 것이다. 문장도 우아해 읽을 만하다."는 형암炯庵 이덕무李德懋(1741~1793)의 논평이 수록되어 있다. 이 글에 등장하는 유금이나 이 글에 대해 논평을 한 성대중과 이덕무는 모두 서유구의 부친인 서호수徐浩修(1736~1799)와 비슷한 연배의 인물들로 모두 실학파에 속한다.

제 3 부

정사론
正射論

장언식
張彦植

서序[1]

나는 어려서부터 육예六藝[2]에 관한 글을 읽었어도 어느 것 하나 제대로 익히지 못했고 특히 활쏘기의 깊은 맛에 대해서는 그 묘한 이치를 못 깨우쳤다. 왜 그랬을까? 단지 둥근 달과 같이 활을 벌려 유성같이 화살을 날려 보내면 대충 쏘아도 멀리 화살이 날아가고, 잘 쏘면 과녁을 맞히고 잘못 쏘면 맞히지 못한다는 것만 알았기 때문이다. 그 속에 깊고 묘한 이치가 있음을 어찌 알았겠는가? 이제 장언식 첨절제사의 활쏘기 글을 살펴보니 규구방원規矩方圓[3]의 조화가 무궁한 것

---

1) '서序'라는 제목은 원문에 없는 것을 역자가 첨부한 것이다. 「정사론」의 기존 번역본으로는 단양 대성정 고문 안대영 선생의 ≪우리활 바르게 쏘는 법 정사론≫(지식과 감성. 2020년 2월)이 있다.

2) 육예六藝: 옛 주周 나라 때 귀족 청소년 교육 과목이던 예禮 <예법>・악樂 <음률>・사射 <활쏘기>・어御 <전차戰車 몰기>・서書 <서예>・수數 <셈법>.

3) 규구방원規矩方圓: 장언식은 거궁부터 발시까지의 동작에서 앞팔의 기능을 둥근 '원圓' 또는 '천원天圓'으로 표현하고 뒷팔의 기능을 모난 '방方' 또는 '지방地方'으로 표현하면서, 이런 기능을 발휘하기 위해 앞팔과 뒷팔이 지켜야 할 법도를 '규規'와 '구矩'로 각각 표현했다. '규規'란 둥근 원형을 그리거나 길이를 재는 그림쇠를 말하고 '구矩'란 모난 꺾인 직선을 그리거나 길이를 재는 곱자를 말하므로 둥근 '원圓'의 법도를 '규規'로, 모난 '방方'의 법도를 '구矩'로 각각 표현한 것이다. 역자譯者는 이 글에서 쓰인 '규規'와 '구矩'의 혼란을 막기 위해 모두 '법도'로 번역했다. 이 글에서는 또한 '법法'과 '도度'를 특별한 이유 없이 나누어 쓰고 있지만 이 역시 모두 '법도'로 번역했다. 한편, '방원方圓'은 '지방地方'과 '천원天圓'을 말하며, 하늘은 천막 같은 둥근 형태이고 땅은 바둑판과 같은 모난 형태라는 고대 동양의 우주관을 표현한 '지방천원地方天圓' 또는 '천원지방天圓地方'을 말한다. 그러나 이런 고대 동양의 우주관에 대해 일찍이 증자曾子 등 동양 사상가들도 의문을 제기하고 '천원지방'이라는 말을 하늘과 땅이 각각 지닌 양陽과 음陰의 도道를 표현한 말로 보았고, 이후 땅이 둥근 공의 모양이라는 서양의 지구설地球說과 함께 지동설地動說이 동양으로 전해졌는데 특히 이를 처음 동양으로 전해 준 선교사 마테오 리치Matteo Ricci는 '지방천원'이라는 동양의 전통적 관념에 대해 이를 '굳세고 변함이 없는 하늘의 덕德'과 그와 짝을 이루어 '힘차고 끈질기게 움직이는 땅의 덕德'을 표현한 말로 보았고, 이런 해석은 동양 각국에 알려졌다. 장언식이 이 글을 쓴 19세기 후반쯤에는 조선에도 물론 이런 해석이 전해져 장언식도 알았을 것이다. 장언식은 '지방천원' 또는 '방원'이라는 관념을 활쏘기에서 앞팔과 뒷팔의 역할을 표현한 용어로 쓴 것이며 거궁에서 발시에 이르기까지 앞팔은 흔들림 없이 견고하게 버텨야 하고 뒷팔은 힘 있게 시위를 당겨 되물림 없이 뒤로 충분히 빼내야 함을 말한 것으로 보아야 한다. 본서에서 사용된 '지방천원', '방원' 또는 '천원지방'이란 표현에 대해 거궁 시에 앞팔은 하늘 같은 둥근 형태가 되어야 하고 뒷팔은 땅과 같이 모난 형태가 되어야 함을 의미한다고 해석하는 경우도 있지만 이는 실제 활쏘기 경험에 부합하지도 않는다.

이 옛글에서는 찾아볼 수 없는 내용이다. 아! 이 글 22개 편은 활쏘기의 본질射體4)을 세밀히 검토했을 뿐 아니라 글 중간중간에 적개심과 충의가 보여 활쏘기를 배우는 사람들에게 법도가 될 만하기에 눈을 부릅뜨고 자세히 읽어본 후 삼가 서문을 쓰게 되었다.

서기 1872년 6월 상순 영평후인 서호 윤흥섭이 서문을 쓰다

(원문) 余幼讀六藝之文 而皆不能翫 其深味於射 尤未覺妙理矣 何者 只知如月而彎 如星而流 射疎及遠 當其所則中 不當其所則不中 又何知其間有深妙之理哉 今觀張僉節制彦植令 論射一篇 規矩方圓 造化無窮 於古人書 曾未所有 噫 此書二十二篇 非但有工於射體 間間有敵愾忠義之志 非凡常 人所可爲度 瞠然直視 敬而序之

壬申 流月 上澣 鈴平後人 西湖 尹興燮 謹序

---

4) 원문의 '사체射體'는 '활쏘기의 본질'을 말한 것으로 보인다.

사론射論

천하가 처음 세워지고 삼황三皇이 등장한 후 제왕帝王의 도道로서 (제후들에게) 경계를 정해 구역을 나누어서 문무文武를 시행하게 했고, 이후 명유현사名儒賢士의 장구章句가 생기고 나중에 이들이 모여 책자로 전해졌지만, 무사武士의 사예射藝에 관해서는 유궁씨의 재상 예有窮后羿의 솜씨가 신묘했다는 말만 있고[1] 그 구체적 형적이 후일에 전해진 것이 없어 유감이 많던 차에 이제 내가 재주 없음을 잊고 다음 22개 편을 서술하니 후사後射들이 이를 참고해承庸[2] 조금이나마 도움이 되기를 바랄 뿐이다. 무릇 활쏘기는 나라를 지키는 간성干城과 같아서 ≪서경書經≫에 서는 "천하를 다스리는 도리는 사후지례射侯之禮를 통해서 선악을 밝히고 올바른 사람을 등용해야 한다."고 했고,[3] ≪역경易經≫에서는 "천하에 위엄을 보이는 방법으로는 나무를 휘어서 활을 만들고 나무를 뾰족하게 깎아서 화살을 만든다고 했다."[4] 공자가 확상矍相 들판에서 활을 쏘자 구경꾼이 담장을 두른 듯이 많았는데 이때 제자들에게 술잔을 들어 올리고 말하게 해서 세 차례나 (덕德이 없는)

---

1) 원문의 '유궁후예有窮后羿'는 고대 유궁씨有窮氏 나라의 재상 예羿를 말한다. 고대 중국의 전설적 선사 善射라는 예羿의 정체에 관해서는 다양한 기록이 있다. 상세 내용은 졸저, ≪조선과 중국의 궁술≫(2010 년, 이담북스), 190~193쪽 참고.

2) 원문의 '승용承庸'은 이어받아 쓴다는, 즉 참고한다는 말이다. '용庸'은 '용用'과 통용되는 글자이다.

3) ≪서경≫, <우서虞書>, 익직益稷 편에 "순舜 임금께서 말하기를…완고하고 남을 비난하는 자의 소행이 옳지 못하면 사후지례射侯之禮를 통해 시비를 밝히고, (악행이 드러나면) 회초리로 때려 그 잘못을 기억하 도록 해야 한다.…바른길로 나가는 자가 있으면 그를 받아들여 등용하고, 그렇지 못한 자에게는 벌을 가해 서 위엄을 보여야 하다(帝曰…庶頑讒說 若不在時 侯以明之 撻以記之…格則承之庸之 否則威之)." 는 구절이 있다. 이 구절에서 '사후지례'는 활쏘기 의식을 말하고, '승承'은 '영합迎合', 즉 받아들인다는 말이다.

4) ≪주역周易≫, <계사전繫辭傳>, 下 2장에 "나무를 둥글게 휘어서 활을 만들고 나무를 뾰족하게 깎아 화 살을 만들어 궁시의 이로움으로 천하에 위엄을 보인다(弦木爲弧 剡木爲矢 弧矢之利 以威天下)."는 말 이 있다.

사람들을 내쳤으니[5] 이는 활쏘기가 사람의 덕德을 평가하는 일이기 때문이다. 덕德은 몸가짐이 바른 것이요, 몸가짐이 바른 것은 마음가짐이 바른 것이다. 따라서 마음가짐이 바르지 못한 자를 내치고, 부모를 모시고 효도 않는 자를 내치고, 전장에 임해서 용무用武의 지혜가 없는 자를 내쳤던 것이다. 공자가 일찍이 제자들에게 말하기를 "활쏘기의 마음가짐은 군자의 마음가짐과 비슷해서 정곡을 맞히지 못했을 때는 자신의 허물을 돌아보고 고친다."고 했다. 지금 내가 말하려는 활쏘기는 단순히 활을 쏘는 행위 자체가 아니다. 활쏘기에는 도道가 있고 규規가 있고, 구矩가 있고 법法이 있고, 도度가 있다. 하늘에는 해와 달의 도道가 있고, 땅에는 사람의 도道가 있고, 활쏘기에는 군자君子의 도道가 있다. 정기정심正己正心이 활쏘기의 도道이다.[6] 전거정원前擧正圓[7]이 (활쏘기에서 앞팔의) 규規이다. 후거집방後擧執方[8]이 (활쏘기에서 뒷팔의) 구矩이다. 이런 전거후집前擧後執[9]이 활쏘기의 법法이다.[10] 술을 마시면서 활을 쏘던 주례周禮가 활쏘기의 도度이다.[11] 활쏘기에는

---

5) ≪예기禮記≫, 사의射義 편에 "공자가 확상 들판에서 활을 쏘자 밖에 구경꾼이 담장을 두른 듯 많았다. 연례燕禮가 끝나고 사마司馬가 나와 활쏘기를 시작할 때 공자가 제자 자로子路에게 명해 궁시를 들고 사대로 나가 쏘게 하면서 구경 나온 밖의 사람들에게 이르기를 '전쟁에서 패한 장수나 나라를 망친 대부나 재물을 탐내 남의 양자가 된 자는 들어오면 안 된다. 나머지는 모두 들어오라.'고 하자 대략 떠난 사람이 반이고 들어온 사람이 반이었다. 공자가 다시 공망구公罔裘와 서점序點에게 명해 술잔을 들어 올리고 말하게 했고, 공망구가 술잔을 들고 '어리고 젊지만 부모에게 효도하고 형제를 사랑하는 사람이나 육칠십 세가 되었어도 예禮를 즐기고 속된 것을 멀리하고 수신에 힘쓰며 죽을 때를 기다리는 사람만 이곳에 남으시오.'라고 하자 대략 떠난 자가 절반이고 남은 자가 절반이었다. 서점이 또 술잔을 들어 올리고 '배움을 즐기되 싫증 내지 않는 사람이나 예를 즐기되 변함이 없는 사람이나 팔십 세 이상이 되었어도 도를 말할 때 어긋남이 없는 사람만 여기 남으시오' 하니 남은 사람이 매우 적었다(孔子射於矍相之圃 蓋觀者如堵墻 射至於司馬 使子路執弓矢出延射曰 賁軍之將 亡國之大夫 與爲人後者 不入 其餘皆入 蓋去者半 入者半 又使公罔之裘序點揚觶而語曰 幼壯孝弟 耆耋好禮 不流流俗 修身以俟死者 在此位也 蓋去者半 處者半 序點又揚觶而語曰 好學不卷 好禮不變 旄期稱道不亂者 不在此位也 蓋僅有存者)."는 구절이 있다.

6) 정기정심正己正心: 몸가짐과 마음가짐을 바르게 하는 것.

7) 전거정원前擧正圓: 거궁에서 발시까지 앞팔의 역할을 말한다. 앞의 「서序」, 주註 3 참고. 한편 일반적으로 활쏘기에서 '거擧'는 '거궁擧弓', 즉 활을 벌리기에 앞서 들어 올리는 동작만을 말하며 이는 통상 두 손의 동작을 말한다. 그러나 이 「정사론」에서 '거擧'는 가끔 앞뒤 두 팔의 동작이나 뒷팔의 동작을 말할 때도 있지만 주로 앞팔의 동작을 말하며, 특히 '전거前擧'는 일반적인 거궁이 아니라 거궁부터 발시까지 활을 견고하게 쥐고 들어 올려 움직임 없이 굳게 버티는 앞팔의 역할을 말하고 있다.

8) 후거집방後擧執方: 거궁에서 발시까지 뒷팔의 역할을 말한다. 앞의 「서序」, 주註 3 참고. 이 「정사론」에서 '후집後執'은 개궁에서 발시까지 시위를 충분히 잡아당겨 되물림 없이 뒤로 힘차게 빼주는 뒷팔의 역할을 말하며 이를 앞팔의 역할인 '전거정원前擧正圓'에 대비해 땅의 성질에 비유한 것이 '후거집방後擧執方'이다.

9) 전거후집前擧後執: 거궁부터 발시에 이르기까지 앞팔과 뒷팔의 역할로 '앞팔로 활을 들어 올려 견고하게 버티고 뒷팔로 시위를 잡고 충분히 끌어당기는 것'을 말한다.

10) 원문의 '법法'과 '도度'에 대해서는 앞의 「서序」, 주註 3에서 설명했다.

또 예부터 전해져 내려오는 사풍射風의 범례凡例가 있다. 비정비팔非丁非八12)이 그 것이고, 흉허복실胸虛腹實13)이 그것이고, 선찰산형先察山形14)이 그것이고, 후관풍세後 觀風勢15)가 그것이다.

(원문) 天地初定 三皇始出 帝王之道 各有分境 施用文武 則自古以來 名儒 賢士之章句 後有圖書之傳集 武士之射藝 有窮后羿之神妙 後無形跡之傳譬 故余甚感焉 敢玆忘拙 論二十二篇於左 後射承庸 庶幾有補於萬一云耳 夫射 者 國之干城也 書言治天下之道 曰侯而明之 承之庸之 易言威天下之道 曰弦 木爲弧 剡木爲矢 故孔子射於矍相之圃 觀者如堵 使弟子 揚觶而序黜者三 則 射而觀其德也 德者 正己也 正己者 正心也 其心苟不正則黜 事親不孝則黜 臨陣無用武之智則黜 嘗誡門弟曰 射有似乎君子 失諸正鵠 反求諸其身 今有 論射者 非徒射也 射而有道 規矩法度 天有日月之道 地有人物之道 射有君子 之道 第正己正心曰道 前擧正圓曰規 後擧執方曰矩 前擧後執曰法 飮射周禮 曰道 又有由來射風凡例者 第非丁非八曰例 胸虛腹實曰例 先察山形曰例 後 觀風勢曰例也

---

11) 주례周禮: 옛 주周 나라 때의 예법禮法.

12) 비정비팔非丁非八: 두 발을 고무래 '丁' 자나 여덟 '八' 자 모양으로 옹색하게 하지 않는 것.

13) 흉허복실胸虛腹實: 가슴에 찬 숨을 비워 아랫배로 몰아넣어 아랫배를 부풀려 기운을 모으는 것.

14) 선찰산형先察山形: 조준점을 정하기 위해 먼저 표적이 위치한 지형을 살펴보는 것. 같은 거리라도 표적 이 낮은 곳에 있으면 평지의 표적보다 조준점을 약간 내리고 높은 곳에 있으면 조준점을 약간 올린다.

15) 후관풍세後觀風勢: 표적이 있는 지형을 살펴본 후에는 바람의 방향과 세기를 보고 이를 모두 고려해 조 준점을 정하는 것. 대한궁도협회는 《조선의 궁술》 중 「궁술의 교범」을 현대어로 바꾸어 설명한 후 이런 내용을 함축적으로 표현한 것이라면서 '집궁執弓의 4가지 원칙'을 제시했는데 그 첫 번째와 두 번 째 원칙으로 이곳에서 '사풍의 범례'로 말한 내용을 글자 하나만 바꾸어('선찰산형先察山形'에서 '산山' 을 '지地'로) 제시했고, 그 외에 세 번째 원칙으로는 '전추태산 후악호미前推泰山 後握虎尾'를, 네 번째 원칙으로는 '발이부중 반구저기發而不中 反求諸己'를 각각 제시했다. 세 번째 원칙은 유래를 알 수 없 지만, 네 번째 원칙은 중국의 《예기禮記》에서 유래된 구절이다.

제一편 활쏘기의 도道, 규規, 구矩, 법法, 도度 및 범례凡例[1]

정기정심正己正心의 도道는 몸가짐이 바르면 마음가짐도 바를 것으로 생각해서 그의 외양을 보면 그의 덕德도 알 수 있다는 것이다. 전거정원前擧正圓의 법도는 (앞)팔뚝肱을 원圓으로 삼고, 또 이 원圓을 하늘로 삼아서 인의仁義를 모두 드러내라는 것擧休이다.[2] 후거집방後擧執方의 법도는 (뒷)팔뚝을 방方으로 삼고, 또 이 방方을 땅地으로 삼아서 예지禮智를 온화하게 드러내라는 것擧柔이다.[3] 이런 전거후집前擧後執의 법도는 집執(즉, 뒷팔로 시위를 잡고 충분히 끌어당기기)은 거擧(즉, 앞팔로 활을 들어 올려 견고하게 버티기)를 위한 것이 되고, 거擧는 집執을 위한 것이 되어, (앞팔과 뒷팔의 역할을 각각) 베틀로 옷감을 짤 때 날실과 씨실의 역할같이 되게 하라는 것前經後緯者이다.[4] 주례周禮의 법도는 예禮를 음률로 표현해 음률에 따라서 활을 쏘는 것이다. 어찌해야 활쏘기가 예禮에 맞고 어떻게 해야 듣기가 음률에 맞는가? 향음鄕飮, 향사鄕射의 유풍은 백성을 다스리고 위엄을 보이는 성대聖代의 표준 제도이다. 춘추전春秋傳에서 "어떻게 쏘고 어떻게 듣는가(何以射 何以聽)?"[5]

---

1) 이하 22개 편 각 편의 제목은 원문 중 핵심적인 구절을 골라 역자가 붙인 것이다.

2) 원문의 '이굉위원 이원위건以肱爲圓 以圓爲乾'은 앞의 「서序」, 주註 3에서 설명했듯이 앞팔의 역할을 하늘에 비유한 것이다. 원문의 '휴休'는 '완完'과 통용되는 글자로 '모두'라는 뜻으로 썼을 것으로 보았다.

3) 원문의 '이굉위방 이방위곤以肱爲方 以方爲坤'도 앞의 「서序」, 주註 3에서 설명했듯이 뒷팔의 역할을 땅에 비유한 것이다. 원문의 '유柔'는 '온화하게'라는 뜻으로 썼을 것으로 보았다. ≪회남자淮南子≫, 원도原道 편에 "온화함이 도道의 핵심이다(柔弱者 道之要也)."라는 구절이 있다.

4) 원문의 '전경후위前經後緯'에 대해서는 뒤의 제十一편에서 다시 상세히 논하고 있다.

5) 원문의 "하이사 하이청(何以射 何以聽)"이라는 말은 ≪공자가어孔子家語≫, 권7, 28 관향사觀鄕射 중 "공자가 향사례 참관 후 우연히 탄식하며 '활 쏠 때 음률에 맞추어야 한다. 어떻게 쏘고, 어떻게 듣는가? 음률에 따라 쏘고, 쏘았다 하면 정곡을 놓치지 않는 것은 오직 현자뿐이다. 불초한 자가 어떻게 정곡을 맞힐 수 있겠는가?'라고 했다(孔子觀於鄕射 喟然歎曰 射之樂也 何以射 何以聽 循聲而發 不失正鵠者 其唯賢者乎 若夫不肖之人則將安能以中)."라는 구절에서 인용한 것이다. ≪예기禮記≫, 교특생郊特牲 편에서도 이 말을 인용하고 있다.

라고 한 것은 예禮와 음률을 말하는 것이다. 결국 예악을 갖춘 활쏘기는 육예 중 셋6)이 되는 것이다. 범례凡例 중에 비정비팔은 서서 활을 쏠 때 발 모습이고, 흉허복실은 바른 몸가짐이고, 선찰산형은 눈에 보이는 지형의 모습을 눈으로 보고 조준점을 높이고 낮추는 것이고, 후관풍세란 보이지 않는 바람의 방향과 세기를 마음으로 헤아려 조준점을 정하는 것이다. <규구방원規矩方圓이라 할 때 본래 규規는 둥근 선을 그리거나 재는 것이고 구矩는 모난 것을 그리거나 재는 것이다. 또 사법에서 전원후방前圓後方이란 둥근 것은 규規로 재고 평평한 것은 구矩로 재듯이 앞팔을 하늘같이 하고 뒷팔을 땅같이 하라는 것이니 결국 천지인 삼재三才의 모습 天地人三圖7)을 드러내라는 것應擧이다. 활쏘기에서 관덕觀德이라 할 때 덕德은 도道를 행하는 것으로 늘 왕성한 기운을 얻어 덕德을 행하라는 것이다. 늘 행해야 할 것은 인의예지仁義禮智이다, 활쏘기의 본질射體도 이러하다.>

(원문) 正己正心之道 以己爲正 以正爲心 試容觀德者也 第前擧正圓之規 以肱爲圓 以圓爲乾 擧休仁義者也 第後擧執方之矩 以肱爲方 以方爲坤 擧柔禮智者也 第前擧後執之法 以執爲擧 以擧爲執 前經後緯者也 第飮射周禮之度 以禮爲樂 以樂爲射 何以射者比於禮 何以聽者比於樂 鄕飮鄕射之風 聖代之治之威之節奏者也 春秋傳曰 何以射 何以聽者 謂之禮 謂之樂 則禮樂之射者 謂之六藝之三也 第凡例 非丁非八 足容所立者也 胸虛腹實者 論以正己者也 先察山形者 能表昇降者也 後觀風勢者 能裏加減者也 <規矩方圓者 規矩本曰 規圓矩方 又射法曰 前圓後方 則圓爲規 方爲矩 前爲乾 後爲坤 應擧天地人三圖 觀德於射 德者行道 有得四時旺氣 德行於四時 則四時之行 惟仁義禮智 射體如斯耳>

---

6) '육예 중 셋六藝之三'은 예禮·악樂·사射 셋을 말한다.
7) 원문의 '천지인삼도天地人三圖'는 우주를 주관하는 '삼재三才'인 하늘, 땅 및 인간의 모습을 말한 것이다.

제二편 비삼절臂三節 〈팔의 세 관절〉

좌우 두 팔에 각기 관절三節[1] 3곳이 있다. 손회목手腕[2] 중간 양쪽 뼈 연결 부위인 손목手項[3]이 한 관절이다. 팔꿈치 안쪽에서 팔의 팔꿈치肱骸[4]와 잔부殘膚[5] 중간 연결 부위인 긍경肯綮[6]의 굴곡 부분이 또 한 관절이다. 팔臂 위 어깻죽지肩

---

1) 원문의 삼절三節은 문맥상 팔의 3개 관절을 말한다. 인체의 각 부분에는 각기 3개의 절節이 있어 팔臂의 경우 손을 초절梢節, 팔꿈치肘를 중절中節, 어깨肩를 근절根節이라고 각각 말하기도 하지만, 이곳에서 말한 삼절은 3개 관절을 말함이 분명하다.

2) 손목에서 가장 잘록한 부분.

3) 원문의 수항手項은 문맥상 '손목'을 말하는 것이 분명하다. '수手'는 '손', '항項'은 '목'을 각각 말하므로 손목을 수항手項으로 표기한 것으로 보인다.

4) 광해肱骸: 비박臂膊(arm), 즉 팔은 광부肱部 또는 상박上膊(upper arm)과 비부臂部 또는 하박下膊(fore arm)에 대한 총칭이며, 해骸는 골骨을 말하므로 광해肱骸는 굉골肱骨 또는 상박골上膊骨(humerus), 즉 윗팔뼈를 말한 것으로 볼 수도 있다. 그러나 뒤의 원주原註에서 "광굉은 비臂의 구미求味를 말한다."고 했는데, 비臂는 비박臂膊(arm), 즉 팔 전체를 말하기도 하고 하박下膊(fore arm. 즉, 팔뚝) 또는 전비부前臂部, 즉 '팔꿈치 이하 손회목 이상肘以下 腕部以上' 부분을 말하기도 하므로 "비臂의 구미求味"는 하박골下膊骨(fore arm bones)의 구미求味를 말한 것이다. 구미求味는 '끝'을 말하는 현대어 '꿈치'에 해당하는 옛 우리말을 한자음을 빌려 표기한 것으로 보인다. 한편 하박골은 두 개 [상박골과 달리 엄지손가락 쪽 노뼈 또는 요골橈骨(radius)과 새끼손가락 쪽 자뼈 또는 척골尺骨(ulna)]로 구성되어 있고 자뼈의 끝이 바로 팔을 구부릴 때 뾰족하게 튀어나온 끝부분, 즉 팔꿈치가 된다. 결국 '비臂의 구미求味'란 팔꿈치를 말하는 것으로 보이며 「궁술의 교범」에서는 이를 '중구미'라고 했다. 이런 이유로 원문 중 주상肘上, 즉 '팔꿈치 위'는 '상박골'을 말한 것이 아니라 '팔꿈치 반대쪽', 즉 '팔꿈치 안쪽'인 오금 쪽을 말한 것이다.

5) 잔부: 뒤의 원주原註에서 "잔부는 비臂의 잔살殘殺을 말한다."고 했는데 문맥상 이곳에서는 팔꿈치와 연결된 상박골을 말해야 마땅한데 원문에서는 이와 달리 팔꿈치 안쪽의 인대와 힘줄을 말한 것으로 보인다. 잔주름살을 말하는 '잔살'이라는 우리말이 있지만 여기에서 잔부 또는 잔살은 이런 의미는 아닐 것이다.

6) 긍경肯綮: 긍肯('肎'의 속자)은 '뼈끝에 붙은 살骨头上附着的肉'(flesh attached to bone)의 하나로 뼈와 뼈를 직접 연결하는 인대朷帶(Ligament)를 말하며, 양쪽의 뼈가 일정 범위 내에서만 움직이도록 잡아 준다. 손가락이나 팔꿈치나 무릎 등을 한쪽으로는 완전히 구부릴 수 있어도 반대쪽으로는 구부릴 수 없는 것은 손이나 팔의 각 마디가 반대쪽으로 넘어가지 못하게 인대가 잡아주기 때문이다. 경綮은 뼈에 붙은 힘줄筋(腱. 觔. Tendon)로서 뼈를 근육과 연결해 준다. 팔꿈치나 무릎 등을 구부렸다 폈다 할 수 있는 것은 두 뼈마디 끝의 힘줄 사이에 연결된 근육이 일정 범위 내에서 수축하거나 이완하기 때문이다. 근육筋肉이란 용어는 두 힘줄 사이의 부분만을 말하기도 하지만 이 부분과 힘줄의 총칭으로도 쓰인다.

髆의 대고우大輄髃와 오두烏頭7) 중간의 연결 부위인 궁경의 굴곡 부분이 또 다른 한 관절이다. 이렇게 궁경으로 된 관절 3곳이 일체가 되어 활과 시위의 움직임을 좌우한다. <어깻죽지肩髆는 어깨의 죽지뼈大竹를 말한다. 잔부殘膚는 팔臂의 잔살殘殺을 말한다. 굉肱은 팔臂의 구미求味를 말한다. 이상 셋을 무예용어武語로 대죽大竹, 잔살殘殺, 구미求味라 한다. 팔꿈치肱와 잔부殘膚는 팔꿈치 안쪽肘上과 팔뚝 바깥쪽臂下 사이 굴곡 부분으로 잔부殘膚는 그 중간 위쪽 <역자 주: 안쪽>으로 성격이 음陰이고, 구미求味는 그 중간 아래쪽 <역자 주: 바깥쪽>으로 성격이 양陽이며 서로 접해 일체를 이룬다. 오두烏頭는 어깻죽지肩髆의 관절節이 있는 곳에서 팔 꼭대기臂頭의 안쪽 뼈內膊가 오두烏頭이다.>

(원문) 左右之臂 各有三節者 次手腕兩間肯綮 手項曰節 次肘上臂中 肱骸殘膚之兩間肯綮 屈曲曰節 次臂上肩髆大輄髃烏頭之兩間肯綮 屈曲曰節也 此肯綮三節者 以其配偶之於弓弦造化之理也 <肩髆云肩之大竹也 殘膚云臂之殘殺也 肱云臂之求味也 武語云大竹殘殺求味三者也 肱與殘膚 肘上臂下 兩間屈曲處 殘膚有間上 陰也 求味有間下 陽也 相接緣屬處 烏頭云肩髆節處 臂頭內膊 曰烏頭>

---

7) 견박肩髆, 대고우大輄髃 및 오두烏頭: 뒤의 원주原註에서 "견박肩髆은 어깨肩의 대죽大竹을 말한다." 했는데, 죽竹 또는 대죽大竹은 윗부분을 말하는 우리말 '죽지' 또는 '죽짜'를 한자음을 빌려 표기한 것으로 보이며 따라서 견박은 "어깻죽지"를 말한 것으로 보인다. 「궁술의 교범」은 이를 '죽머리'라 했다. 대고우大輄髃는 어깻죽지를 구성하는 큰 뼈인 견갑골肩胛骨(scapula)을 말한다. 고輄는 큰 뼈大骨(big bone)를, 우髃는 어깻죽지를 각각 말하기 때문이다. 한편 오두烏頭를 견갑골 끝에 붙어 있는 오훼돌기 <오구돌기, 부리돌기, 오훼골烏喙骨(coracoid)>를 말한 것으로 보는 견해도 있지만, 문맥상 상박골 상단을 말한 것으로 보아야 할 것이다. 포유류의 오훼골은 양서류, 파충류, 조류(鳥類)와는 달리 퇴화해서 견갑골의 돌기로, 즉 견갑골의 일부로 남아 있을 뿐이기 때문이다.

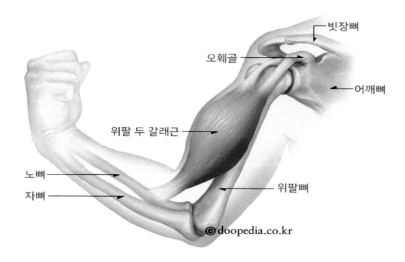

그림 1. 어깨와 팔의 구조

출처: doopedia. co. kr

제三편 십심십정十心十精
〈모든 것을 정교하게〉

솔포 과녁을 쏠 때 화살이 뚫고 지나간 위치가 어지럽지 않으려면¹) 열 가지 마음의 열 가지 정교함十心十精²)이 필요하다. 1) 모든 심성心性이 안정되어 흔들리지 않는 것도 정교함이고, 2) 미세한 것을 큰 것같이 보도록示小如大³) 세밀히 주의하는 바른 마음도 정교함이고, 3) 원근을 헤아려 그 형태에 주의하는 여유 있는 마음도 정교함이고, 4) 앞에서 줌통을 들어 올릴 때 엄지와 검지와 중지를 줌통에 대며 세심히 주의하는 것도 정교함이고, 5) 두 팔을 들어 올리면서 두 팔의 관절과 뼈와 잔부를 함께 들어 올려 허공을 가르면서橫天⁴) 두 팔이 각기 땅과 하늘方圓⁵)의 역할을 하게 주의하는 것도 정교함이고, 6) 어깻죽지와 오두가 따로 놀지 않도록 주의하는 것도 정교함이고, 7) 깍지 낀 손가락⁶)으로 뒤에서 시위를

---

1) 계속 쏘는 화살이 솔포의 한 곳을 집중적으로 관통한다는 말로 정교한 활쏘기를 말한다.

2) 원문의 '십심십정十心十精'은 다양한 마음의 정교함이라는 말이며 반드시 열 가지의 마음의 정교함을 말한 것은 아니다. 이곳에서 예로 든 것도 8가지에 불과하다.

3) 원문의 '시소여대示小如大'는 이정분의 ≪사경≫, 청淸 나라 주용의 ≪무경칠서휘해≫ 등 여러 사법서에서 '視小如大'로 표기한 부분이다. 전자를 자의字義만 보면 '작은 것이 크게 보이도록'이란 뜻으로 해석하는 것이 옳겠지만, 본서 전체를 보면 '示'를 '視'의 의미로 쓴 것이 틀림없다.

4) 횡천橫天: 허공을 가르면서 활을 벌리는 동작을 말한 것으로 보인다.

5) 원문의 '방원方圓'은 '천원지방天圓地方'을 말한다. 그 의미에 대해 앞의 「서序」, 주註 3에서 설명했다.

6) 원문의 '결決'은 시위를 당기기 위해 뒷손 엄지에 끼는 '깍지'를 말하며, 따라서 '결지決指'는 이 깍지를 낀 손가락을 말한다. ≪의례儀禮≫, 향사례鄕射禮 편에는 "단결수袒決遂"란 구절이 있으며 그 주注에서 "결決은 개闓를 말하며 코끼리뼈로 만든다. 엄지손가락에 끼고 시위를 당겨 활의 몸체를 벌린다(決猶闓也 以象骨爲之 著右大擘指 以鉤弦闓体也)."라고 했다. 깍지를 가리키는 말로는 그 이외에도 결決, 결抉, 결夬, 사결射決, 지기指機, 섭韘, 구韝, 반지扳指 등이 있다. 다만 본서는 깍지를 시위에서 떼어내 화살을 내보내는 발시 동작을 말할 때도 '결決'이라는 글자를 사용하고 있다. 마지막에 화살을 내보내는 동작이 깍지를 시위에서 떼어내는 결단의 동작이기 때문일 것으로 보인다.

잡아끌 때 처음부터 끝까지比來7) 깍지가 빠지지 않고 손가락에 꼭 끼어 있도록 적절히 힘을 조절하면서 계속 주의하는 것도 정교함이고, 8) 깍지 낀 손가락으로 시위를 끝까지 당겨 화살을 내보내는 순간旣臻射決8) 더 정신을 집중하는 것도 정교함이다. 이런 열 가지 마음의 열 가지 정교함의 도道는 올바른 활쏘기直射에 관한 것일 뿐이다. 올바른 활쏘기의 도直射之道는 스스로 열 가지 정교함을 다해 열 가지 마음을 정교하게 해서 몸가짐을 바르게 하고 바른 몸가짐을 통해 마음가짐도 바르게 하는 것이다. 이러한 도道는 활쏘기의 일관된 이치이다. 활을 잘 쏘는 선사善射는 사법을 두루 지켜 활쏘기의 도道를 깨우친 사람이며, 활쏘기의 도道를 깨우친 사람은 생각해 가며 활쏘기의 묘리妙理를 깨우친 사람이며, 활쏘기 묘리를 깨우친 사람은 모두가 스스로 깨우친 사람이다. 그는 결국 자신의 마음과 뜻을 모아 활쏘기의 묘리를 깨우치려 노력한 사람이다.

(원문) 射侯 畵布整齊 須有十心十精者 統體心性者 守支堅心 曰精 示小如大 望機正心 曰精 酌量遠近 察形寬心 曰精 以前擧弝之拇二指三指 試弬点心 曰精 次擧之兩臂之際 前後節肱殘膚者同擧 橫天方圓卜心 曰精 次肩髆烏頭者 定主載心 曰精 次後執決指者 比來密夾 巧肆仍心 曰精 次決指者 旣臻射決 滿志益心 曰精 此十心十精之道 係於直射而已 直射之道 自由十精 則十心接精 以己爲正 以正爲心 其道一貫而射之理也 夫善射 縱送具法 得道者也 以之得道者 自思妙得者 以之妙得者 各自所得者也 此自己之心志中 所求其謀者也

---

7) 원문의 '비래比來'는 '근래'와 같은 말이지만 이곳에서는 문맥상 '처음부터 끝까지'를 말한 것으로 보았다.

8) 원문의 '사결射決'은 깍지를 시위에서 떼어 화살을 내보내는 발시 동작을 말하는 것으로 보았다. 원문의 '진臻'은 '지至'와 통용되는 글자로 "도달했다"는 뜻으로 쓰였다.

제四편 학사지법學射之法

〈활쏘기를 배우는 법도〉

활쏘기를 배우는 법도는 궁후弓後 <궁후는 활 이름이다. 과거 다른 용도로 쓰이다가 잊힌 이름으로 후일 활 이름으로 쓰인다.>[1])로 익히게 하는 것이 예부터 전해져 내려오는 오랜 법도古規로 이는 배우는 사람이 잘못된 길로 나가지 않게 하려는 것이었다. 우리 조선의 탁월한 무예威武는 이런 습사習射로 자신의 몸가짐을 바르게 했기 때문이며 이는 무가武家의 불변의 법도였다. 옛사람들은 궁후로 3년을 연습하게 한 다음에 비로소 정궁定弓을 쓰게 했다고 한다. 정궁은 거궁巨弓이고 거궁으로 철전鐵箭을 쏘며, 철전은 육량전六兩箭[2])을 말한다. 무과武科의 사예射藝 과목에 합격하려면 먼저 거궁 쏘기에 합격 후 유엽전柳葉箭 쏘기 시험을 치렀으니 거궁으로 육량전 쏘기를 먼저 시험한 것은 근력이 강건한 사람을 뽑기 위한 것으로 이 때문에 육량전 쏘기를 먼저 시험한 것이다. 여타 유엽전이나 편전片箭을 빨리 연속해서 쏘거나趨弓[3]) 적진에 격서檄書를 날려 보내는 활쏘기도 기본이 정궁定弓

---

1) '궁후弓後'는 처음 활쏘기 자세를 익힐 때 쓰던 극히 부드러운 활로 보인다. 뒤의 제九편을 보면 처음 활을 배울 때 궁후로 1년 동안 과녁 없이 연습하라고 했고 또 제十一편을 보면 처음 배울 때 부드러운 활로 1량 무게의 무거운 화살을 쏘게 해서 과녁 맞히는 일을 잊고 오직 올바른 자세를 익히기에 주력하라 했다. 한편 이 글에 언급된 활의 종류로는 '궁후弓後' 이외에 '목호木弧', '오호烏號', '정궁定弓 <또는 거궁巨弓>'이 있는데, '궁후'와 '정궁'에 대한 설명은 이곳에 있고, '오호'는 어느 정도 강도가 있는 좋은 각궁을 말한다. '목호'는 '궁후'와 같이 부드러운 연습용 활로 보이지만 둘이 어떤 차이가 있는지는 알려진 것이 없다. 혹 같은 활을 달리 표현한 것일 수도 있다.

2) 육량전六兩箭: 무게가 육량인 철전의 이름이 육량六兩, 육량전六兩箭 또는 육량철전六兩鐵箭이었다.

3) 원문은 추궁趨弓으로 되어 있으나 '신속한 연속 발시', 즉 '속사速射'를 말하는 추발趨發의 의미로 보았다. ≪한비자韓非子≫에는 "이수사후 부당강노추발狸首射侯 不當强弩趨發"이라는 구절이 있는데 "이수 음률에 맞추어 솔포 과녁 쏠 때는 강노추발强弩趨發이 필요없다."는 의미로 추발은 전투 시에 여러 발을 빨리 계속 쏘는 것을 말하며, 이수 음률은 사례射禮에서 활 쏠 때 연주하던 음률이다. 활 쏠 때 연주하던 음률로 추우騶虞, 채빈采蘋, 채번采蘩, 이수狸首가 있었고 앞의 세 음률은 가사가 ≪시경詩經≫에

쏘기와 다를 바 없다. 철전 쏘기의 힘을 본받아서4) 유엽전 쏘기를 시험토록 한
것은 모두 근력이 중요하기 때문이다. 무예가 탁월한 사람威武이 되는 것은 이름
이 사해四海에 널리 알려지는 것으로 국가 간성干城으로 중요한 일이며, 국가 안정
을 이룰 수 있는 길이다. 이에 문무병용文武竝用이 국가를 오래 안정시킬 수 있는
도리라고 했다.

(원문) 學射之法 使以習於弓後 <弓後雖曰弓名 去遺其前用 當其後 曰謂弓後
耳> 由來古規也 務使人人正其不正也 我東威武者 習於斯 正於己 武家之恒規
也 古人之諷言 試其弓後三年之後 施之定弓也 定弓者 巨弓也 巨弓者 鐵箭也
鐵箭者 六兩也 武以射藝而擧之者 元擧巨弓然後 次試柳葉 則先法六兩之原者
以取脊力疂鑠者 故取其六兩也 其餘 柳片趨弓 橄書之射 係於定弓之材 拱其鐵
箭之威 使其明試之柳者 皆可以謂脊力 故爲號威武者 施彌四海 則爲國家干城
之要也 備國家治平之道也 故古語云文武竝用 長久之術也

남아 있다. 한편, ≪손빈병법孫臏兵法≫에도 "건장한 병사 선발은 적진을 돌파해서 적장을 나포하기 위한
것이고 강노추발은 지구전을 위한 것이다(簒辛力士者 所以絕陣取將也 强弩趨發者 所以甘戰持久
也)."라는 구절이 있는데 이때도 '강노추발'은 위와 같은 의미일 것으로 보이나, 추발이 '이전리전利箭', 즉
'촉이 날카로운 화살'을 말한다는 견해도 있다.
4) 원문의 '공拱'은 '법法'과 같은 의미로도 쓰이며 "본받다"는 뜻이다.

제五편 육량지도六兩之道 〈육량전 쏘는 법〉

육량전 쏘는 법은 앞팔로 활을 들어 올리고 뒷팔로 시위를 잡아당기는 것을 모두 법도대로 해야 한다. 사범은 골절 쓰는 방법을 바로잡아 주어야 한다. 어깨를 내리누르면肩之所踏 어깻죽지가 제 역할을 하며髆之所履 견갑골이 안정되어髃骨之所居 오두가 굳게 버틸 수 있으므로烏頭之所支 어깨가 아래로 내려가 있는지 살펴보아야 한다所墮之所料也.1) 근본을 살펴보아야 하는 것所料之所由은 근본이 잘돼야 결과가 잘되기 때문이다所由之所應也. 결과가 잘되는 것은 앞팔이 안 흔들리는 것所由之所應也이며 앞팔이 안 흔들려야 발시 준비가 끝난다所停之所止也. 이들을 모두 헤아려 보아야 비로소 골절 쓰는 방법을 바로잡아 줄 수 있다. 무릇 활을 들어 올리는 방법은 두 팔의 힘에 의존하면 안 된다. 활을 높이 들어 올리는 것은 골절을 쓰려는 것이다. 두 팔에 먼저 힘을 주면 팔꿈치가 우선 구부러지고 근육이 긴장하며先立肘則筋旣立,2) 근육이 긴장하면 골절이 힘을 못 쓰고, 골절이 힘을 못 쓰면 활을 벌리기 힘들고, 활을 벌리기 힘들면 화살을 힘차게 내보낼 수가 없다. 맹자는 "화살이 곧 날아갈 것같이 법도대로 활을 벌리니 재능 있는 자는 그 모습만 보고도 따라서 배울 수 있다(躍如也 中道而立 能者從之)."고 했다.3) 〈지금 말한 '안정되

---

1) 원문의 '답踏', '타墮'는 모두 어깨를 아래로 내리누르는 동작 또는 내리눌려진 상태를 말하며, '리履'는 "역할을 다한다."는 말이다. 어깻죽지의 역할은 오두가 굳게 버틸 수 있도록 지탱해 주는 것이다. '리履'의 해석은 ≪예기禮記≫의 "책임 있는 지위에 있는 사람이 자신의 직무를 이행하지 않으면 질서가 무너진다(處其位而不履其事 則乱也)."는 구절에서 '리履'의 해석을 원용했다.

2) 원문의 '입주立肘'는 앞팔의 경우 팔이 구부러져 팔꿈치가 튀어나온 것을 말한 것으로 보인다. '근기립筋旣立' 역시 앞팔의 경우 근육이 긴장하여 뻣뻣해진 것을 말한 것으로 보인다.

3) ≪맹자孟子≫, 진심盡心 上에 나오는 구절이다. 제자 공손추公孫丑가 "도道는 높고 아름다워도 하늘에 오르려는 것이나 마찬가지로 도달하지 못할 것 같습니다만 어찌 거의 도달할 수는 있으니 매일 노력하게 하지 않습니까(道則高矣 美矣 宜若登天然 似不可及也 何不使彼爲可幾及而日孳孳也)?"라고 묻자, 맹자는 "탁월한 목수는 곧게 먹줄 긋는 법도를 졸렬한 목수를 위해 고치거나 없애지 않고, 선사善射 예羿

었는지所居', '굳게 버티는지所支', '살펴보는지所料', '근본이 잘되었는지所由', '결과가 잘되었는지所應', '어깨가 흔들리지 않는지所停', '발시 준비가 끝났는지所止'의 7가지를 보는 것은 어깻죽지가 제 역할을 하는지所履 여부를 보고 골절이 강직한지 유약한지 여부를 보는 것이다. 다만 이는 하루아침에 되는 일은 아니다.>

(원문) 六兩之道 以擧爲法 以執爲道也 師者治之骨節所道 肩之所踏 髀之所履 髑骨之所居 烏頭之所支 所墮之所料也 所料之所由 所由之所應也 所應之所停 所停之所止也 皆可量此然後 明可理治也 凡具射 擧弓之法 專無求力於兩臂 而擧高者 骨之所期 節之所求也 若力也 先立肘則筋旣立 立筋則骨節失勢 失勢則難於彎弓 難於彎弓則必難終末之勢 故孟子曰 躍如也 中道而立 能者從之 <右 所居 所支 所料 所由 所應 所停 所止 七字 察其所履之動靜 度其骨節之剛柔 不爲欲速耳>

는 활 쏠 때 활을 가득 벌리는 법도를 졸렬한 궁사를 위해 바꾸지 않고, 군자는 활을 벌리기만 하고 시위를 안 놓아도 화살이 곧 날아갈 것같이 법도대로 활을 벌리므로 재능이 있는 자는 그 모습만 보고도 따라서 배울 수 있다(大匠不爲拙工改廢繩墨 羿不爲拙射變其彀率 君子引而不發 躍如也 中道而立 能者從之)."고 했다. 위의 말 중에 중도中道를 중용中庸과 같은 말로 보기도 하지만 '법도에 맞게'라고 보는 것이 타당하다.

제六편 방사지법放射之法 〈화살을 내보내는 방법〉

활을 가득 벌려 버티다가 화살을 내보내는 방법持滿放射之法은 먼저 앞팔과 뒷팔을 아주 높이 들어 올려서 허공에서 하늘所圓1)을 머리 위에 이는 형상을 만들면 활을 벌릴 준비가 된 것이고盡務盡聲2) 이후 활을 벌리려면 어깨가 땅을 향해서 내려와야 한다附御敫於肩麐之所方.3) 이때 앞팔을 앞으로 밀면서 뒷팔을 누르듯이 내려주되前推後壓 활을 든 앞팔이 중심이 되어서 버티고主舉 뒷팔이 시위 당기는 일을 전담한다專執. 이렇게 법도대로 활을 벌리되中道立 규칙적 음률을 타고 몸을 움직이면節奏求身 뒤는 제자리에 머물면서 앞은 전진하는 기세가 되는데其能後留前進 마치 돛이 바람을 안고 배를 밀고 나가듯如船遊風帆 몸이 음률을 타고 움직이면서 身遊音律 흔들림이 없이 전진하는 기세가 되고進進忠忠4) 움직임마다 모두 법도대로 되니步步則則5) 재능 있는 자는 재능을 발휘할 수 있게 되고 그를 따라 배우는 자도 더욱 발전할 것이다.6) 이후 머리를 먼 우주를 바라보며 우는 닭같이 꼿꼿하게 세우고, 목덜미는 쭉 펴고, 소리꾼이 최대의 기량을 발휘해서 극히 높은음을 토해내듯技股升高一聲7) 시위를 놓게 되면 벼락같은 소리가 나면서 육량전이 활을

---

1) 원문의 '소원所圓'은 '둥근 것', 즉 '하늘'을 말한다.
2) 원문의 '성聲'은 '선宣', 즉 "시작을 알린다."는 뜻으로 쓰였다. ≪맹자孟子≫, 만장萬章 편에 "금성이옥진지야金聲而玉振之也"란 구절이 있는데 음악을 시작할 때 쇠로 만든 종을 두드려 시작할 준비가 되었음을 알리고 옥으로 만든 경磬을 두드려 끝냄을 알린다는 말같이 시작과 끝이 모두 갖추어졌다는 말이다.
3) 원문의 '소방所方'은 '모난 것', 즉 '땅'을 말한다.
4) 원문의 '충충忠忠'은 흔들림이 없는 모습을 충성스러운 자세에 견준 의태어로 보인다. 한편 원문의 '절주구신節奏求身'부터 이곳 '진진충충進進忠忠'까지 대목은 앞의 「사예결해」 중 결訣 14조인 '정신 집중審' 항에서 "마치 내가 앞으로 달려 나가 과녁을 뚫고 들어갈 듯한 기세를 취해야 한다前托後引 將驅入的."고 말한 것과 같은 취지이다.
5) 원문의 '칙칙則則'은 모든 것이 법도대로 되는 모습을 묘사한 의태어로 보인다.
6) 문맥상 이때까지가 앞의 제五편 중 맹자의 말같이 활을 가득 벌리기만 하고 발시는 하지 않은 단계이다.

떠나 낮은 곳에서 높은 곳으로 떠오르면서 날개가 돋은 듯 하늘로 치솟는다畵天. 기세가 이러하면 화살이 매우 멀리 날아가 떨어지지 않겠는가? 그렇지 않겠는가? 활을 가득 벌려 버티다 화살을 내보내는 방법은 이와 같다. <"뒤는 제자리에 머물면서 앞은 전진한다後留前進."느니 "앞은 활을 들어 올리고 뒤는 시위를 잡아당긴다前擧後執."는 말은 "앞팔은 앞으로 밀고 나가더라도 뒷팔은 계속 시위를 잡아당기는 것前誰進 後猶執"을 말한다. 따라서 "뒤는 제자리에 머물면서 앞은 전진한다後留前進."는 말은 "앞팔이 활을 들어 올려 앞으로 밀고 나갈 때 뒷팔은 시위를 잡아당긴다從擧從執."는 말일 뿐이다.>

(원문) 持滿放射之法 前肱後肱者 擧之高高遠遠 以戴憑虛於頭上之所圓 因以盡務盡聲 而以附御殼於肩麽之所方 則前推後壓 主擧專執 因此中道立 以節奏求身 其能後留前進 如船遊風帆 身遊音律 進進忠忠 步步則則 能乎能者 起於起 從乎從者益於益 遠望宇宙之洪荒 而腦如鳴鷄之聳 頸若如倡夫之技股 升高一聲拓弓弦 作霹靂聲 六兩所去 浮卑以復以浮高 如羽化而瓦天 若斯勢 去下處幾步 是何如 而持滿放射之法 如斯哉 <後留前進 前擧後執之類 前誰進 後猶執 故後留前進 從擧從執耳>

---

7) 후한後漢의 사서辭書 ≪석명釋名≫에 의하면, '고股'는 '고固' 또는 '강고强固'의 뜻으로 쓰인다.

제七편 위사지도爲師之道 〈활쏘기 가르치기〉

활쏘기를 가르칠 때 골절의 구조적 특성骨折之稟質을 모르면 골절을 순리대로 쓰도록 만들지 못한다骨節所道 無理. 어깨를 아래로 낮춰야 하는 것所墮[1]은 골절의 구조적 특성 때문이다. 어깻죽지가 제 역할을 못 하고非道所履 어깨를 내리눌러야 어깻죽지가 제 역할을 다할 수 있음을 모르면不知所墮而履 활쏘기에 고질병이 생기는데射者成痼 사범이 이를 모르면 그로부터 활쏘기를 배우는 사람은 고질병을 얻게 되니射由痼疾[2] 사범이 없는 것과 마찬가지이며 체형까지 바뀐다若體變形易.[3] 어깨를 내리눌러 어깻죽지가 제 역할을 다할 수 있게 하지 못하면 타고난 장사라 해도 자기 몸을 스스로 결박하는 것과 마찬가지가 된다. 이러니 육량전 쏘기는 올바른 사범이 없으면 안 되고 함부로 쏘면 안 된다. 활쏘기에서 어깻죽지가 제 역할을 다하려면 어깨를 아래로 낮추어야만 하는데所履所墮者 이는 순리에 따르느냐 거스르냐의 문제이다以其順順不順之類. 골절이 역할을 수행하면서骨折所履 순리에 따르는 경우도 있고 거스르는 경우도 있다各有順逆者. 순리에 따르는 경우란 정해진 원리대로 하면서 제 역할을 다하려는 것이고順者 惟順數而所履也,[4] 순리를 거스르는 경우란

---

1) 원문의 '타墮'는 "아래로 낮춘다."는 말이다. 낮춰야 할 것은 앞어깨임을 앞의 제五편에서 설명했다. 이를 뒤의 제二十一편에서는 '입이암색立 而闇削'이라고도 하고 '익匿'이라고도 했다. 활 쏠 때는 어깨가 견갑골과 서로 맞물리게 해서 겉으로 드러내지 말라는 말이며 이를 청淸 나라 주용의 《무경칠서휘해》는 "숨긴다藏."고 표현했고, 앞의 「사예결해」는 "숨기듯이 한다微覆."고 표현했다.

2) 원문의 '유由'는 "따라가다"는 뜻이다. 《맹자孟子》에 "옳은 길을 버리고 따라가지 않으니 안타깝다(舍正路而不由 哀哉)."는 구절이 있다.

3) 원문의 '약若'은 '급及' 또는 '도到'의 의미로 쓰였다. 주周 나라 좌구명左丘明의 《국어國語》, 진어晉語 편에 '병미약사 기이해지病未若死 祗以解志'란 구절이 있다. "부상은 입었어도 안 죽고 의지만 꺾었다."는 뜻이다.

4) 원문의 '순수順數'는 우주의 운행과 인간 만사가 순서를 잃지 않고 순리대로 흐르는 것을 말한다. 공자의 《주역周易》 해설서인 십익十翼의 계사전繫辭傳에 "지나간 것을 헤아리는 것은 순리요, 미래를 알고자 함은 거스르는 것이다. 따라서 역易은 거슬러 헤아리는 것이다(數往者順 知來者逆 故易逆數也)."라는

정해진 원리를 무시하고 제 역할을 다하려는 것이다逆者 惟逆屬而所履也.5) 순리대로 하면서 골절의 자연적 원리에 따르려는 것은若隨其順數而客其骨節之原6) 순리대로 하는 것이니 쉬운 일이다則順之者易也. 순리를 거스르면서 골절의 자연적 원리에 따르려는 것은若隨其逆數而順其骨節之理 순리를 거스르는 것이니 어려운 일이다則逆之者難也. 그러므로 순리를 거스르면 아무리 어깻죽지가 제 역할을 하려고 해도 시간이 갈수록 제 역할을 못 하게 되며逆者 數而所履 而日履所方,7) 순리에 따르면 시간이 갈수록 제 역할을 제대로 하므로順者 月履所當 제 역할을 다하게 된다略而所履也.8) 아무리 제 역할을 하려 해도 순리를 거스르면 고칠 수 없는 상태가 되지만若數而履 逆而不順 則不治也, 계속 제 역할을 하면서 늘 순리에 따르면若數而所履 而致其順 隨其順 안에서는 골절이 제자리를 찾고內立骨節 밖에서는 견갑골이 안정되어外收肩甲 음률에 맞추어 활을 쏠 수 있게 된다全其節奏. 따라서 활쏘기 재능이 있는 사람이건 그렇지 못한 사람이건則才與不才 射在其人 몸가짐이 올바르게 되는지는 사범에게 달려 있다正與不正 觀在其師. 순리를 거스르면서 어깻죽지가 제 역할을 못 하는 과오를 가볍게 생각하면若不隨順 而易過於履9) 순리대로 한다면서 어깨를 지나치게 낮출 수가 있고順甚於墮 이렇게 하면 순리대로 한다면서 오히려 화를 입게 된다則順反被禍. 어깻죽지가 제 역할을 하게 한다면서도 고질병이 생길 수 있는 것이다履中藏痼. <이곳에서 말한 고질병은 올바른 사범 없이 어깻죽지가 제 역할을 하게 하려다 생기는 골절의 고질병을 말한다右痼疾 無師所履之痼骨節也. 올바른 사범이 없으면 차라리 사범이 없는 것이 좋다足可無師.>

구절이 있는데 이는 ≪주역≫의 내용이 미래를 거슬러 알아보는 것임을 말하고 있다. '순수順數'는 여기에서 유래된 말로 과거를 헤아려 봄으로써 우주의 운행과 인간 만사의 순서를 알 수 있으니 이를 바탕으로 미래를 예측할 수 있다는 뜻으로 쓰인다.

5) 원문의 '촉屬'은 "잇다"는 뜻의 글자이며 따라서 '역촉逆屬'은 '거꾸로 이어가며', 즉 '순리를 무시하고 반대로 하면서.'라는 뜻으로 '역수逆數' 또는 '역리逆理'와 같은 의미로 쓰였다.

6) 원문의 '객客'은 "손님에 대한 예를 갖추어 맞이한다(以客禮相待)."는 의미로 쓰이기도 하며, 이곳에서는 같은 의미에서 "따른다"는 뜻으로 쓰였다. 한편 원문의 '골절지원骨節之原'은 뒤에 나온 '골절지리骨節之理'나 마찬가지로 '골절의 원리', 즉 '골절의 자연적 원리'를 말한다.

7) 원문의 '방方'은 '어긋난다違背'의 뜻으로 쓰인 글자이다. 전국戰國 시대 노장老壯 사상 책자인 ≪황제사경黃帝四經≫, 칭稱 편에는 "의즉상상 잡즉상방疑則相傷 雜則相方"이라는 구절이 있는데 "(정실과 첩이) 의심하고 시기하면 서로 상처를 입는다. (정실과 첩이) 뒤섞이면 서로 어긋난다."는 의미이다.

8) 원문의 '략略'은 '전全' 또는 '개皆'와 통용되는 글자로 이곳에서는 '모두'라는 의미로 쓰였다.

9) 원문의 '이易'는 '경시한다'는 의미로 쓰였다. ≪좌전左傳≫, 양공襄公 4년 조에 "융적천거 귀화이토(戎狄荐居 貴貨易土)"라는 구절이 있는데 "북방 오랑캐 융적은 수초를 따라 옮겨 다니며 생활하므로 돈이나 물건은 귀하게 여기지만 영토는 가볍게 여긴다."는 의미이다.

(원문) 爲師之道 若不能知其骨折之稟質 則骨節所道無理 所墮稟質所理 非道所履而不知所墮而履 則射者成痼 師亦不知 射由痼疾 足可無師 若體變形易 不知所墮而履 則雖曰力士 自結縛身者 此也 故六兩之射 不可無師 不可妄爲之 夫射之所履所墮者 以其順順 不順之類 骨折所履 各有順逆者 順者惟順數而所履也 逆者 惟逆屬而所履也 若隨其順數 而客其骨節之原 則順之者易也 若隨其逆數 而順其骨節之理 則逆之者難也 是以 逆者 數而所履 而日履所方 順者 月履所當 略而所履也 若數而履 逆而不順 則不治也 若數而所履 而致其順隨 其順而內立骨節 外收肩胛 全其節奏 則才與不才 射在其人正與不正 觀在其師 若不隨順 而易過於履 順甚於墮 則順反被禍 履中藏痼
<右痼疾 無師所履之痼骨節也 足可無師>

제八편 작사보도지행作射步度之行 〈정확한 활쏘기〉

활을 쏘아 표적까지 정확히 화살을 보내는 것作射步度之行1)은 물 위에서 배를 운항하는 것과 같다. 뛰어난 뱃사공은 큰 바다 위에서 배를 운항하며 평지를 가듯이 한다. 그는 배를 운항하면서 물길의 보이지 않는 깊이와 험한 정도를 마치 눈으로 보고 있는 듯이 알고 이를 통해서 바람의 움직임과 파도가 일어날 것인지와 일기가 순조로울 것인지를 모두 알면서 적시에 물길을 건너서 가되見機而駕2) 순리에 따라 운항하므로 항로를 이탈하는 일이 없고 마치 창을 비켜 들고 배를 띄워泛舟橫槊3) 끝없는 만경창파를 호탕하게 넘어서 가듯이 한다. 육량전 쏘기도 뛰어난 뱃사공이 배를 운항하는 것과 같다. 육량전 쏘기의 본질射體을 보면 마치 뛰어난 뱃사공이 물길의 깊이와 험한 정도를 아는 것과 같이 활을 쏘면서射之 비울 것과 채울 것 그리고 나중 할 것과 먼저 할 것이 있다는 이치를 알고 있다知虛實遲速之理.4) 동작의 선후를 알고 있는데 무엇이 잘못될 수 있겠는가作之而知由 何之所崇? 그 골절이 순리에 따르는지 아니면 불안정한지不仁5)를 보면, 그가 화살을 내보낼 수 있는 태세를 앞팔과 뒷팔에 갖추고 있는지 아닌지 알 수 있다知其放勢之擧與不執.6) 이런 상태에서 모든 준비가 끝났을 때 화살을 내보내며見機而施 순리에

---

1) 원문의 '보도步度'는 발걸음으로 거리를 측량하는 행위를 말하지만, 이곳에서는 표적까지 정확하게 보내는 행위를 말한 것으로 보았다. 이곳 제八편에서는 주로 멀리 화살을 내보내는 원사(遠射)를 말하고 있다.

2) 원문의 '가駕'는 '몰고 가다.'는 의미로도 쓰이고 '극복하다.' 또는 '넘어서 가다.'는 의미로도 쓰이는데 이곳에서 첫 번째 의미로 쓰였다면 '운항에 나선다.'는 뜻이 되고, 두 번째 의미로 쓰였다면 '물길을 넘어서 간다.'는 뜻이 되지만, 뒤에 나오는 '능凌'과 같이 두 번째 의미로 쓰인 것으로 보인다.

3) 원문의 '범주횡삭泛舟橫槊'이라는 구절은 조조曹操의 첫 번째 단가행短歌行을 두고 소동파蘇東坡가 「전적벽부前赤壁賦」에서 "창을 비켜 들고 시를 지었다(橫槊賦詩)."고 표현한 구절을 인용한 것이다.

4) 원문의 '허실虛實'은 '흉허복실' 등을, '지속遲速'은 '선찰산형'과 '후관풍세' 등을 말한 것으로 보인다.

5) 원문의 '불인不仁'은 '몸 일부분이 마비되어 잘 움직이지 못함'을 말하는데 순리에 따르지 않은 결과이다.

6) 원문의 '거여불집擧與不執'은 "전거후집前擧後執, 즉 앞팔로 활을 들어 올려 견고하게 버티고 뒷팔로 시

따라 동작을 취하니隨順而作 실수가 있을 수 없으며不敢失手, 몸을 돌려 앞팔로 활을 밀면서 쏘면推射轉身7) 화살은 끝없이 1천 보는 날아갈 것이다則能無窮之千步矣.8) 화살을 멀리 보낼 수 있다는 것은凡取射其遠者 일찍이 활쏘기의 도道를 깨우친 것이다嘗成其道者. 뒷팔로 시위를 잡고 충분히 잡아당기고 앞팔로 활을 들고 굳건히 버티기 위해서 더욱 정성을 기울여야 한다는 것이專務益加於後執而前擧 먼 옛날부터 전해져 온 고풍이며遠跳之古風 이것이 바로 멀리 쏘기의 근본이다則是遠射之本也. 특히 뒷팔로 시위를 잡고 충분히 잡아당겨야 하며 그저 멀리 화살을 보내겠다는 마음만 앞서면 안 된다夫專務後執 而非徒遠射. 먼 버들잎을 맞혀 뚫던 일이나穿柳之葉9) 여타 활쏘기 전설들은 모두 이를 따라 한 것이다餘皆放此.10)

(원문) 作射步度之行 如水之行舟 舟之良工 觀其大海 如平陸之行 行之而知深淺險易之無形 因形之而知風所據之動靜 觀其水波之興與不興 知其一日之順與不順 見機而駕 隨順而縱 不敢失路 而泛舟橫栾 則凌無窮之萬頃 六兩之射 如舟之良工 觀其射體 見其如水之深淺險易 射之而知虛實遲速之理 作之而知由 何之所崇 觀其骨節之順與不仁 知其放勢之擧與不執 見機而施 隨順而作 不敢失手 而推射轉身 則能無窮之千步矣 凡取射其遠者 嘗成其道者 專務益加於後執而前擧 遠跳之古風 則是遠射之本也 夫專務後執 而非徒遠射 穿柳之葉 餘皆放此

위를 잡고 충분히 끌어당기는 것이 제대로 되었는지 아닌지"를 달리 말한 것으로 보인다.

7) 원문의 '추사전신推射轉身'은 '전신추사轉身推射'를 도치시켜 말한 것으로 보았다.

8) 화살을 멀리 보낼 수 있음을 비유적으로 말한 것이다.

9) 원문의 '천류지엽穿柳之葉'은 1백 보 밖 버들잎을 활을 쏘아 꿰뚫었다는 춘추 시대 초楚 나라 장수 양유기養由基에 관한 고사故事를 말한다.

10) 원문의 '방방'은 '따라 하다.'는 의미로 쓰였다. ≪예기禮記≫, 예기禮器 편에 "유방이불치야有放而不致也"라는 구절이 있는데 "(제후의 복장은 천자의 복장을) 따라 하지만 똑같이 하지는 못한다."는 말이다.

제九편 원시궁후原始弓後 〈시작은 부드러운 활로〉

활쏘기를 가르치는 것이 무예만 가르치는 것이라면 누구나 활쏘기를 가르칠 수 있겠지만 제대로 활쏘기를 가르치려면 우선 활쏘기를 배우려는 사람의 심성이 굳건한지 유약한지, 사지의 골절이 잘 발달되어 있는지 아닌지, 호랑이를 그리려다가 개 그림 비슷한 것을 그리는 꼴이 되지 않을지畵虎不成者[1] 등을 잘 살펴보고 그를 제자로 받아들여야 한다는 것이 옛사람의 활쏘기 이론이다. 요즘 활쏘기에서 육량전 쏘기를 피하고 유엽전만 쏘는 것은 과거에 합격해 녹봉이나 받으려는 것이지만 무과에 여러 시험 과목이 정해져 있음에도 유엽전 쏘기만 있는 것으로 아는 것이다. 정궁定弓 쏘기를 모르면 어찌 합격자 명단에 이름을 올릴 수 있겠는가? 그는 활을 잘 쏘아 국가를 지키는 방법을 모르는 것이다. 비록 옛사람들과 똑같이 하지는 못해도 적어도 궁후弓後로 골절 사용법을 바로잡아 잘못된 자세를 바로잡아야 한다以其正正不正之類. 무과시험 사예 과목에 합격하려면 1년은 작정하고 궁후로 연습하고計 이후 힘이 약한 자는 솔포를 쏘고 힘이 센 자만 육량전을 쏘는 것이 옳다弱者 以反侯布 剛者 以射六兩 是也.[2] 처음부터 힘이 약해 유엽전 쏘기를 원하는 자도 그의 골절 상태가 제 역할을 할 수 있는지를 보고 순리대로 골절을 쓸 수 있게 만들기가 어렵지 않으면 궁후를 순리대로 쏘게 해서 골절을 교정해 몸가짐을 바로잡아야 한다. 1년간 궁후를 쏘는 것이 몸가짐을 바로잡는 기초이며 또 활쏘기를 배우는 법도이니 활쏘기에서는 잊으면 안 된다. 궁후로 활쏘기를 시작하는 것은 강보에 싸인 아기에게 젖을 먹이

---

1) 원문의 '화호불성畵虎不成'은 후한後漢 반고班固 등의 《동관한기東觀漢記》에 있는 구절을 원용한 것으로 "호랑이를 그리려다 개 그림 비슷하게 되었다(畵虎不成 反類狗也)."고 했다.

2) 원문의 '후포侯布'는 솔포 과녁을 말한다. 육량전 쏘기는 과녁 없이 화살 날아가는 거리만 보았다.

는 것이나 마찬가지이다. 갓 태어난 아기에게 3년 동안은 젖을 먹이다가 다른 음식물을 먹으려 할 때 어미는 음식을 씹어 부드럽게 만들어 먹이는데 얼마 동안 아기의 소화 능력을 보아가면서 젖을 자주 주고 음식물은 적게 주기도 한다. 이렇게 키워 아기를 성장시키는 것이 자연의 이치이다. 젖을 먹여 키운 지 3년이 안 되어 아기가 말은 못 하고 옹알이를 하면서 손에 잡히는 음식을 먹으려고 입으로 가져갈 때 어미가 옹알이하는 것이 귀여워 아기가 원하는 대로 음식을 숟가락으로 먹여주기도 하지만, 아기의 입맛대로 수저로 계속 음식을 먹이면筋之連流爽口 종내 아기는 배탈이 난다. 활쏘기도 마찬가지이다. 궁후를 쏘게 하는 것은 젖을 먹여 키우는 것과 같고 오호烏號3) 활을 쏘는 것은 성장한 후 음식물을 먹는 것과 마찬가지다. 활을 쏠 때 잊으면 안 된다.

(원문) 師者 武以使 曰 皆可師也 可師也師者 先察知其學射之心性 强柔綱弱者 四體骨節者 用之不用 畫虎不成者 然後 可須受學之義 則以古人之射論 今人之射 諱之六兩 知其柳者 徒爲決科干綠之計 則每科當規 知其單柳 不知其定弓 則何以科者 掛名於科榜乎 未知何如而射之盛 而爲國家 則雖不能盡如古道 要之 以弓後治之骨節者 以其正正不正之類 武以射藝而擧之者 計之弓後一年之射 而弱者以反侯布 剛者 以射六兩 是也 弱者 若願於流 觀其人之骨節險易 爲其所履 而若有乎順易者 則以弓後 隨其順而矯揉 而正己而已 以弓後計料一年者 以其正己之始原也 亦爲射之法 弧至其不忘哉 夫原始弓後者 比如養乳襁褓兒 養乳三歲 其兒欲食其物 則其母以飼嚼飯之調柔 而時日損益 度其兒量之大小輕重 頻乳稀飼 養於斯 長於斯 養之 自然之理也 若乳不過三歲 其兒言語未成 喑啞 欲飮指物点口 則其母 欣而應啞 而匙之 愛而對喑 而筋之連流爽口 則終作其疾 射亦宜然 弓後 養之如乳 烏號 長之如飮 射者 銘心哉

---

3) 전설적인 중국 최초의 군왕인 황제黃帝가 쓰던 활을 오호궁烏號弓 또는 오궁烏弓이라고 했다는 전설도 있지만 이곳에서는 문맥상 양궁良弓의 이름으로 각궁이었을 것으로 보인다.

제十편 오거일결五擧一決 〈5회 개궁 1회 발시〉

활을 쏘아 버들잎이나 벼룩을 뚫던 예부터 전해져 온 묘기들은[1] 오직 비바람을 안 가리고 사시사철 밤낮없이 연습한 결과였다. 활쏘기에서 한 순巡이란 한 차례 쏠 때 화살 다섯 발을 쏘는 규칙을 말한다. 그러나 문헌에는 "습사 때 화살 한 발만 가지고習於射而以一矢之介[2] 다섯 차례 활을 벌려 이를 한 순巡으로 하면서 매번 쏘는 자세만 취하고 발시는 하지 않다가, 다섯 번째 활을 벌렸을 때 비로소 발시한다."는 말이 있다. 이는 뒷팔로 시위를 충분히 잡아당기는 것을 익히는 방법이다. 나는 활을 쏘면서 나이가 들었어도 아직 그렇게 해본 적은 없지만 시도는 해보았다. 비바람 불 때 실내에서 밖을 향해 서서 화살을 시위에 끼우고 활을 벌려 쏘는 자세만 취하고 실제 발시는 하지 않는 방법이다. 끝내 발시를 하지 않았으므로 마지막에 실제 발시하는 방법과는 달랐다. 여하간 백 보 밖에서 버들잎을 뚫는 솜씨는 이런 연습 방법을 통해 얻었을 것 같고, 그것도 벼룩을 수레바퀴같이 보고 작은 것을 크게 보도록 정신을 집중해 가며 그렇게 했을 것이다. 버들잎을 뚫고 벼룩을 뚫은 것은 모두 정신집중의 결과였다. 비바람 속에서 열 순을 쏘는 것이 해가 있을 때 백 순을 쏘는 것보다 낫고 다섯 번 거궁에서 한 차례만 발시하는 것五擧一決[3]이 매번 활을 벌릴 때마다 발시하는 것보다 나으니 이를 시험해 보면 그 깊은 이치를 스스로 깨우칠 수 있

---

1) 활을 쏘아 벼룩을 뚫던 솜씨는 ≪장자莊子≫, 탕문湯問 편에 나오는 감승甘蠅과 비위飛衛 및 기창紀昌에 관한 이야기에서 유래된 말이다.

2) 원문의 '개介'는 '독獨'과 통용되며 '단 하나만'의 뜻으로 쓰였다.

3) 원문에서 '오거일결五擧一決'이라 한 것을 볼 때 한 번 거궁 후 활을 다섯 차례 벌리는 방법이 아니라 매번 다시 거궁해서 활을 벌리다 마지막 거궁 때만 발시하는 연습 방법이었다.

다. 또 활쏘기를 배우는 방법에서는 나무활木弧로 2~3년을 연습해 보면 활쏘기에서 일가를 이룰 수 있다. 활쏘기에서 몸가짐을 바로 해야 함은 변함이 없는 법도이다. 활을 처음 배우는 사람에게 나무활로 습사케 하는 것은 바른 몸가짐을 갖게 할 뿐 아니라, 과녁을 맞히려고만 하는 생각을 못 하게 되므로 오직 바른 몸가짐만 생각하게 하려는 것이다亦不能生心於弄鵠 則非關無慮故.[4] 옛사람들의 활쏘기 관행이 바로 이와 같았다.

(원문) 古來穿柳之奇 貫蝨之妙 惟晝宵風雨四時之工也 射號一巡之法 以矢五 爲一巡之數則 籍曰 習於射而以一矢之介 習五作巡 而彎弓作射 惟以不發 彎作而第至五 可許一者 射之實 而亦後執之道 以此論之 余射及老 曾未敢如彼而試 然仍射有試哉 風雨之射 室向明處 俱矢彎弓 似射未發之道 雖未決而不如發 然百步穿楊之藝 似射未發之道 蝨如車輪之望 示小如大之誠 若此爲之 穿貫柳蝨 皆出於誠也 風雨十巡 愈暑百巡 五擧一決 勝巡每決射者 試之然後 所深之理 自可得矣 第又有學射所道者 以木弧 試之二三載 則弓之成家 在於其中 射之正己 自在至於無窮 以木弧 試之新者 非徒正己 亦不能生心於弄鵠 則非關無慮故 論次古人之風 如此焉

---

4) 원문의 '비관非關'은 '무관無關'의 의미이다.

제十一편 신자사규지행新者射規之行 〈활쏘기 입문〉

조선의 유엽전 규정은 경국대전에 정해진 도량형으로 1백 20보 거리의 과녁[1]을 쏜다. 요즘 활 배우는 사람 중 처음부터 오호鳥號 활로 습사하는 경우가 있는데 나중에 오호 활을 쓰더라도 초보자는 궁후弓後 활같이 매우 연한 활과 1량 무게의 화살로 솔포 없이 공터에서 습사하던 것이 옛사람들의 관행이었으니 옛사람들의 생각이 이렇게도 깊었던 것이다. 가까이 과녁이 있으면 안 쏘고 넘어가기 어려운 것革近難避이[2] 바로 견물생심 심리이다. 요즘 활 쏘는 사람들은 그런 허황한 욕심 때문에 제대로 배우지 못한 활쏘기로 솜씨를 부리려 한다. 좋은 활로 쏘면 화살을 과녁까지 거리로 보내기 쉽고精弓能成其限[3] 가벼운 화살을 쏘면 과녁을 맞히기가 쉽다. 그러나 처음 활을 배울 때 과녁 맞히는 데만 관심을 두면 그 용모나 자세가 예禮에 부합할 리 없고 그 동작이 음률에 맞을 리 없다. 과녁을 못 맞혔을 때 자신의 몸가짐과 마음가짐에서 원인을 찾는다는 반구저기反求諸己가 예부터 전해져 내려온 활터 풍습이다. 처음 활을 배울 때는 솔포 맞힐 생각을 버리고 화살을 과녁까지 보낼 생각도 말고 연하고 부드러운 활과 1량 무게의 무거운 화살重兩之幹[4]로 습사해야 한다. 그런 부적절한 조합의 궁시로는無才弓幹[5] 과녁 맞

---

1) 원문의 전척위보典尺爲步는 《경국대전經國大典》 및 《속대전續大典》에 규정된 척尺과 보步의 길이를 말하며 1보는 6척이며 1척의 길이는 고종 광무 9년(서기 1905년) 도량형법 제정 전에는 제기祭器 제작 등에 쓰던 조례기척造禮器尺, 옷감 길이를 재던 포백척布帛尺, 건축물 크기를 재던 영조척營造尺 등 용도에 따라 달랐다. 과거시험에서 시대와 과녁까지의 거리에는 영조척을 썼는데 장언식이 「정사론」을 쓸 당시의 영조척은 황종척黃鍾尺으로 8치 9푼 6리였고 현재의 미터법으로는 1m 24cm였다. 따라서 120보는 약 149m였고, 이는 무과시험의 과녁 거리였다. 현대 대한궁도협회가 규정한 145m는 이를 참고한 거리이다.
2) 원문의 '혁革'은 관혁貫革, 즉 과녁을 말한다.
3) '한限': 활터에서 쓰는 용어로 과녁까지 거리를 말한다.
4) 원문의 '간幹'은 화살대를 말하지만 이곳에서는 촉, 깃, 오늬를 갖춘 온전한 화살의 의미로 쓰였다.

힐 생각을 못 한다. 멀리 화살을 보낼 수 없어 쏘아도 과녁까지 화살을 보낼 수 없고 무겁까지 보내는 것도 뜻대로 안 되기 때문이다. 처음 활을 배울 때 이런 원칙을 세워 놓고 사범은 지도하고 습사자는 실천해야 한다. 사범의 가르침대로 몸가짐을 바로 하고 과녁 맞힐 생각을 접어두고 과녁을 멀리하면 멀리 있을 것 같은 목표를 오히려 빨리 달성할 수 있다. 빨리 과녁 맞힐 욕심이 앞서 오히려 목표 달성이 어렵게 만드는 것은 견물생심 심리이다. 활쏘기를 배울 때 과녁이 있으면 맞혀보려는 생각이 든다射之如侯 侯之生心. 물건을 보면 탐내듯 과녁을 보면 쏘아 맞히고 싶어지니 스스로 이런 이치를 잊지 말고 근본을 철저히 익혀야 한다. 이와 같이 자신의 힘이 감당할 수 있는 활로 몇 년 습사하되 과녁을 쏘지 말고 화살 날아간 거리를 재어가면서 습사해야 하며 이렇게 점차 조금씩 억센 활로 바꾸어가며 몇 년 습사하면 활 힘이 쏘는 사람의 힘을 이길 수 없고 쏘는 사람의 힘이 활 힘을 이기게 된다. 이렇게 되면 무거운 화살도 멀리 날려 보낼 수 있는 활을 쏠 수 있게 되고, 사력과 화살 무게가 균형을 이루게 된다射力平於箭.[6] 이런 식으로 처음 3년간 4차례 정도 점차 억센 활로 바꾸어가며 습사해야 한다. 과녁 쏘고 싶은 마음을 억제하고 습사하면 마음가짐을 바르게 하려 하지 않더라도 마음가짐이 저절로 바르게 된다. 바르게 되려고 하기 전 먼저 바르게 되는 것이다. 과녁 맞히기를 간절히 원하면鵠之鵠者[7] 많은 습사가 필요하고 그것도 과녁 중심을 정확히 맞히기를 간절히 원하면鵠之微鵠者 정밀하게 쏠 수 있어야 하는데 이는 마음가짐을 바르게 한 후에야 가능한 일이다.

(원문) 我東柳規 典尺爲步者 爲一百二十步之定式也 今爲學射者 如或初射 鳥號 爲其鳥號者 亦如弓後 以軟軟之弧 重具兩箭 避之畫布 射之空垈 亦此 古人之風也 旣爲古人之如此遠慮者 革近難避 如其見物生心也 今之射者 忘 欲其敢 借弓矢之半才 則精弓能成其限 輕箭能取其鵠 故新者關心而每欲中鵠 則容體不能比於禮 節奏不能比於樂 反求諸己身 故由來之風 新者 爲之不求

---

5) 원문의 '무재無才'를 적절치 못한 조합'이란 의미로 보았고, '궁간弓斡'을 궁시의 의미로 보았다.
6) 원문의 '사력射力'을 활의 힘과 활 쏘는 사람의 힘을 종합적으로 말한 것으로 보았다.
7) 원문의 '곡지鵠之'를 '간절히 원한다.'는, 즉 맞히기를 간절히 기다린다는 의미이다. '곡鵠'은 명사로 쓰일 때는 고니를 말하지만, 동사로 쓰일 때는 목을 길게 빼고 서 있는 고니같이 간절히 기다린다는 의미이다.

其布　莫得其限　以軟柔之弧　重兩之簳　射之　無才弓簳　則難有欲得其鵠　弓簳
之力　旣不能　而不逮於限之遠敢者　可射而不可犯於革臺　可心而不可當於侯域
故新者射規之行　如此然後　射者　敎以導之　學者　行以承之　則敎導之行　得其
正而忘其鵠　自遠其布　則要當遠　反爲近　欲速不達　見物生心　射之如侯　侯之
生心　物之如覩　射者見侯　則自尋其理　以致其原耳　如是數年　以可堪之弧　勿
侯射之而量步其尺　且射數年　復更弓矢者　弓力不能勝於人力　人力勝於弓力
箭重和於弓　射力平於箭　都期其迭而三載四更　則方其射侯之制已　不期正而自
正心　不求正而先正　鵠之鵠者　在於彼之多射者也　鵠之微鵠者　在於彼之微射
者也　槪正心工夫然後可論

제十二편 정기지사正己之射 〈바른 자세의 활쏘기〉

올바른 몸가짐의 활쏘기正己之射[1]는 서 있는 모습은 의젓하고, 머리는 기울어지지 않고, 얼굴 표정은 위엄이 있고, 눈의 표정은 침착하고, 활을 들어 올린 앞팔은 최대한 힘을 빼고 뒷팔도 경직되지 않도록 단지 시위를 잡고 높이 들어 올리기만 해서 앞뒤 두 팔 모두 유연해야 하고, 몸가짐을 우뚝한 구릉같이 위엄 있게 해서 어느 쪽으로도 몸을 내밀거나 일그러지지 않도록 해야 하고, 뒷팔 쪽 견갑골과 허리와 다리의 후면後之肩甲與後面腰股者은 최대한 곧게 펴져야 하고, 목은 곧추세워야 한다. 이렇게 하면 몸 뒤쪽이 앞쪽을 이길 수 있다. 뒷팔 쪽 견갑골과 허리와 다리의 뒤쪽後之肩甲與腰股者[2]이 어느 하나도 휘어지거나 일그러지지 못하게 하면使不能擧揉之缺[3] 몸가짐이 저절로 바르게 된다. 시위를 잡고 당기는 뒤쪽 어깨가 앞쪽 어깨에 지면서 힘을 쓰지 못하는 것은 몸가짐이 바르지 못하기 때문이다. 올바른 활쏘기 몸가짐을 말하며 이기느니 지느니 한 것은 뒤쪽 어깨는 시위를 잡아당길 때마다 일그러지기 쉽지만 자신의 몸가짐이 일그러진 것을 스스로 모르므로每仍其後肩之際 易缺其執引之後肩 則不自知其缺己[4] 뒤쪽이 반드시 앞쪽을 이겨야 함을 말한 것이다. 결국 활을 잘 쏠 것인지 아닌지는 모두 자신의 몸가짐에서 시작하는 것으로 몸가짐이 바른지 아닌지에 따라 결정되는 것이다. 과녁을 맞히지 못한 것을 아쉬워 않고 몸가짐이 바르지 못한 것을 아쉬워함은 자신의 몸가짐이 바른지 여부를 스스로 돌아보는 것으로 이것이 활쏘기에

---

1) 원문 중 '기己'는 '몸가짐'을 말한다.

2) 앞의 '後之肩甲與後面腰股者'와 같은 말로 보았다.

3) 원문 중 '거擧'는 '전全', 즉 '모두'라는 의미이고, '유揉'는 '농만농만弄弯', 즉 '휜다'는 의미이고, '결缺'은 '잔결残缺', 즉 '이지러지다' 또는 '일그러진다'는 의미이다.

4) 원문 중 '잉仍'은 '빈번하다'는 뜻으로 '매잉每仍'은 '～할 때마다'라는 뜻이 된다.

성공하는 길이다. 몸가짐이 바르지 못함을 아쉬워 않고 과녁을 맞히지 못한 것만 아쉬워하는 것은 화살이 과녁에 맞았는지만 관심을 두는 것으로 이는 활쏘기에 실패하는 길이다. 활을 잘 쏘고 싶으면 자신의 몸가짐부터 바르게 해야 한다. 활쏘기에는 이런 이치가 숨겨져 있고 이런 이치를 알아야 활쏘기에 진보가 있다.

(원문) 正己之射 立容德 頭容直 色容莊 目容端 前擧專務求力 後擧徒有擧高 輕前緩後 己欲如邱 曾無何所之盈戾 後之肩甲與後面腰股者 專主持於直伸 亢健爲其方實 則後可勝於其前 後之肩甲與腰股者 使不能擧揉之缺 則自至其正己 若後執肩者 負於其前 失其後勢 則不自知其正己 以正己之射 言勝負者 每仍其後肩之際 易缺其執 引之後肩 則不自知其缺己 故言後可必以謂其爲勝者也 是以善射不善 皆出於己 出於己者 在於正不正也 不患不中而患不正者 爲其惑正 則乃成之道也 不患不正而患不中者 爲其惑中 則乃敗之道也 每欲善其射 必先正其己 則射中藏理 理中成實

제十三편 기욕여구己欲如邱 〈구릉 같은 자세〉

　　앞서 손회목과 팔꿈치와 어깻죽지手腕臂肱肩髆者를 '전거삼절前擧三節', 즉 앞팔의 3개 관절이라 했는데1) 옛사람들의 말에 '기위삼동己爲三同', 즉 "몸가짐은 셋이 일체가 되어야 한다."는 말이 있다.2) 어떠한 셋이 일체가 되어야 한다는 말인가? 나는 앞팔의 3개 관절이 일체가 되어야 한다고 보지만, 삼절과 삼동이 따로 있어 이를 연이어 말한 것이라면 이때는 삼동이 무슨 말인지는 잘 모르겠고, 혹 아는 사람이 있는지 기다려 보겠다.

　　다만 앞서 몸가짐을 우뚝한 구릉같이 위엄 있게 하라고 했고右己欲如邱3) 일찍이 민閔 사범은 이를 뿌리가 깊게 박힌 나무의 예를 들어 누차 설명했다. 구릉 위에 뿌리를 깊게 내린 나무는 튼튼하고 커도 바람에 흔들리지만 나무는 흔들려도 구릉까지 흔들리지는 않는다. 구릉 위에 깊게 뿌리내린 나무도 구릉같이 실하지는 않으므로 몸의 자세를 아예 구릉같이 해야 한다고 말했던 것이다是根木之實不如邱 則敢可以爲邱者焉.4)

　　(원문) 手腕臂肱肩髆者 旣爲前擧三節 又古人由來之言 己爲三同 三同者 何

---

1) 앞의 제二절에서는 이를 좀 더 상세히 설명하며 "손회목手腕 중간 양쪽 뼈의 연결 부위인 손목手項이 하나의 절節이다. 팔꿈치 안쪽에서 팔의 팔꿈치肱骹와 잔부殘膚 중간 연결 부위인 긍경肯綮의 굴곡 부분이 또 하나의 절節이다. 팔臂 위 어깻죽지肩髆의 대고우大軱髃와 오두烏頭 중간 연결 부위인 긍경의 굴곡 부분이 또 다른 하나의 절節이다."라고 했다.
2) 원문 중 '기己'는 '몸가짐'을 말한다.
3) 이곳에서도 원문 중 '기己'는 역시 '몸가짐'을 말한다.
4) 본서 각 편은 모두 단일 주제를 다루고 있다. 이곳 제十三편은 '삼절삼동三節三同'과 '기욕여구己欲如邱'라는 두 가지 다른 주제를 다루고 있는 듯 보이기도 하지만, 두 번째 주제는 '삼동'의 의미를 설명하기 위한 것으로 보아야 할 것이다. 장언식은 '기위삼동己爲三同'이란 말을 "앞팔의 3개 관절이 일체가 되어야 한다."는 말로 보고 또 이를 흔들림 없이 변함없는 몸의 자세의 일부라고 본 것이 아닐까?

以謂之當然於三同哉 余曰 前擧三節者 當然於三同也 必有三節三同 竝謂同言
然三同者 未知是否 以俟知者焉

　右己欲如邱 曾閔師 數諭以根木之形 則邱木强大 遇風而動 動其體 邱何動
焉 是根木之實不如邱 則敢可以爲邱者焉

제十四편 동병상직同竝相織 〈두 팔의 협력〉

활쏘기는 외형에 허실虛實이 있다. 외형이 실實해지려면 앞팔과 뒷팔을 들어 올리는 동작을 모두 법도대로 제어해야 하는데, 멈추어 있는 외형을 움직이면 서 움직이게 하는 근원을 제어해야 한다. 구부러지기 쉬운 앞팔을 곧게 펴서 궁경이 관절을 지키게 하고 깍지 낀 엄지로 시위를 가득 당겨도 뒷팔은 계속 수평을 유지하고, 앞팔의 힘이 뒷팔의 힘을 이기지 못하고 뒷팔의 힘이 앞팔의 힘에 지지 못하도록 앞뒤 두 팔이 간발의 차이도 없이 같은 힘을 유지해야 한 다. 미세한 차이는 있겠지만寸陰是競 어느 한쪽 팔에 힘이 쏠리지 않고 일그러짐 이 거의 없도록 유의해서如圖旣望之月[1] 한쪽으로 기울지 않은 외형의 구릉과 같은 몸의 자세를 취해야 한다惟形承庸之德 而已如邱.[2] 이렇게 되는 것이 바로 실해지는 것이다. 외형이 허虛하다고 함은 앞팔을 들어 올리며 힘부터 쓰려 하고 법도를 지키지 못해 음률에 맞추어 동작을 제어하지 못함으로 활을 들어 올린 앞팔이 하늘과 같이 굳게 버티는 역할을 못 하고 역시 뒷팔도 땅과 같이 힘차게 움직 이면서 시위를 당길 수 없게 만드는 것을 말한다. 힘을 쓰기에 앞서 몸 각 부 분의 미묘한 움직임을 잘 살펴보아야 한다. 몸 각 부분이 제 역할을 다하려면

---

1) 원문의 '도기망지월圖旣望之月'에서 '도圖'는 '헤아리다'는 뜻으로 쓰였다. ≪논어論語≫, '술이述而' 편에는 "공자가 제齊 나라에 갔을 때 순舜 임금 시대의 소韶 음률을 듣자 3개월 동안 고기의 맛도 잊을 정 도였고 '음률이 이리 훌륭할 줄 미리 헤아려보지 못했다(在齊聞韶 三月不知肉味 日不圖為樂之至於斯 也)'고 했다."는 구절이 있다. 한편 '기망지월'은 '보름 다음 날의 달'로서 아주 미세하게 일그러진 모습일 것인데 여기서 '보름달'이라 하지 않고 '보름 다음 날의 달'이라고 한 것은 바로 앞에서 말한 '조금 차이가 생기기는 하겠지만寸陰是競'이라는 구절에 대응하기 위한 것이다.

2) 원문의 '승용지덕承庸之德'은 '넘치거나 모자람이 없는', 즉 '일그러짐이 없는 의젓한'이란 의미이다. '용 庸'은 '중용中庸'의 의미로 쓰인 글자로 이곳에서 '승용承庸'은 앞의 「사론」에서 쓰인 '승용承庸'과는 전 혀 무관한 말이다. '덕德'은 '큰', 즉 '의젓한'이란 의미로 쓰인 글자이다.

몸의 미묘한 움직임을 잘 살펴보아야 한다故能成四體之務 惟幾也3) 활을 들어 올릴 때 먼저 힘부터 주면 그 뒤 몸의 미묘한 움직임을 살펴볼 수 없다. 먼저 힘부터 주어 기氣가 허해진 상태에서 몸이 실해지려고 하면 오히려 몸이 일그러진다. 활쏘기의 몸가짐이 이렇게 흔들리면 바람에 흔들리는 나무와 같은 형세가 된다. 힘을 쓰려다 오히려 허虛해지는 것으로 순리에 따른 자연스러운 동작을 통해서만 비로소 실해질 수 있다. 실해지려다 오히려 허해지는 것으로 욕심을 버릴 때 비로소 실해질 수 있다. 허한 곳과 실한 곳이 동시에 생겨서 앞은 약하고 뒤가 강하면 앞이 실해지려고 힘을 쓰게 되고, 뒤는 약하고 앞이 강하면 뒤가 실해지려고 몸을 흔들게 된다. 어떻게 해야 앞과 뒤가 모두 실해질 수 있는 것인가? 무릇 활쏘기에서 중요한 것은 법도와 음률에 따라 몸의 자세를 바로 하는 것이니 활을 들어 올린 앞팔이나 시위를 잡아당기는 뒷팔이 모두 법도에 따르되 앞팔은 욕심을 내지 말고 뒷팔도 절제를 하면前擧無慮 後執無窮4) 자연스럽게 두 팔 모두 실해지면서 한쪽에서 활을 들어 올린 팔과 다른 쪽에서 시위를 잡아당기는 팔이東擧西執 서로 어울려 베틀질을 하다同竝相織 마치 썩은 새끼줄이 끊어지듯 스스로 헤어지면서 발시가 이루어진다. 많이 쏘아보아야 한다는 말이 있듯이 하루 1백 순巡을 쏘기로 정해 놓고 수년간 연습하는 금석 같은 노력을 기울이되 함부로 하지 말고 법도대로 성실히 하면 반드시 신묘한 경지에 이를 것이다. 꾸준히 노력하면 불가사의한 경지에 이르고 불가사의한 경지에 이르면 생각 못 했던 솜씨를 발휘하게 되고 생각 못 했던 솜씨를 발휘하면 올바른 몸가짐과 마음가짐을 갖춘 것이고 올바른 몸가짐과 마음가짐을 갖추면 자연스럽게 신묘한 솜씨를 발휘하게 된다. <서로 어울려 베틀질을 한다는 것은 실絲로 베틀질을 한다는 것이 아니다. 활쏘기를 배우는 것을 베틀로 옷감을 짜는 형상에 비유한 것이다諸學諸射 曰漂織之形.5) 물로 빤 실이라도 베틀질을 하지 않으면 삶은 실이라도 깨끗하게 보이지 않듯이 활을 벌렸다고 해도 앞뒤 두 팔이

---

3) 원문의 '기幾'는 '기미', 즉 미세한 움직임 또는 변화를 말한다.

4) 원문의 '궁窮'은 '극極'과 통용되는 글자이다.

5) 원문의 '표직漂織'은 베틀에서 '북'과 '바디'가 허공을 오락가락하며 '날살'과 '씨살'을 엮어 옷감을 만들어내는 형상을 말한 것이다. '표漂'는 '부浮'와 통용되는 글자로 허공을 오락가락하는 '북'과 '바디'의 모습이 허공에 떠 있는 것 같은 형상을 표현한 것이다.

마치 베틀질로 옷감을 짜듯이 서로 균형을 이루지 못하면 시위를 떠난 화살이 과녁을 맞히지 못한다. 활쏘기에서는 이런 뜻이다.>6)

(원문) 有形之虛實 其實也者 擧之前 後之制 具其以規 制其度之者 動其所以 形於靜 制其所以 化於動 屈曲守其貞 肯綮全其節 決拇縠來 直寫一畫 前不能勝與之後 後不能負與之前 前同後勢 間不容髮 寸陰是競 無以相傾 如圖旣望之月 惟形承庸之德 而已如邱 則是爲之實也 虛也者 前擧爲其先謀求力 能無術規矩之所具 能不制節奏之所比 使不能前擧之正圓 亦不能後執之正方 先動力而惟幾也 故能成四體之務 惟幾也 致之先發於擧弓之力 則難治後料 當虛氣之欲實 而反爲身撓 自己之射風 則於斯動之者 右如風木之勢也 動力之中有虛 自然之間有實 欲實之中有虛 無慮之間有實 有虛有實 而前弱後勝 則前欲實而動力 後弱前勝 則後欲實而動體 何以爲之爲其同實前後者哉 夫射之虛實者 係於規矩節奏之正己 則以擧爲規 以執爲矩 前擧無慮 後執無窮 則自然之實 而東擧西執 同竝相織 自成分決 而比如朽索之末也 言多射者 日工百巡之約而期於數年 可道金石之工 若純一無違 誠實無妄 可得一精之心必也 工久則神也 神也則奇也 奇也則正也 正也則妙有在 而出於自然者也 <同竝相織 非絲 諸學諸射 曰漂織之形 若滌而不織 凍而未潔 若彎而無織 發而不中 射亦此意>

6) 원문의 '동병상직同竝相織'을 앞의 「사예결해」 중 '요한의勾澣衣'와 같은 말로 보면서 젖은 옷을 짤 때 비틀듯이 하는 동작을 말한 것으로 보는 경우가 있으나 원문 중 '직織'에서는 그런 의미를 추론해 낼 수 없다. 본 절에서 강조하는 것은 두 팔의 힘의 균형이므로 '동병상직'은 "베틀에서 날실과 씨실을 가로세로로 얽어 옷감을 짜듯 앞뒤 두 팔이 일체가 되어 움직임으로 앞뒤 두 팔의 힘에 균형을 이룬다."는 의미로 보아야 한다. '직織'이 이런 의미임은 앞팔과 뒷팔의 역할을 씨실과 날실에 비유한 뒤의 제十九편이나 제二十一편을 보면 의심의 여지가 없다. 다만 이 원주原註에는 '표직지형漂織之形' '척이부직滌而不織' '연이미결凍而未潔'이라는 표현이 있는데 '표漂', '척滌', '연凍', '결潔' 4글자가 옷을 물에 빨거나 삶아 깨끗하게 하는 동작이 연상되기는 하지만 그렇다 해서 '직織'을 물에 젖은 옷을 비틀어 짜는 동작을 말한 글자로 해석할 여지는 전혀 없다. '표직지형漂織之形'은 앞의 「주註 5」에서 설명했고, '약척이부직 연이미결若滌而不織 凍而未潔'은 "뜨거운 삶은 실이라도 보풀이 남아 있기 마련인데 베틀질을 하는 과정에서 다 떨어져 나가고 단정하고 깨끗한 옷감이 되듯이"라는 의미로 보아야 할 것이다.

제十五편 정심지사正心之射 〈바른 마음의 활쏘기〉

올바른 마음가짐의 활쏘기는 무작정 솔포를 쏘기만 하면 되는 것은 아니다. 올바른 마음이라고 할 때 마음을 말한 심心이란 심장火藏[1]을 말하며 (이 심장이) 외형과 신명을 주관한다形之君 神明之主. 사람이 입을 닫고 아무 말도 안 하더라도 시류에 따라 욕심을 품고 닥치는 대로 일을 하면 공명과 부귀를 차지할 수도 있다. 그러나 점쟁이가 재물을 탐하면卜肆財利之物欲[2] 공公과 사私, 진실과 거짓을 필요에 따라서 뒤집고 아침에 한 말을 저녁에 바꾸고 마음을 이리저리 옮기며 생각이 복잡해진다. 마음속에 공公은 염두에 없이 사私만 가득하고 진실을 버리고 거짓을 추구하면 간사한 짓을 벌이게 된다. 하지만 다른 사람은 그의 거짓된 마음을 몰라도 신명을 주관하는 그의 마음은 이를 알고도 그의 뜻에 따르면서 그의 간사한 짓을 저지하지 않는다. 인심을 얻으면 활 잘 쏘는 사람으로 이름이 알려질 수도 있지만, 활쏘기에서 일가를 이룬 사람이라 해도 그가 국가의 간성이 될 만한 사람인지는 알 수 없다. 이 때문에 공자는 확상矍相 들판에서 활을 쏠 때 사람의 마음을 평가하고 세 차례나 사람을 내쳤던 것이다.[3] 활쏘기에서 바른 마음가짐을 말하는 것은 활쏘기를 통해 그가 관직을 맡을 만한 지혜로운 사람인지 알 수 있기 때문이다. 이 때문에 상고시대부터 천하를 다스리는 사람은 활쏘기로 천하를 다스리고 활쏘기로 천하에 위엄을 보였던 것이다. 활을 쏘는 사람은 마음을

---

1) 원문의 '화장火藏'은 '심장心臟', 즉 염통을 말한다.
2) 원문의 '복사卜肆'는 '점쟁이 집'을 말한다. ≪사기史记≫, 일자열전日者列傳에 송충宋忠과 가의賈谊 두 사람은 점쟁이들 중 성인聖人이 있다는 말에 "즉시 함께 시내로 나가 복사를 찾았다(即同輿而之市 游於卜肆中)."는 구절이 있다.
3) 앞의 「사론射論」에서 설명했다.

바르게 한 후 국가의 간성이 될 수 있었으므로 활을 쏘는 도리는 바른 마음뿐이며, 이 때문에 활쏘기에서 바른 몸가짐과 마음가짐을 강조하는 것이고, 바른 마음가짐을 가진 사람만 과녁을 쏘게 했던 것이다. 수신제가치국평천하修齊治平가 모두 바른 마음에 달려 있다. 어찌 명심하지 않을 수 있겠는가?

(원문) 正心之射 非徒射帿之 正心 心者 火藏 形之君 神明之主 若人也開口 不宣 與時生心 而射於萬事 則占得功名之富貴 卜肆財利之物欲 公私眞僞 往 斯覆彼者 朝改夕變 心歸百行 惱撓不定 若心之所在 微公多私 舍眞務僞 則 自營姦邪 外不能知其作迋之心 神明之主 非不知 而神明亦隨其意 不能禁邪 若人心所到 可須薦名於射類 而雖有得路於弓藝 未知何也之干城者哉 故曁相 之射 觀其心 而其三也而黜也 言射之正心者 知人哲而能官人也 則自上古之 世 天下之政者 治之以射 威之以射 則射者 正心然後 至其爲干城者 故爲射 之道 直正心焉而已 是以 論射曰比於正 射候曰比於心 然則修齊治平繫於正 心者也 恐是何如哉

제十六편 시기혁示其革 〈과녁 보기〉

　　과녁을 볼 때는示其革[1] 두 눈 중 하나로 보고 쏘는데以兩目 示而射之,[2] 우궁右弓의 경우 오른쪽 눈 하나로 과녁을 보면 과녁을 오로지 줌통 앞專弧之前(즉, 오른쪽)을 거쳐 보게 되고, 왼쪽 눈 하나로 과녁을 보면 과녁을 오로지 줌통 뒤徒弧之後(즉, 왼쪽)를 거쳐 보게 되며,[3] 두 눈이 동시에 과녁을 보면以兩目 示其竝 줌통이 과녁을 가린다. 이같이 과녁이 보이기도 하고 안 보이기도 하는 중에 줌통과 마주 대하는 것은 코이다. 코는 두 눈의 경계인 얼굴 중앙에 있어 얼굴을 똑바로 세워야 코가 바로 서고 코를 바로 세워야 두 눈이 제자리에 있게 된다. 이때 줌통을 보는 것은 코의 한쪽 절반鼻之爲一判을 거쳐 본다.[4] 줌통이 손 속에서는 변화를 일으키지만 과녁을 보는 것은 줌통의 절반弧之爲一判을 거쳐 본다. 과녁을 보면서 줌통 위나 아래를 거쳐 보기도 하고[5] 이는 각자 편한 대로 하는 것이지만 이 역시 줌통의 절반을 거쳐 보는 것이다. 과녁을 보면서 줌통 앞(즉, 오른쪽)이나 뒤(즉, 왼쪽)를 거쳐 보는 것은 뒷팔을 제자리에 놓아두고 앞팔을 밀어줌으로 뒷팔의 기세를 실하게만 한다면 둘 다 비슷하고 옳은 방법이다. 줌통에 과녁이 가려지지

---

1) 원문의 '시示'에 대해서는 앞의 제三편, 주註 3에서 설명했다.

2) 원문에는 '두 눈으로 보고 쏜다以兩目 示而射之.'고 했지만 문맥상 두 눈으로 동시에 과녁을 보고 쏜다는 말이 아니라 두 눈 중 어느 하나로 보고 쏜다는 말이므로 이를 '두 눈 중 하나'로 번역했다. 두 눈으로 동시에 보는 것은 뒤에 '이양목 시기병以兩目 示其竝'으로 표현했다.

3) '줌통의 앞專弧之前' 또는 '줌통의 뒤徒弧之後'란 말은 우궁의 경우 화살이 과녁 우측으로 가면 "앞났다"고 하고 좌측으로 가면 "뒤났다"고 하는 관습적 표현이다. 원문의 '전專'과 '도徒'는 모두 '오로지'란 의미이다.

4) 원문 중 '판判'은 '반半'의 의미를 갖는다. ≪주례周禮≫ 지관地官 편에 '장만민지판掌萬民之判'이라는 구절이 있는데 정현鄭玄은 이에 대하여 주注에서 "판은 절반을 말한다(判 半也)."고 했다.

5) 이 구절은 억센 활로 화살대를 턱 밑에 놓고 쏠 때는 줌통 위의 촉을 통해 과녁을 보게 되고, 부드러운 활을 쓰거나 화살대를 입술 꼬리 부근에 놓고 쏠 때는 줌통 아래를 통해 과녁을 보게 되는 것을 말한다.

않으려면 줌통의 절반을 거쳐 보아야 한다. 과녁을 줌통 위, 아래, 앞 또는 뒤를 거쳐 보는 방법 중 이로운 것은 줌통 바로 앞弣前之微(즉, 바로 오른쪽)을 거쳐 보는 것으로 시위를 잡은 두 손가락이 최대의 힘을 쓸 수 있으므로爲肆[6] 두 손가락을 뒤로 곧게 빼내 바로 풀어줄 수 있다其能直放一字.[7] 가장 중요한 것은 (줌통과 화살대가) 직각 형태가 되는 것이다則要之爲上 矩觀者.[8] 시험해 보라何如.[9]

(원문) 示其革 而以兩目 示而射之 論之 右弓獨視右目 則視其革而示其專弣之前 獨示左目 則示其徒弣之後 以兩目 示其竝 則蔽其革於弣者 如是 示不示之間 弣之對者 爲其鼻也 鼻者 爲之兩眼之艮 面相之中也 面正然後鼻正 鼻正然後眼正也 示其弣者 鼻之爲一判 弣者 手之中造化 示其革者 弣之爲一判 若示其革 而示其弣上 弣下 則從所自己之宜爲一判 是也 若示其革 而示其弣前 弣後則遺其後者 推其前者 實其後勢 則似之 是也 若示其革 而掩其弣 則示其弣之爲一判 然示其四者中 利之者 示其弣前之微 而後執二指者 爲肆 其能直放一字 則要之爲上矩觀者 何如

---

6) 원문 중 '사肆'는 '극력極力', 즉 최대의 힘을 쓴다는 의미이다.

7) 원문 중 '방放'은 시위를 놓기 위해 시위를 잡은 두 손가락을 풀어준다는 의미이다.

8) 원문 중 '관觀'은 외관, 즉 형태를 말한다. ≪예기禮記≫ 제六, 월령月令 편에는 "금부녀무관禁婦女毋觀…이권잠사以勸蠶事"란 구절이 있어 "부녀자들을 단속해 외관을 꾸미지 못하게 하고…누에치기를 권하게 한다."는 뜻이다. 한편 '구관矩觀', 즉 '직각 형태'의 주체에 대한 언급이 없으나 앞서 줌통과 함께 일자로 뒤로 곧게 빼내는 깍지손을 언급하고 있으므로 직각 형태를 이루는 것은 줌통과 화살대로 보아야 할 것이다.

9) '하여何如'는 '어떤가?'라는 의문대명사이며 내용상으로는 "시험해 보라"는 의미를 갖는다.

제十七편 일자지육도—者之六度 〈곧은 사람의 법도〉

활 잘 쏘는 사람이라는 선사善射를 곧은 사람이라는 의미로 '일자一者'라 하지만 모든 선사를 일자라 하지는 않는다善射 謂之一者 非徒善射一者.[1] 일자의 6가지 법도를 보면觀其一者之六度 활을 들어 올리는 앞팔이 곧고舉其前一, 시위를 붙잡은 뒷팔이 곧고執其後一, 몸의 왼쪽을 보아도 곧고示其左一, 몸의 오른쪽을 보아도 곧고示其右一, 깍지를 떼어내는 동작도 곧고黜其決一, 화살이 날아가는 것도 곧다行其矢一. 이같이 동작과 태도 그 어느 것도 곧지 않은 것이 없어야 비로소 일자란 이름을 얻을 수 있다. 그러나 초보자인 신사新射는 모든 것이 곧아도 일자라 하지 않고 오래 활을 쏜 구사舊射라야 일자라 한다. 신사는 3년은 활을 쏘아야 비로소 신사라는 호칭을 면하고 5년간 활을 쏘면 구사의 범주에 들어갔다고 한다. 10년간 활을 쏘면 그에 대한 평판이 생긴다使乃造判也. 10년간 활을 쏘고도 그 이름을 널리 알릴 수 없다면 활을 계속 쏘아도 일자 반열에 들기를 기약할 수 없다不可等於射軒之顯名也.[2]

(원문) 善射 謂之一者 非徒善射一者 觀其一者之六度 第舉其前一 執其後一 示其左一 示其右一 黜其決一 行其矢一 動作態度無非爲一者 然後可須一者之名 此一節 不言新 言舊射也 新者 射過三載 乃纔免新 射過五冬 乃道入量 舊者 射經十曆 使乃造判也 若射十年 不能名譽 雖射 不可等於射軒之顯名也

---

1) 원문 중 '일一'을 '한결같은'의 뜻으로 보는 경우도 있다. 안대영 역주 ≪정사론≫, 지식과 감성, 2020년.
2) 원문 중 '사헌射軒'이 무엇을 말했는지 불분명하나 문맥상 사헌에 이름을 드날린다는 것은 '일자'라는 명성을 얻는 것을 의미한다.

제十八편 삼지일합三之一合 〈강궁 잘 쏘기의 세 조건〉

억센 강궁을 잘 쏘는 것은 많은 습사를 거쳐 활쏘기의 도道[1]를 터득한 것임이 분명하고 그가 활을 쏘면 살고는 낮고 살걸음은 빠르다.[2] 이는 그의 기운이 강하고 활 역시 억세기 때문이며 깍지손을 시위에서 떼어내 뒤로 빼낼 때 활에서 '붕횡弸彋' 소리가 난다. '붕弸' 소리는 화살을 내보낸 활이 제자리로 돌아가는 위세를 나타내고 '횡彋' 소리는 시위를 떠난 화살이 날아가는 위세를 나타낸다.[3] 이를 보면 누구나 자신도 그렇게 해보려고 하지만 감히 따라 하기 어렵다. 이렇게 '붕' 소리를 내려면 사람과 활이 모두 강하고 앞팔로 활을 들어 올려 버티는 것과 뒷팔로 시위를 잡고 당기는 것을 모두 법도대로 한 후 깍지를 시위에서 떼어내야 비로소 가능한 것이다. 이 세 가지를 동시에 갖추지 못하면 호랑이를 그린다는 것이 개 비슷한 것을 그리는 꼴이 된다.

(원문) 善射剛弓者 必有多射成道 故放射矢去者 卑而疾之 此人氣可强 弓者

---

1) 앞의 「제一절 사론」에서 "활쏘기에는 군자의 도道가 있다. 정기정심이 도이다(射有君子之道 第正己正心曰道)."라고 했다.

2) '살고'와 '살걸음'은 화살이 날아가는 높이와 속도를 각각 말하는 우리 고유의 말이다.

3) 원문의 '붕횡弸彋'은 바람에 휘장이 펄럭이는 모습을 말하기도 한다. ≪한서漢書≫, 양웅전易雄傳에 '유붕횡기불읍혜帷弸彋其拂汩兮'란 구절에 대한 안사고顏師古의 주注에서는 "붕횡은 바람이 불어서 휘장이 무엇을 두드리는 소리를 내는 모습(弸彋 風吹帷帳鼓貌)"이라고 했다. 그러나 '붕弸'에 대해 ≪설문說文≫에서는 "활이 강한 모습弓强貌"이라 했고, ≪광운廣韻≫에서는 "활이 약한 모습弓弱"이라 했으므로 이를 강한 활의 소리라고 단정하기 어렵다. 발시 때 줌손으로 활을 견고하게 쥐고 있으면 부드럽고 경쾌한 소리가 난다. 그러나 이곳에서 장언식이 말하는 아주 억센 활을 쏠 때 어떤 소리가 나는지 역자는 들어본 적이 없다. 다만 화살을 날려 보낼 때 소리와 화살 없이 빈 활을 당겼다 시위를 놓을 때 소리가 달라 이곳에서 장언식은 '붕弸'은 벌렸던 활이 제 모습으로 돌아가는 소리라고 하고 '횡彋'은 화살이 출발하는 소리라 했지만 그리 권위 있는 해석은 아니다. 여하간 벌어졌던 활이 제 모습으로 돌아가는 소리란 시위가 제자리로 돌아가는 소리이며 시위가 제자리로 돌아가는 소리는 시위 양 끝부분이 도고지로 돌아가 들러붙는 소리이다.

亦剛　翻決後退　弓聲弸彋　弸者　發射弓反之威　彋者　應弦矢去之勢　觀者如右
欲有　而不敢致其尙之弸彋也　若如是爲弸　人弓具强　決有前擧後執然後　使乃
得矣　若不能三之一合　反爲畵虎而成狗矣

제十九편 비정즉정기곡鼻正則正其鵠 〈코를 똑바로 세운다〉

　살걸음이 느린 것은 앞팔과 뒷팔이 모두 부실하기 때문이며旣虛之類[1] 그에게는 바른 몸가짐과 바른 마음가짐을 기대할 수 없다. 앞팔이 날실의 역할을 못 하고 뒷팔이 씨실의 역할을 잊으면前失其經　後忘其緯[2] 두 팔이 마치 베틀질로 옷감을 짜듯이 서로 균형을 이루지 못한다織遂不成也.[3] 앞뒤 두 팔이 씨실과 날실의 역할을 못 하면 살걸음이 빨라질 수 없으며 화살이 떠오를 때 요동을 치며 날아간다. 이런 모습이 생기는 이유는 그의 앞팔 쪽에서는 겨드랑이를 치올리고 있고 뒷팔 쪽에서는 허리를 움츠리고 있기 때문이며 이렇게 스스로 상체가 뒤쪽으로 기울어지면 가득 벌어진 활의 형상도 기울고亦敗宮室,[4] 가득 벌어진 활의 형상이 기울면 몸가짐이 일그러지고 몸가짐이 일그러지면 얼굴도 바로 서지 못하고, 얼굴이 바로 서지 못하면 코도 바로 서지 못하고, 코가 바로 서지 못하면 눈도 제 위치

---

1) 원문의 '허虛'에 대해 앞의 제十四편에서는 "앞팔을 들어 올리며 힘부터 쓰려 하고 법도를 지키지 못해서 음률에 맞추어 동작을 제어하지 못함으로 활을 들어 올린 앞팔이 하늘과 같이 굳게 버티는 역할을 못 하고 역시 뒷팔도 땅과 같이 힘차게 움직이면서 시위를 당길 수 없게 만드는 것을 말한다(前舉爲其先謀求力　能無術規矩之所具　能不制節奏之所比　使不能前舉之正圓　亦不能後執之正方)."라고 했다.

2) 앞의 제一편에서는 "전거후집前舉後執의 법도는 집執(즉, 뒷팔로 시위를 잡고 충분히 끌어당기는 것)은 거舉(즉, 앞팔로 활을 들어 올려 견고하게 버티기)를 위한 것이 되고, 거舉는 집執을 위한 것이 되어서, 앞팔과 뒷팔의 역할을 각각 베틀로 옷감을 짤 때 날실과 씨실의 역할같이 되게 하라는 것이다."라고 했다.

3) 원문의 '직織'과 관련, 앞의 제十四편, 원주에서는 "서로 어울려 베틀질을 한다同竝相織는 것은 실絲로 베틀질을 한다는 것이 아니다. 활쏘기를 배우는 것을 베틀로 옷감을 짜는 형상에 비유한 것이다. 물로 빤 실이라도 베틀질을 안 한 삶은 실이라도 깨끗하게 보이지 않듯이 활을 벌렸다고 해도 앞뒤 두 팔이 마치 베틀질로 옷감을 짜듯이 서로 균형을 이루지 못하면 시위를 떠난 화살이 과녁을 맞히지 못한다."고 했다.

4) 원문의 '궁실弓室'은 시위에 화살을 먹인 활이 가득 벌려졌을 때 차지하는 공간을 말한다. 기원전 2세기에 주공周公이 지은 것으로 추정되며 중국 최초 자전字典이라 할 수 있는 ≪이아爾雅≫는 '궁宮'과 '실室'에 대해 "궁을 실이라고 하고, 실을 궁이라 한다(宮谓之室,室谓之宮)."고 했고, ≪예기禮記≫, 곡례曲禮편에 대한 공영달孔穎達의 소疏에서는 "사면이 둥근 돔 형상을 '궁'이라 하고 그곳에 물건이 가득 차 있으면 '실'이라 한다(論其四面穹隆則曰宮,因其貯物充實則曰室)."고 했다.

에 있지 못하고, 눈이 제 위치에 있지 못하면 보는 것도 바로 보지 못하는데 어떻게 과녁을 바로 볼 수 있겠는가? 코가 바로 서야 과녁을 바로 볼 수 있고, 몸의 자세가 바르면 코는 저절로 바로 선다.5)

(원문) 箭去不疾者 旣虛之類 己不得於期 心不得於求 前失其經 後忘其緯 織遂不成也 失其經緯 則箭去可不疾 而浮高戰慄 此所以爲其形者 前高其腋 後短其腰 自衰不正 亦敗宮室 宮室敗則己不正 己不正則面不正 面不正則鼻不正 鼻不正則眼不正 眼不正則示而不正 安能正鵠胡 鼻正則正其鵠 體正則鼻自正

---

5) 앞의 제十六편과 본 제十九편의 내용과 관련해 장언식의 「정사론」의 사법은 얼굴, 즉 코와 눈이 과녁을 정면으로 대하는 자세이며 양궁 자세처럼 앞쪽 옆구리가 과녁을 향한 자세가 아니라고 보는 견해가 있고, 과녁을 향해 정면으로 서서 쏘는 자세가 우리나라 고유의 사법이며 「궁술의 교범」이 말하는 사법도 이런 자세라며 동세同書 중 "두 발을…과녁 좌우 아래 끝을 정면으로 향해 딛고 얼굴과 이마 또한 과녁과 정면으로 대하게 서야 한다."는 구절을 드는 견해도 있다. 그러나 이 구절에서 생략된 "…" 부분에서는 "여덟 '八' 자로 벌려 딛돠'라고 했고, 이 자세는 "초보자가 배우는 차례"에서 말한 것에 불과하다. "초보자가 배우는 차례"에는 심지어 "눈으로 과녁을 겨누되 활 아래 양양고자와 수평선이 되게 볼 것이며 턱을 줌팔 겨드랑이 아래로 끌어들여 묻어야 한다."는 말도 있는데 이 역시 처음에 배우는 사람이 화살을 과녁까지 보내려고 앞팔을 높이 올리고 쏘는 자세에 불과하다. "두 발을 여덟 '八' 자로 벌려 딛되 과녁의 좌우 아래 끝을 정면으로 향해 딛고 얼굴과 이마 또한 과녁과 정면으로 대하게 서야 한다."는 구절은 초보자에게 허리 힘과 유연성을 키우게 하려는 자세로 보이며, 「궁술의 교범」이 말하는 기본적 발 자세는 '비정비팔非丁非八' 자세이다. '비정비팔'이란 용어는 중국의 어느 옛 사법서에나 공통적으로 나오는 용어로 양궁의 발 자세나 일본 궁도의 발 자세 모두 "비정비팔"의 발 자세이다. 몸이 정면으로 과녁을 향하게 하는 자세는 보사步射에서는 결코 자연스러운 효율적 자세가 될 수 없다. 앞쪽 옆구리가 과녁을 향한 것이 자연스러운 효율적 자세이며 이러한 자세에서 얼굴을 돌려 얼굴이 가급적 과녁을 정면으로 향하도록 해야 한다. 우리 민족은 기마민족으로 마사馬射에서는 몸이 정면으로 과녁을 향해 쏘므로 이런 자세가 우리 고유의 사법이 되었을 것으로 주장하기도 한다. 마사에서 정면의 표적을 쏠 때는(이를 '분종分鬃'이라고 한다.) 부득이 몸이 거의 정면으로 과녁을 향하겠지만 마사는 표적에 가깝게 접근해 쏘고 또 작은 활을 쓰므로 몸이 정면으로 과녁을 향해도 무리 없이 활을 쏠 수 있다. 또한 마사에서도 측면 과녁을 쏠 때도 있고(이를 '대등對鐙'이라고 한다.) 측후면 과녁을 쏠 때도 있는데(이를 '말추末鞦'라고 하며, 서양에서는 파르티안 사법 Parthian shoot이라고 한다.) 이때 어떻게 몸이 정면으로 과녁을 향할 수 있을까? 또한 국민체육용으로 유엽전의 보사步射 사법을 정리한 「궁술의 교범」이 어떻게 이런 자세를 보사의 기본자세로 말할 수 있었겠는가? '비정비팔'의 역사적, 기능적 의미에 대해서는 졸저, 《조선과 중국의 궁술》, 이담 Books, 2010년 참고.

제二十편 선지사야善之師爺 〈좋은 사범〉

활쏘기에서는 도道[1]에 대한 질문에 답을 해주어야 하는 것이 가장 성실한 사범의 의무이고, 배운 것을 익혀 활쏘기 실력을 완성해야 하는 것이 가장 성실한 제자의 의무이다. 자기 생각만 믿는 것은 허물 중 가장 큰 허물孤莫孤[2]이며 멋대로 오락가락하는 것無常은 병 중 가장 큰 병이다. 요즘은 활을 배운다는 사람 중에 그럴듯하게 어깨에 활을 걸치고 허리춤에는 화살을 차고 무리 지어 다니는 건방진 자들趑趑爲群者[3]이 많다. 이들은 처음부터 오호烏號 활을 쏘며 과녁 맞힐 생각만 한다. 배운 것을 온몸으로 체득해서 일거수일투족을 배운 대로 하며 활을 쏘아야 한다則必也, 形乎四體 布乎動靜 施於射也.[4] 벌린 활이 제자리로 돌아가며 시위가 뺨도 때리고 귀도 때리는데,[5] 이때 뺨과 귀를 얻어맞지 않으려고 발시 순간 얼굴을 돌리면 몸에 탈이 생기고 활쏘기에도 병이 생겨身孤射患[6] 갈수록 고질병으로 발전한다. 멋대로 쏘고自爲之射 배운 대로 하지 않아서不爲之師[7] 무엇이 이로운 것인지利格[8] 무

---

1) 앞의 「제一절 사론射論」에서 "활쏘기에는 군자의 도道가 있다. 정기정심正己正心이 도이다."라고 했다.

2) 이곳에서 원문의 '고孤'는 '고辜'와 통용되던 글자로 '허물' 또는 '재난'을 의미한다.

3) 원문의 '두두趑趑'는 '규규趀趀'와 통용되며 신체는 건장하나 머릿속은 비어 있는 건달을 묘사한 말이다.

4) 원문의 '형호사체 포호동정形乎四體 布乎動靜'은 '포호사체 형호동정布乎四體 形乎動靜'을 어순을 바꾸어 인용한 것으로 지행일치知行一致를 의미하는 말이다. ≪순자荀子≫, 권학勸學 편에는 "군자의 학문은 배운 것이 귀로 들어가면 마음에 붙고 온몸에 퍼져서 일거수일투족에 나타나니 침착하게 말하고 신중히 행동하니 늘 본받을 만하다. 소인의 학문은 귀로 들어가면 바로 입으로 나온다. 입과 귀의 거리는 4치에 불과한데 어찌 7척의 몸을 아름답게 할 수 있는가(君子之學 入乎耳 著乎心 布乎四體 形乎動靜 端而言 蝡而動 一可以爲法則 小人之學也 入乎耳 出乎口 口耳之間 則四寸 曷足以美七尺之軀哉)?"라는 구절이 있다.

5) 원문에서는 시위가 뺨이나 귀를 때리는 것을 "활이 제 위치로 돌아가면서 뺨을 책망하고 시위가 앞으로 나가면서 귀를 업신여긴다(弓反責腮 弦去起耳)."고 표현했다. 기초를 제대로 익히지 못하면 이뿐이 아니라 시위가 앞팔 팔뚝을 때려 팔뚝이 부어오르기도 하고 화살이 엄지를 때려 엄지에 피가 흐르기도 한다.

6) 이곳에서도 원문의 '고孤'는 '고辜'와 통용되던 글자로 '허물' 또는 '재난'을 의미한다.

7) 원문 중 '사師'는 '효법效法', 즉 보고 배운 대로 따라서 하는 것을 말한다. 당唐, 한유韓愈의 ≪사설師

엇이 해로운 것인지害祟를 모르기 때문이다. 처음에 법도를 지키지 않으면 나중에
활쏘기가 일그러진 것을 부끄러워하게 된다. 그런 사람은 오늘 잘 쏘았으니 내일
도 잘 쏠 것으로 기대도 하고, 오늘 잘 쏘았으니 어제도 잘 쏘았다고 착각도 하
면서 평생 잘 쏘기를 바라지만 수고만 많고 발전은 없고 결국 포기하고 만다.

(원문) 取射論射 問道訓道在止於至善之師爺 受學習學 致實成實在至於至
誠之弟子 孤莫孤於自恃 病莫病于無常 今爲學射者 煩熾而臂弓腰箭 赳赳爲
群者 多有 初射烏號 卽思中鵠 則必也 形乎四體 布乎動靜 施於射也 弓反責
腮 弦去惹耳 則其人謀射者 戀腮念耳 忌之腮 被之耳 則身孤射患 日以熟病
非他於是 自爲之射 不爲之師 故不敢知之利格 不能知其害祟 則先遺其規 後
慚其仄 或思今日之善 倖望翌日之射 而今射 如昨之射 如今 雖有平生之願
勞而無功 舍願自止

說≫에 "나보다 먼저 태어났으니 당연히 나보다 먼저 도에 대해 들었을 것이므로 나는 그를 따라 한다(生
乎吾前 其聞道也 固先乎吾 吾從而師之)."는 구절이 있다.
8) 원문 중 '격格'은 법식法式 또는 표준標準을 말한다.

제二十一편 사지대체射之大體 〈활쏘기의 기본〉

목이 길어 어깨가 낮은 체형은 활쏘기에 적합하고 목이 짧아 어깨가 높은 체형은 활쏘기가 어렵다. 목이 길면 두 팔을 모두 높이 들어 올리고 목이 짧으면 뒷팔을 높이 들어 올리고 앞팔은 높지 않게 들어 올리는 것이 활쏘기에 적합하다. 목이 긴 사람이 두 팔을 높이 들어 올리지 않으면 견갑골과 오두가 서로 떨어져 맞물리지 않아隱外[1] 제 위치에 숨겨지지 않는다不立而闇削也.[2] 혹 숨겨지지 않는 것이 오히려 팔에 유익해서 활쏘기가 잘 되는 경우도 요행히 있겠지만 그는 잘리기 쉬운 곧은 나무같이 머지않아 무너지는 형상이 되는데如直木之形[3] 이렇게 곧은 나무 같은 형상이 되면 후일을 기대할 수 없다. 목이 짧아 어깨가 높은 사람이 두 팔을 모두 높이 들어 올리려고 하면 마음만 앞서지 두 팔은 높이 올라가지 않아 법도대로 자세가 되지 않는다欲規而不順.[4] 그가 목이 길어 어깨가 낮은 사람과 같은 자세를 취하려고 하면 팔을 높이 들려고 하다 가슴만 앞으로 튀어나온다. 가슴이 튀어나오는 병보다 더 큰 병이 없고 이는 고질병이 되니 더 말할 필요 없다.[5] 사범은 그가 가르치는 사람의 체형과 움직임을 보면서 골절이 맞물

---

1) 원문의 '은隱'은 '거據'와 통용되며 자리를 잡는다는 뜻이다. ≪예기禮記≫, 단궁檀弓 편의 "기장이봉…기고가은야旣葬而封…其高可隱也"라는 구절에 대한 주註에서 "은隱은 거據의 뜻이다(隱 據也)."라고 했다. 따라서 '은외隱外'는 밖에 자리를 잡는다는, 즉 서로 맞물리지 못하고 떨어진다는 말이다.

2) 원문의 '입이암삭立而闇削'은 "제 위치를 차지해서 숨겨진다."는 말이다. '입立'은 "제 위치를 차지하다."는 의미로 해석되며, '삭削'은 줄어든다는 뜻으로 쓰였지만 '암闇'과 함께 쓰임으로써 "보이지 않게 숨겨진다."는 의미로 해석된다. '불不'은 '입이암삭立而闇削' 전체를 부정하는 부사로 쓰였다.

3) 원문의 '직목直木'은 '직목필벌直木必伐' 또는 '직목선벌直木先伐'의 의미로 쓰였으며, 곧은 나무가 먼저 도끼질을 당하는 것같이 "머지않아서 무너진다."는 의미이다.

4) 원문의 '규規'와 관련해서 앞의 「사론」에서는 앞팔의 자세에 관한 법도를 '규規'라고 하고 뒷팔의 자세에 관한 법도를 '구矩'라 했지만, 이 대목은 양팔의 법도를 말하면서도 이를 '규規'라 했다. 이 때문에 역자는 '규規'나 '구矩'를 모두 법도라고 번역한 것이다.

5) 이곳에서 가슴이 튀어나오는 것을 큰 병이라 했는데 우리의 전통적 활쏘기 법도에서 '흉허복실胸虛腹實'

리지 못하고 어긋나 있으면 앞팔과 뒷팔의 법도들만 지키도록 강요하지 말고 활 쏘는 체형과 움직임에 따라 융통성 있게 지도해야 한다.

앞의 제一편에서 "집執은 거擧를 위하고 거擧는 집執을 위한 것이 되어 앞팔의 역할이 날실같이 되고 뒷팔의 역할이 씨실같이 되게 하라."고 했다. 왜 앞팔의 역할을 날실 같다 하고 뒷팔의 역할을 씨실 같다 했겠는가? 실로 베틀질 할 때 세로 실이 날실이고 가로 실이 씨실인데 날실이 비틀리면 씨실도 비틀리고 씨실 이 비틀리면 날실도 비틀린다. (앞팔로 활을) 들어 올리는 것은 어떻게 해야 하 는 것이고 (뒷팔로 시위를) 잡아당기는 것은 어떻게 해야 하는 것인가? 활을 들 어 올리고 시위를 잡아당길 때 (앞팔로 활을) 견고하게 들어 올려 흔들리지 않아 야 비로소 들어 올렸다고 할 수 있고 (뒷팔로 시위를) 충분히 잡아당겨야 비로소 잡아당겼다고 할 수 있는데擧執者 前堅曰擧 後實曰執, (앞팔로 활을) 견고하게 들어 올 리지 못하면 (뒷팔로 시위를) 충분히 잡아당길 수가 없고, (뒷팔로 시위를) 충분 히 잡아당기지 못하면 (앞팔로 활을) 견고하게 들어 올릴 수가 없다擧而不堅 執而不 實 執而不實 擧亦不堅. 두 가지를 법도대로 못 하면 과녁을 맞힐 수 없는 것은 날실 과 씨실을 제대로 놓지 못하면 베틀질이 실패하는 것과 같다. 활을 쏘려면 법도 를 지켜 앞팔을 견고하게 들어 올려 흔들리지 않게 하고 뒷팔로 시위를 충분히 잡아당겨야 한다射者 不失規矩 極爲方圓. 이렇게 하면 비바람 속에서 쏠 때도 앞팔로 활을 견고하게 들려고 하지 않아도 저절로 견고해지고 뒷팔로 시위를 충분히 잡 아당기려고 하지 않아도 저절로 충분히 잡아당길 수 있게 된다. 이렇게 법도를 지켜 앞팔로 견고하게 활을 들고 뒷팔로 시위를 충분히 잡아당기는 것右規矩方圓이 활쏘기의 기본이다.

깍지손을 시위에서 떼어내는 절묘한 이치는 손끝에 있다. (앞손) 손끝에는 삼 지가 함께 만든 아귀三指之同牙龜가 있는데 이곳에 활쏘기의 묘리가 숨겨져 있다. 활쏘기에서 일가를 이루려면 법도를 지켜 앞팔은 견고하게 들고 뒷팔은 충분히 시위를 잡아당겨야 하고, 활쏘기를 잘할 수 있는 출발점은 (앞손) 삼지의 아귀에 달려 있고, 마지막에 깍지손을 시위에서 떼어내서 과녁을 맞힐 수 있는 것은 시 위를 잡고 충분히 당기는 뒷손 두 손가락 끝에 달려 있다. <새끼손가락부터 끝

이라고 하는 것은 바로 이를 방지하면서 힘을 모으기 위한 것으로 숨을 아랫배로 몰아 내려 가슴 앞은 비 게 하고 아랫배가 부풀어 오르게 하라는 말이다.

에서 세어서 세 손가락을 삼지(또는 삼지의 아귀)라고 하며 엄지에서부터 위에서 세어서 두 손가락 사이에 생기는 넓은 공간을 (이지의) 아귀라고 한다(逆數而止三日爲之三指 順數而上二指之間廣處 日爲之牙龜也).>6) 삼지의 아귀指龜에 묘리가 숨겨져 있기는 하지만 뒤에서 (이지의 아구가) 이에 상응해 시위를 잡아당기지 못하면 삼지의 아구가 오히려 부실해진다. 앞에서 활을 견고하게 들어 올리는 것에 맞추어 뒤에서 (이지가) 시위를 충분히 당겨주되 그 기세가 줌통을 부러뜨리고 시위를 끊어버릴 듯하게 되면因其勢 但似折弸絶弦 저절로 그 묘리가 발휘되어 앞손 삼지의 아귀가 살아나고 뒷손 이지의 끝도 살아나 깍지손이 스스로 시위에서 벗겨지면서 화살이 빠져나간다. 이같이 하는 것이 앞에서는 활을 견고하게 들어 올리고 뒤에서는 시위를 충분히 잡아당기는 것이다. <아구牙口라고 해야 할 것을 아귀牙龜라고 썼다. 귀龜, 즉 거북이는 천 년을 사는 영물이라 하는데 활쏘기의 기묘한 솜씨가 이곳에서 나오므로 일부러 구口를 귀龜라고 썼다.>

(원문) 項長肩卑者 射之順也 項短肩高者 射之難也 長者 施之擧高兩臂 短者 施之擧高後臂而不高前臂 則射之是也 長者 若非高兩臂 則肩胛與鳥頭者 隱外 不立而闇削也 倖不能匡而有益臂 如直木之形 若如直木 則難可後期 若項短肩高者 專擧一高兩臂 欲崇而不高 欲規而不順 若如項長肩卑者 知其規高 不知其出胸 則莫難於胸病 胸病爲痼 則必無可論也 凡師者 觀其射人之形 於動靜 若有骨節險逆逶迤者 勿爲皆可規矩 而隨射應變也

上篇以執爲擧 以擧爲執 言前經後緯者 何以前者謂之經 何以後者謂之緯乎 第經緯者 織縱日經 織橫日緯 經不正則緯不正 緯不正則經亦不正 第何以擧者爲之擧 何以執者爲之執哉 第擧執者 前堅日擧 後實日執 擧而不堅 執而不實 執而不實 擧亦不堅 故規矩之差 正鵠之疏 經緯之差 作布之敗 射者 不失規矩 極爲方圓 風雨勿論射 前不期擧而自擧 後不求執而先執也 右規矩方圓 言射之大體也

決射妙理 在於手端也 手端之餘 有三指之同牙龜 此射中藏妙之理也 射之

---

6) 본서의 '아귀'에 대한 설명은 좀 혼란스럽다. 본래 아귀란 '사물의 갈라진 부분'을 말하는 순수한 우리말로 이를 한자의 음을 빌려 표기한 것이 '아구牙口'이다. 손아귀란 엄지와 검지 사이를 말하며 한자 표기로는 '호구虎口'라고 한다. 다만 이곳에서는 '깍지손 엄지와 검지 사이上二指之間廣處'를 아귀라고 한 외에도 또 줌손 하삼지下三指를 '삼지의 아귀'라 했는데 우리 옛말에서 실제 그런 표현을 사용했는지 불분명하다.

成家 在於規矩之方圓 射之謀得 在於三指之牙龜 決之成工 在於後執二指之
手端也 <逆數而止三 曰爲之三指 順數而上二指之間廣處 曰爲之牙龜也> 指
龜雖有妙理 若後不能致其較執 指龜亦爲反拙之勢 若後有比擧較執之勢 因其
勢 但似折弝絶弦 則自然之間 能肆其妙 前三指之龜生 後二指之端生 自成分
決之類 如此者 謂之前擧 謂之後緝也 <牙龜當然 旣字龜 龜本曰千載神舊 射
才與不才 奇出於牙龜 故書之龜>

제二十二편 사체무극射體無隙〈본체와 지체의 관계〉

얼굴과 몸통이 활쏘기의 본체本體이고 팔과 관절은 활쏘기의 지체肢體이며 객체가 먼저 주체를 뒤따르는 것이 활쏘기의 법도이고, 주체가 먼저 객체를 뒤따르는 것은 활쏘기의 법도에 어긋난다. 본체가 바르면 지체도 바르게 되면서 본체와 가까워지고 본체가 바르지 못하면 지체도 바르지 못하게 되면서 본체와 멀어진다. 지체가 먼저 본체를 따르면 본체 역시 이에 상응하여 지체를 따르면서 서로 일체一體가 된다. 이때 틈새가 생겨其於有間[1] 본체와 지체가 모두 바르지 못하면 활쏘기의 도道는 무너지고, 본체와 지체가 모두 바르면 활쏘기의 본질을 놓친 것이 없어진다. 활쏘기의 본질을 놓친 것이 없어져야 본체와 지체가 일체가 되어 활쏘기의 도道를 완성하게 되니 활 쏘는 사람은 이를 명심해야 한다.

(원문) 面與體 射之我也 臂與節 射之彼也 彼先從於我則射之規 我先從於彼則射之不規 我正則彼正而自近 我不正則彼不正而遠也 彼若先從於我 我亦應對倚從而相合也 其於有間而兩若不正則敗道也 彼我若與正則射體無隙 射體無隙則爲一合而成矣 射者察之耳

---

1) 원문의 '유간有間'은 '틈새가 있다.'는 말이다. ≪좌전左傳≫, 소공昭公 13년 기사에 "제후들이 틈새를 보이고 있으니 모두에게 본보기를 보이지 않을 수 없습니다諸侯有間矣 不可以不示衆."라는 구절이 있다.

활쏘기의 열 가지 도道[1]

이상 22개 편에서 활쏘기의 핵심으로 논한 것은 1) 마음가짐을 올바르게 갖도록 노력하는 것이 하나이고, 2) 앞팔로 견고하게 활을 들어 올리고 뒷팔로 충분히 시위를 잡아당기는 것이 하나이고, 3) 과녁을 맞히지 못한 것을 걱정하지 말고 몸가짐과 마음가짐이 바르지 못한 것을 걱정하는 것이 하나이고, 4) 낮에는 시위에 화살을 먹인 다음 활을 벌리되 네 번까지는 깍지손을 시위에서 떼지 않더라도惟不許先四[2] 다섯 번째에 비로소 깍지손을 시위에서 떼는 연습을 하는 것이 하나이고, 5) 밤에 비가 올 때는 시위에 화살을 먹인 후 쏠 것 같은 자세만 취하되 끝까지 깍지손을 시위에서 떼지 않는 것이 하나이고, 6) 깍지 낀 뒷손 엄지로 시위를 당길 때 뒷팔 팔뚝을 귀보다 높게 하는 것이 하나이고,[3] 7) 두 손가락은 오직 충분히 시위를 잡아당기면서但乘其方[4] 계속 기氣를 끌어 올릴 생각만 하는 것이 하나이고 <기를 끌어들이면氣吸 화살이 끌려 들어오는데矢乃入也 기를 입으로 끌어들인다는 것이 아니라非口也 손가락에 기를 모은다는 것이다謂指也>, 8) 활을 들어 올리는 팔뚝을 굳세고 변함없는 하늘과 같이 되도록 하고克爲其圓[5] 항상 오두烏頭의 미세한 위치를 생각하되 이러한 팔彼의 역할은 본체인 얼굴과 몸통我의

---

1) 이 제목은 원문에 없는 것을 역자가 첨부한 것이다.

2) 원문의 '유惟'는 '유唯'와 통용되는 글자로 '다만' 또는 '비록~하더라도'의 뜻으로 쓰였다.

3) 뒷팔의 높이를 끝까지 귀보다 높게 하면 가까운 과녁은 몰라도 먼 과녁은 매우 억센 활을 쓰지 않는 한 맞히기 어렵다. 「궁술의 교범」에서는 120보 거리 먼 과녁에 유엽전을 쏘는 기본적 만작 자세로 화살대를 턱 밑에 위치시키고 있다. 이때 뒷팔뚝도 당연히 턱 아래 위치하게 된다. 이곳에서 뒷팔의 팔뚝을 귀보다 높게 하라는 것은 처음 시위를 끌어당길 때의 위치를 말하는 것으로 보아야 한다.

4) 원문의 '방方'은 앞의 「서序」, 주註 3에서 말한 대로 조용히 힘차게 움직이는 땅의 형상을 말한 것이다.

5) 원문의 '극克'은 '능能'과 통용되는 글자이며, '원圓' 역시 앞의 「서序」, 주註 3에서 말한 대로 굳세고 변함이 없는 하늘의 형상을 말한 것이다.

역할에 뒤따르게 하는 것이 하나이고, 9) 활을 들어 올렸을 때 두 팔뚝을 함께 들어 허공에 가로 걸린 듯 수평이 되게 하는 것이 하나이고, 10) 처음 활을 들어 올릴 때 두 팔에 힘을 빼고 가볍게 올리는 것이 하나이다. 이 열 가지 중에 어느 하나라도 소홀히 하면 호랑이를 그리려다 개 비슷한 것을 그리는 꼴이 된다. 서두의 사론射論에서 공자의 말을 빌려 활쏘기의 고풍을 소개했고 이후 이를 바탕으로 요즘 사람들의 활쏘기에 대해 몸가짐을 바르게 하는 제반 법도들을 논하면서 십심의 십정十心十精이 무엇인지, 골절의 굳건함과 유약함이 무엇인지, 활쏘기의 이해와 허실이 무엇인지를 서술했다以徵.6) 마음을 졸여가며 조심스럽게 쓰기는 했지만 되는대로 조리 없이 늘어놓는 거친 말이 아닌지 두려울 뿐이고 쓴 글이 그럴듯한지도 모르겠다. 이제 이 글의 마무리로 몇 마디 보태자면 명철한 사범을 만나지 못하고 활을 배우는 사람들은 이 글을 읽되 외우고 또 읽어가면서 활터에서 만날 때면 서로 보아주고 물어가며 서로를 사범 삼아서 함께 노력해야 하며 사범이 없더라도 법도들을 어기지 말아야 하며, 국가의 성대聖代에 무예를 권장하되 향리鄕里에서 활쏘기를 논하는 것에 그쳐서는 안 된다.

임신년(서기 1872년) 5월 하순 정미년(서기 1847년)에 무과 급제 후 병마동첨절제사를 역임한 가의대부 청교 장언식이 쓰다7)

(원문) 第右二十二篇 論本原者 第正心工夫者 爲一道 第前擧後執者 爲一道 第不患不中而患不正者 爲一道 第畫則持弓關矢 彎作而惟 不許先四 第至五一決者 爲一道 第欲射夜雨 具矢仍關 似射 而盡是未決習者 爲一道 第決拇 拘引後執肱者 憑高耳上者 爲一道 第後執二指者 但乘其方 恒念更氣者 爲一道 <氣吸 矢乃入也 非口也 謂指也> 第前擧爲肱者 克爲其圓 常思烏頭之微 而彼先從於我者 爲一道 第擧弓之際 左右肱者 同擧橫川者 爲一道 第輕擧兩

6) 원문의 '이징以徵'에서 '이以'는 '이를 통해'라는 뜻의 부사이고, '징徵'은 '명明' 또는 '증證'과 통용되는 글자이다. '십심의 십정十心十精'에 대해서는 앞의 제三편에 상세한 설명이 있다.

7) 장언식은 함경도 유원진柔遠鎭의 종4품 병마동첨절제사를 역임했다. 유원진은 세종 당시 함경도 지역에서 개척한 육진六鎭(종성鐘城·온성穩城·회령會寧·경원慶源·경흥慶興·부령富寧)에 속한 29개 진보鎭堡 중의 하나로 온성진 북쪽에 있었고 황자파보黃柘坡堡·미전진美錢鎭·영건보永建堡와 함께 온성진에 속해 온성진의 종3품 병마첨절제사의 지휘를 받았다.

臂無力者 爲一道 玆以十道 雖有一道之務不爲 畵虎不成者矣 上篇言聖人由
來 古風之射 以今人之射 論之於規矩正己之道 以徵十心十精之類 骨節之强
柔剛弱 利害虛實之射 焦心抑作 不辭燕辭而弁 書者未知其髣髴然 玆以 成篇
數語 若不能處之明哲之師學者 讀此一篇 講且又讀 每相面射臺 同示相問 相
師同工 雖無師 不可妄爲之儀則 亦爲國家聖代之勸武 非特吾鄕之論射

壬申 五月 下澣 丁未 武科 嘉義 同僉節制 靑郊 張彦植書

후기後記[1]

　　나 장언식은 17세가 된 갑신년에 보사步射를 시작해서 3년 후인 정해년 여름에
추천을 받아 금군에 들어가 철전 쏘기를 보좌하며 이것저것 두루 공부하던 사람
으로 유엽전 쏘기로 종목을 바꾼 후 솔포를 쫓아다닌 수년 동안 신중하게 쏘면
절반 이상 정곡에 관중했고 이를 본 사람들은 나를 칭찬하면서 내 활솜씨弓品를
돈으로 살 수 있다면 천금을 주고라도 사겠다고 했다. 일찍이 다른 사람들과 함
께 활을 쏘며 활쏘기를 논할 때면 나의 궁력弓力이 다른 사람에게 뒤지지 않았으
며 경쟁에서도 누구에게도 안 졌다. 늘 이렇게 지내다 보니如是行禮[2] 나의 활쏘기
태도는 오만방자해지고 마음에 자만심이 가득했고 이것이 내 활쏘기 솜씨가 쇠
락하게 된 단서였다. 실로 그 당시에는 손에 익은 활이 적당하다고 여겼지만將作
而適[3] 나날이 부상의 빌미가 되었다. 나의 활은 일대에서 가장 억센 활이었고 처
음 쏘아보았을 때부터 1량 무게의 화살을 끝없이 멀리 보낼 수 있었다. 이렇게
극히 어리석었으니如是無地愚慮者[4] 내가 어디쯤에서 멈추어야 할 것인지 모르고 당
장 내 실력의 끝을 보려 했다敢不能知之自斂之止 尤求致限於當場.[5] 그 결과 앞팔을 높

---

1) 이 제목 역시 원문에 없는 것을 역자가 첨부한 것이다.
2) 원문의 '행례行禮'를 '행례行例'의 의미로 보았다. '행례行例'는 "일상사가 되었다."는 의미이다.
3) 원문의 '장작將作'은 "인정하다" 또는 "간주하다"는 말이다.
4) 원문의 '무지無地'는 '지극至極' 또는 '부진不盡'과 같은 말로 '지극히'라는 말이다. '우려愚慮'는 자신의
　　생각을 겸손하게 칭하는 말로 '어리석은 나의 생각'이라는 말이다.
5) 원문의 '감斂'은 '렴斂'과 통용되는 글자로 "거두어들인다" 또는 "물러선다"는 뜻이고, 따라서 '자감지지
　　自斂之止'는 "물러서서 멈춘다."는 뜻이다. 이 구절 중 '지止'의 의미를 ≪대학大學≫에 있는 유명한 구
　　절인 '지지이후유정知止而後有定' 중 '지止'와 같은 의미로 보는 견해가 있다. 안대영 역주 ≪정사론≫,
　　지식과 감성, 2020년, 196쪽. 매우 타당한 견해이다. 주자朱子는 ≪대학≫의 이 구절의 뜻을 "지止는 마
　　땅히 그쳐야 할 곳이니, 바로 지극한 선이 있는 곳이다. 이를 알면 자신의 목표가 정해질 것이다(止者 所
　　當止之地 卽至善之所在也 知之則志有定向)."라고 풀이했다. 이 구절에 앞서 "큰 학문의 길은⋯지극한
　　선이 있는 곳에서 멈추는 것이다(大學之道⋯在止於至善)."라고 했기 때문이다. 활쏘기에서 '지극한 선'

이 들지도 못하고 상체는 뒤로 기울어져是以 前底後短6) 활을 들고 견고히 버티지 못하고 충분히 시위를 당길 수 없게 되도록 활 쏘는 모습이 바뀌었는데 다른 사람은 이를 다 알고 있어도 나는 모르고 있었다. 말할 필요도 없이 자만심 때문에 생긴 결과였다. 이렇게 되자 곧 활쏘기로 인한 병射病7)이 생겼다. 화살대와 깃에 흰 가루白粉8)가 묻어 나오고 <흰 가루가 묻어 나올 정도니 나의 활쏘기가 어찌 되었는지 알 만하다.> 붉은 핏방울이 깍지와 줌통 주변에 묻어 나오더니 <붉은 핏방울은 상처에서 흘러나온 것이다.> 오두는 제 위치를 이탈하고鳥頭叛 턱과 **뺨**은 시위를 잡아당기는 뒷팔에서 멀리 떨어지고 당겼던 시위가 다시 되돌아가 활을 가득 벌리지도 못하고 깍지손을 시위에서 떼어내 화살을 날려 보내지도 못했

은 자신의 실력의 끝을 보는 것이 아니라 몸과 마음에 무리가 없이 가장 효율적인 방법으로 과녁을 맞히는 것이다.

6) 원문의 '전저후단前底後短'이란 구절의 해석을 위해서는 앞에서 언급된 잘못된 자세에 대한 설명을 되돌아 볼 필요가 있다. 앞의 제十九편에서 '앞팔 쪽에서는 겨드랑이를 치올리고 뒷팔 쪽에서는 허리를 움츠린' 자세를 말했는데, 여기에서 말한 '전저후단前底後短'은 같은 말이다. 겨드랑이를 치올리면 앞팔을 높이 들 수 없어 여기서는 '전저'라 한 것이고, 여기서 말한 '후단'은 '뒷팔 쪽에서 허리를 움츠린', 즉 '상체가 뒤로 기운' 자세를 말한다. 그러나 '전저후단'의 의미를 '높은 거궁 자세를 취하지 못하…활을 만족하게 당기지 못하는' 자세로 보는 견해가 있다. '후단'의 뜻을 뒷손이 시위를 충분히 당기지 못하는 것을 말한다고 본 것이다. 이 견해는 그렇게 되면 중국, 일본, 서양과 같은 활쏘기 자세가 된다면서, 우리 고유사법은 과녁을 정면으로 대하고 서서 정면으로 보는 '정사법正射法'이라고 주장하며, 중국, 일본, 서양과 같은 발 자세를 취하면서 과녁을 정면으로 보려다가는 "목이 비틀려서 언젠가는 큰 병이 생길 수 있고 이는 호랑이를 그리려다 개를 그리는 것"이라고 주장한다. 역자는 「궁술의 교범」을 비롯해 서유구의 「사결」, 서영보·이춘식의 「사예결해」, 장언식의 「정사론」 등 역대 사법서들을 세밀히 검토했지만 과녁을 정면으로 대하는 발 자세로 쏘는 자세가 보사步射의 기본자세라는 흔적을 어디에서도 찾아볼 수 없었고, 이에 대해 앞의 「제十九편」, 주註 5에서 설명했다. 또 역자는 중국 역대 사법서들을 검토해 본 결과 우리 역대 사법서의 내용은 대부분 그 뿌리가 중국 사법서에 있고, 거궁 시 두 손을 높이 들어 올리는 한 가지가 우리 사법의 독특한 특징일 뿐이다. 또 우리 사법에서도 몸통과 얼굴을 과녁과 정면으로 대하고 쏜다는 것은 불가능하고 정도 차이가 있을 뿐 과녁을 비스듬히 대하고 쏠 수밖에는 없다. 다만 동호회 활동이 활성화되어 습사 때건 경기 때건 여러 명이 작대作隊 해서 팔찌동(사원 간 사대에 서는 서열을 말한다.) 순으로 사대에 늘어서서 쏘는 우리 활터의 풍습에서는 옆구리가 과녁을 향한 자세로 계속 서 있으면 자신의 차례를 기다릴 때 옆 사람의 동정을 살피기가 불편하고 이 때문에 자신이 쏠 차례가 끝나면 과녁을 바로 보는 발 자세로 바꾸는데 이런 번거로움을 피하려고 사대에 오르면 항상 과녁을 마주 보고 서서 뒷발을 아주 조금만 뒤로 빼는 자세를 취하지만 이는 효율적 자세와 무관하며 실제 고단자들은 대개 중국 사법과 같은 발 자세를 취한다. 역자는 아직 우리 사법에서 특별한 비법을 발견 못 했다. 활쏘기 동호회가 가장 활성화된 나라가 우리나라이지만 우리 민족은 예부터 활쏘기를 즐기던 민족이라 많은 습사와 노력 끝에 활을 잘 쏘는 민족이라는 평판을 얻었을 것이고, 또 궁시 제작에서 뛰어난 장인匠人들이 많이 나타나 좋은 활과 좋은 화살을 만든 덕에 뛰어난 활쏘기 솜씨를 발휘했을 것이다. 개량궁이 주류를 이룬 현재 초보자들의 입문 과정이 그리 어렵지 않지만, 각궁으로 좋은 사수를 내려면 좋은 궁시를 확보하고 이를 잘 다루는 기술이 매우 중요하다.

7) 원문의 '사병射病'은 활터에서 흔히 말하는 활병은 아닌 것으로 보았다. 흔히 말하는 활병은 활쏘기 자세나 동작에 생긴 고질병을 말하지만 이곳에서는 앞서 이런 활병에 대해 말한 후 이로 인해 '사병射病'이 시작되었다고 했다. 활쏘기로 인해 생긴 몸의 병을 말한 것이다.

8) 원문의 '백분白粉', 즉 '흰색의 가루'가 무엇을 말하는지 모르겠다.

다. (이렇게 되자) 과거의 칭찬은 험담으로 바뀌어 천금을 주고라도 사겠다던 나의 활솜씨 값이 이제 흙벽돌 값으로 떨어졌다.

이렇게 고벽이 생긴 몇 년 후 변경의 동첨절제사 자리를 제수받았다. 청춘에 군문에 발을 들여놓은 후 머리가 희어져서야 지휘관 자리에 임명되었으니白首得官[9] 군문에 오래도 있었던 것이다. 이후 20개월 만에 불행히 집안에 상사를 당해 슬픈 마음으로 별을 머리에 지고 밤길로 바로 집으로 떠나 상복을 입었으니 돌아가신 분의 은혜를 갚을 길이 없어졌다. 그러나 세월이 밤낮없이 흘러 상복 입을 기간이 끝났으니 3년 동안 상복을 입고 있었다. 이때쯤 집이 가난해도 추위에 떨거나 배를 곯지는 않았고 나이는 들었어도 정신이 혼미하지는 않았었는데 성격상 재미를 붙인 다른 취미消遣[10]가 없어 노년을 보낼 일이 막막하던 차에 조용히 향리에 묻혀 인간의 도리나 지키고 살면서 과거의 활쏘기에 대해以前素射著[11] 돌아보며 내 마음을 들여다보니 독한 약은 입에는 써도 병 치료에 이롭고 충언은 귀에는 거슬려도 행실에는 이롭다는 것을 모르고 있었으니 부끄러울 뿐이다.

일찍이 경인년(23세였던 서기 1830년)에 궁시를 들고 노사범師爺을 찾아가니 연유를 묻기에 내 활쏘기에 문제가 생겼다고 답하고 활 쏘는 모습을 보여드리니 노사범은 놀라 탄식하며 더 볼 것이 없는데 어찌해야 문제가 해결될 것인지 내가 말해 보라 하시며, 잘못된 것을 바로잡고 탈 난 것을 되돌리려면以孤爲篤[12] 기초부터 다시 연습해야 할 것인데君當覆試[13] 궁후弓後로 연습하면 1개월 걸리고 나무활로 연습하면 보름—望[14] 걸릴 것인데 둘 중 무엇으로 할 것인지 물으셨다. 이에 나는 하나는 1개월 걸리고 하나는 보름 걸리면 보름 걸리는 것으로 하겠다 했다. 이에 노사범께서 술상을 차려주셨고 나는 절을 올리고 명을 받고 돌아왔지

---

9) 원문의 '득관得官'은 "관직을 얻었다."는 뜻보다 "한 지역 지휘관 자리를 얻었다."는 뜻으로 보아야 한다.

10) 원문의 '소견消遣'은 원래는 "근심이나 답답함을 풀어버린다."는 말이지만 무엇인가 재미있는 일로 시간을 보낸다는 의미로 쓰인다. '消消'나 '遣遣' 모두 풀어버린다는 의미이다.

11) 원문의 '소素'는 '과거의' 또는 '평소의'라는 뜻이다.

12) 원문의 '고孤'에 대해서는 앞의 제二十편, 주註 2에서 설명했다.

13) '복시覆試'는 출신 지역 초시初試에 합격한 사람이 한양에 모여서 치르던 과거科擧의 제2단계를 말하며, 따라서 '군당복시君當覆試'라는 구절을 "(이미 초시에 합격한) 자네는 복시를 치러야 할 텐데"라는 의미로 해석될 수도 있겠지만 이곳에서는 문맥상 다시 기초부터 연습하는 것을 의미한다. 다음 구절에 "62세가 되었을 때…오호 활로 복시했더니時在六旬有二…覆試烏號"라는 말이 나오기 때문이다.

14) 원문의 '망望'은 원래 보름달이 뜨는 날을 말하는 것인데 이곳에서는 문맥상 '반삭半朔', 즉 1/2개월의 뜻으로 쓰인 것으로 보이지만 이런 용례가 또 있는지 역자는 아직 찾아보지 못했다.

만 약속대로 안 했으니 더 할 말이 없다.15) 내가 활을 잘 쏘지 못하게 된 것은 (이 나이에) 애석할 것이 없지만 약속을 안 지킨 것은 과연 용납될 수 있는 일인 가寧容若是乎?16) 내가 (노사범께) 무슨 마음으로 무엇을 여쭈었던 것일까? 내가 무슨 마음으로 병을 고칠 쓴 약이 있는지를 여쭈었던 것인가? 여쭌 것에 대한 답을 듣고 이행하지 않은 것은 나무활로 기초부터 다시 연습하라는 말이 귀에 거슬렸기 때문이다. 누구나 이런 일을 경계하고 명심해야 할 것이다.

이후 62세가 되었을 때 어렴풋이 깨달은 바가 있어 나무활로 8개월을 연습하고 오호烏號 활로 다시 기초부터 연습했더니覆試烏號 과연 성과가 있고 전보다 배는 좋아졌다. 고목에 꽃이 피고 병든 늙은이가 회춘하는 것 같다. 이제 65세가 된 이 사람이 달리 할 일이 무엇이 있겠는가? 재미를 붙일 다른 취미도 없을 것 같아 이렇게 시간을 보낼 수밖에 없다. 10년만 젊었다면 흙벽돌 같다던 나의 활 솜씨가 금값으로 올랐을 것이고 30년만 젊었다면 금값이던 나의 활솜씨가 흙벽돌 값으로 떨어지지 않았을 것이다. 그러나 후회해 본들 무슨 소용이 있겠는가? 과거의 허물을 이제라도 깨달았으니 과거 활을 쏘며 후회스럽던 일들을 되돌아보고 후학에게 경계심을 주려 한다. 나의 과거의 잘못이 후학들의 활쏘기에 타산지석이 되었으면 하니 부디 여러분들은 함부로 활을 쏘다 후회하는 일이 없기를 바랄 뿐이다.

(원문) 植方年十七 甲申 始之步射 至丁亥夏 發薦于禁旅之業事 副越三矢之
鐵箭 周旋工夫者 反柳則畵布數年巡之 籌劃而射 中半餘 觀者譽道妄稱而若
買弓品 論當千金之換云 曾於射與他論之時 弓力不負之於他人 爭射中鵠 致
衆無下 如是行禮 射風任恣無殫 心最自譽 衰之端也 噫 伊時 熟手之弧 將作
而適 傷因日得 弧者 弓强於一境 初試射之 則一兩重矢者 不知其所去之限
如是無地愚慮者 敢不能知之 自歛之止 尤求致限於當場 是以 前底後短 難擧
難執 形焉變易 人知而我不知 此非論自恃之故也 如是未久 射病始發 白粉出
劃於羽矢之間 <白粉出劃 射者可知> 紅血点漏於決弝之邊 <紅血点漏 出於傷

15) 앞서 23세에 노사범을 찾았을 때 이미 궁체가 무너져 있었는데 이때 노사범의 명대로 기초를 바로잡지 않았지만 아직 활솜씨는 좋아 40세에 무과에 급제했고, 이후 50세 초반에 활쏘기에 고질병이 생긴 것이다.

16) 원문의 '영용약시호寧容若是乎' 중에 '영寧'은 '어찌'라는 뜻이고, '용容'은 '용납'의 뜻이고, '약시若是'는 '과연 이대로'의 뜻이다.

處> 是以烏頭叛而頤顥遠執 引轂來還以授之 彎弓而未彎 決射而未決 譽反爲
訾曰 曾買千金之論 價下甕土

如是爲痼屢年 蒙除邊制 則靑春從軍 白首得官 必其壽者 月曆二十晦 不幸
當故 是 嗚呼 戴星之行 衰衰罔極 歲月流邁 晝宵不居 閴之變製 三歷霜矣 家
雖貧 不知寒餒 年雖老 未及昏耄 性無消遣 何以送老 潛居抱道 以前素射者
內顧 自量其心 則毒藥苦口利於病 忠言逆耳利於行 未知何也之愧歎哉

曾於庚寅 持其弓箭 見於師爺之筵 師爺問其故 對曰 由所射故矣 遂示以射
之 師爺驚而歎曰 無所可觀 何以爲之解矣 使我論之 以曲爲直 以孤爲篤 君
當覆試 弓後 至限一望 若試木弧 限至一月也 於兩何所試 對曰 其一定望 其
一期月 請爲一望也 師爺置酒 卽拜受命 背而不遵 不足可問 然吾射不善 固
無足惜 約而不遵 寧容若是乎 初何心而何所問 再何心如問病之苦藥 問所問
而不聽 木弧之逆耳故也 以吾鄉之諸賢 懲斯銘心哉

時在六旬有二 恍然覺出 玆以木弧試之八晦 覆試烏號 則果如有成而倍勝於
前 枯木生花 老病回春然 今旣六十有五矣 何所求焉 只在消遣之法 似無 如
斯之當然 若今十年之前 甕必爲金 若今三十年之前 金不爲土 可歎奈何 今曉
昨愆 以前射後悔之事 顧余後學 而以己吾之非 度他人之射 與諸君子 亦爲欲
須勿妄以後悔者也

제 4 부

궁술의 교범
弓術 敎範

이중화
李重華

서序[2]

조선에 궁시弓矢가 있어 온 지 이미 수천 년이다. 따라서 궁시의 발달은 다른 여러 나라를 압도했었는데 이는 궁시가 있었기 때문도 아니고 오래되었기 때문도 아니며 오직 궁술[3]의 묘기가 있었기 때문이다. 화살의 종류에도 철전鐵箭과 편전片箭과 유엽전柳葉箭이 있었으니 철전에는 철전의 묘법妙法이 따로 있었을 것이고 편전에는 편전의 기술奇術이 따로 있었을 것이며 유엽전에는 유엽전의 신기神技가 다 따로 있었을 것이다. 그리고 우리 민족이 이 묘법과 기술과 신기를 발휘해서 나라의 위엄과 명성을 높이었음은 널리 인정되고 있는 사실이다. 그러나 이 묘법과 기술과 신기가 입과 마음으로만 전해져 왔을 뿐 문자로 전해지지 않은 것은 실로 유감이라 아니 할 수 없다. 그래서 이제 나이 든 선생들과 무인武人들께 신체단련에 가장 적합한 유엽전 쏘는 법의 큰 요점을 전해 주기를 청해 이를 정리해서 기록으로 남긴다.[4] 사람의 자연스러운 자세에 따라 왼손으로 활을 쥐고 쏘는 오른손잡이를 우궁右弓이라 하고 오른손으로 활을 쥐고 쏘는 왼손잡이를 좌궁左弓이라 하여 우궁과 좌궁을 구별하는 명칭이 있으나 궁체弓體, 즉 활 쏘는 자세는 좌우만 다를 뿐 나머지는 모두 같은 것이다.

---

2) '서序'라는 제목은 원문에 없는 것을 필자가 첨부한 것이다.

3) 조선에서는 활쏘기를 일러 궁술弓術, 사법射法 또는 사예射藝라는 용어를 많이 썼고, 중국에서는 사예射藝 또는 사도射道라는 용어를 주로 썼고, 일본에서는 사법射法, 사기射技, 사술射術, 궁도弓道 등의 용어를 주로 썼다. '사도', '궁도' 등은 활쏘기에서 예의와 정신 수련을 강조하는 말이며, '궁술'은 ≪조선의 궁술≫, 「범례」에서 말하듯이 궁시의 제작기술과 활쏘기를 통칭하는 말로 쓰이기도 했다.

4) 「궁술의 교범」은 이 서문에서 말하고 있듯이 실전용이 아니라 신체단련용으로서 유엽전으로 현재와 같은 약 120보 거리의 고정 과녁을 보사步射로 쏘는 데 중점을 두고 서술되어 있다.

제1장 종별種別 궁체弓體1)

-. 몸(신체身體)　　　　　-. 줌손(수手: 줌통을 쥔 앞손)

-. 발(족足)　　　　　　-. 깍지손(대결수帶夬手: 깍지를 낀 뒷손)

-. 불거름(방광膀胱)　　　-. 죽머리(견박肩膊: 어깨)

-. 가슴통(흉격胸膈)　　　-. 중구미(주肘 또는 비절臂節: 팔꿈치)

-. 턱끝(함頷)　　　　　-. 등힘(파수배력把手背力: 줌손 손등의 힘,

-. 목덜미(항項)　　　　　　즉 어깨뼈에서 손목까지의 힘)

I. 몸(신체身體)

몸은 곧은 자세로 서고 과녁과 정면으로 향해야 하나니 흔히 말하기를 "과녁이 이마와 바로 선다." 함은 이를 두고 하는 말이다.2)

---

1) 우리나라와 중국의 옛 사법에서는 궁체, 즉 활 쏘는 몸의 자세를 활 쏘는 순서와 관계없이 몸의 각 부분별로 설명한다. 그러나 일본의 사법에서는 '발 딛기(足踏み)', '몸통 잡기(胴造り)', '활 겨루기(弓構え)', '활 들어 올리기(打起し)', '시위 당기기(引分け 또는 引取り)', '두 팔의 균형 맞추기(會)', '발사(離れ)' 등의 일곱 단계로 나누어 이를 7도道라고 부르며, '발시 후의 자세(殘身 또는 後の伸び)'를 강조해서 마지막으로 이를 추가해 8절節이라고 부르기도 하면서 활 쏘는 동작의 순서에 따라 궁체를 설명하고 있다.

2) "몸은…과녁과 정면으로 향해야 하나니"라는 이 구절 때문에 두 발을 과녁을 향해서 '11' 자 비슷하게 놓고 쏘는 자세를 우리 민족 고유의 자세로 보는 경우가 많다. 그러나 동서양 어느 나라 사법이건 활을 쏠 때는 옆구리가 과녁을 향하게 서서 활을 가득 벌렸을 때는 어깨선이 과녁 방향과 거의 일치하도록 한다. 필자는 이 구절을 뒤에 이어진 "과녁이 이마와 바로 선다."는 말과 동일한 말로서 얼굴이 과녁을 향한다는 말로 해석하는 것이 옳을 것으로 본다. 이 문제는 발 자세와도 관련이 있어 다음 항에서 다시 설명한다.

II. 발(족足)

두 발은 고무래 '丁' 자도 아니고 여덟 '八' 자도 아닌 모습으로 벌리고 서되 앞발 발끝이 과녁을 바로 향하게 하고3) 두 발끝이 숙지 않게4) 할 것이며 몸무게가 앞뒤 두 발에 고루 실리게 서야 한다.

---

3) 활 쏠 때 발 자세를 '비정비팔非丁非八'이라고 하는 것은 조선뿐 아니라 중국과 일본도 모두 같지만 활쏘기에 불편한 자세를 피하라는 뜻 외에 다른 의미는 있을 수 없다. 즉, '비정비팔'은 어떤 고정된 자세를 말한 것이 아니라 피해야 할 자세만 소극적으로 말한 것으로 보아야 옳다. 과녁을 향해 앞발은 '一' 자로 놓고 뒷발은 'ㅣ' 자로 놓는 것이 '丁' 자로 서는 것이고 'ㅣㅣ' 자로 선 다음 두 발끝을 안쪽으로 오므리는 것이 '八' 자로 서는 것으로 생각된다. 그러나 비정비팔이 아닌 모습으로 서라고 한 후에 "앞발 발끝이 과녁을 바로 향하게"라고 했고(서유구의 「사결」 역시 왼쪽 무릎이 과녁을 향하게 서라고 했다.) 앞의 「I. 몸」 항에서는 "몸은…과녁과 정면으로 향해야 하나니"라고 했으므로 실제로 쏠 때도 몸 전체가 정면을 향한 채 두 발을 거의 'ㅣㅣ' 자로 하거나 그런 자세에서 뒤의 「그림 3」과 같이 뒷발을 반 족장쯤 뒤로 빼낸 후 발끝을 바깥쪽으로 45°쯤 벌린 자세만을 비정비팔 자세로 믿는 사람들이 흔하다. 하지만 이런 자세는 '丁' 자나 '八' 자 자세 못지않게 활쏘기에는 매우 불편한 자세일 뿐 아니라 「궁술의 교범」 어디에도 뒷발의 모습에 대한 말은 없다(서영보·이춘식의 「사예결해」나 서유구의 「사결」에도 뒷발의 모습에 대한 말은 없다.). 「궁술의 교범」은 활을 쏘기 전 사대에 늘어서서 있을 때 자세(뒤의 「그림 1. 등장궁체」)와 실제 활 쏠 때 자세(뒤의 「그림 2. 만개궁체」)를 두서없이 뒤섞어 말한 것이 아닌가 싶기도 하다. 우리 민족은 기마민족이며 말 등에 앉은 자세와 유사한 그런 자세가 우리 민족 고유의 발 자세라고 그럴듯하게 말하는 사람도 있다. 그러나 이는 보사步射와 기사騎射를 혼동한 것이다. 기사 때는 표적에 접근해서 보사 때보다 시위를 적게 당기고 쏘므로 말 등에 올라탄 자세로도 전방, 측방 또는 후방의 과녁을 쏠 수 있다. 그러나 보사 때 그런 자세로 전방 먼 거리 과녁을 쏘면 허리에 과도한 긴장이 생기므로 불안정한 자세가 될 수밖에 없다. 비정비팔은 중국에서 건너온 말로서 중국 최고最古의 체계적 사법서인 당나라 왕거의 ≪사경≫은 "왼쪽 어깨와 허벅지가 과녁을 향하게 두 발을 '二' 자로 놓고 서서 왼발 끝을 돌려서 과녁 가운데를 향하게 한다. 이를 '丁' 자도 아니고 '八' 자도 아닌 모양이라 한다(左肩與胯對垛之中 兩脚先取四方立 後次轉左脚尖 指垛中心 此爲丁字不成八字不就)." 했고 또한 "왼쪽 발끝이 과녁을 향하되 발꿈치는 약간 바깥쪽으로 내민다. 오른발은 과녁과 평행 되게 횡으로 놓아서 신발과 버선이 과녁을 마주 보게 한다(左脚尖指垛 脚跟微出 右脚橫 直鞋襪對垛)."고 했다. 옛날에 중국에서는 사대射臺에 '十삽' 자 선을 그려놓고 왼발을 종선縱線 오른발을 횡선橫線에 맞추게 했다는 기록도 있다. 이 자세(뒤의 「그림 6」)가 비정비팔 자세의 기본적 형태이다. 후대 중국 사법서에는 발 자세에 대해 '정자불성팔자불취丁字不成八字不就' 외에 '비삽비팔非十非八' 또는 '부정부팔不丁不八'이라는 표현도 쓴다. 일본 사법에서는 두 발을 어깨 넓이로 벌려 과녁을 옆으로 보면서 '二' 자 모습으로 놓고 두 발끝만 약간 벌려 활 쏘는 사람이 내려다 볼 때 두 발의 모습이 여덟 '八' 자의 반대가 되게 하는 것이 가장 일반적이며(뒤의 「그림 4」) 이런 자세를 비정비팔이라 한다. 서양 사법에서도 가장 표준적 자세인 스트레이트 스탠스(straight stance)는 이와 같은 자세다(뒤의 「그림 5」). 이들은 모두 비정비팔의 원칙과 어긋나지 않으면서도 활쏘기에 적합한 자세이다. 일본과 서양에서는 긴 활을 쓰므로 그렇게 서는 것이라고 보는 사람도 있으나 활이 길다고 해서 자세가 달라져야 할 이유는 없다. 결국 「궁술의 교범」이 말한 비정비팔 자세는 중국의 발 자세(뒤의 「그림 6」)와 같았을 것으로 보는 것이 옳으며, 따라서 "몸은 곧은 자세로 서고 과녁과 정면으로 향해야 하나니"란 말은 얼굴을 과녁 쪽으로 돌리라는 말에 불과하며, "앞발 발끝이 과녁을 바로 향하게" 란 말은 왼쪽 어깨와 허벅지가 과녁을 향하고 두 발을 나란히 '二' 자로 놓고 선 다음에 왼발 끝을 돌려 과녁 중앙을 향하게 하라는 말로 보아야 할 것이다. 「궁술의 교범」이 그림으로 설명한 아래의 만개궁체는 바로 이런 자세이다. 만약 「궁술의 교범」 원문에서 말하는 자세가 「그림 3」과 같은 자세라면 만개궁체 그림에서도 화살대 방향과 왼발 방향을 같게 그려놓았을 것이다. 특히 서유구의 「사결」은 당나라 왕거의 ≪사경≫ 중 발 자세를 그대로 인용하고 있는 것을 보면 우리나라의 비정비팔이 중국의 비정비팔과 다른 의미일 수는 없다.

4) '숙지 않게'는 '한쪽으로 기울어지지 않게'라는 말이다.

그림 1. 등장궁체(登場弓體)   그림 2. 만개궁체(滿開弓體)

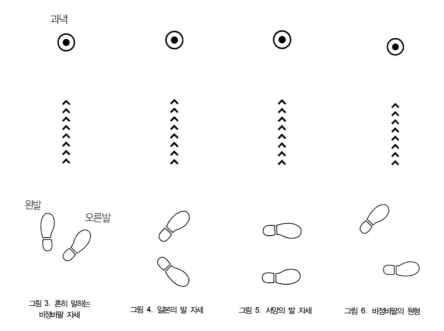

그림 3. 흔히 말하는   그림 4. 일본의 발 자세   그림 5. 서양의 발 자세   그림 6. 비정비팔의 원형
비정비팔 자세

III. 불거름(방광膀胱)

불거름[5]은 아무쪼록 팽팽해야 한다.[6] 만일 팽팽하지 못하면 이로 인해 엉덩이

---

5) 방광膀胱 위의 아랫배 부분.

가 뒤로 빠져 사법7)에 맞지 않게 된다. 팽팽하게 하려면 두 다리에 단단히 힘을 주면 된다.

IV. 가슴통(흉격胸膈)

가슴통은 최대한 비워야(허虛) 한다. 가슴통이 배거나(실實)8) 버스러지는9) 것을 사법10)에서는 크게 기피한다. 이럴 때는 목덜미를 팽팽하게 늘이면 자연 가슴이 비워지게 된다.11) 혹시 타고난 체형 때문에 가슴통이 배거나 버스러져서 쌍현雙絃이 지는 때는 활고자를 줄이든지 시위를 팽팽하게 하면 이러한 폐단을 피할 수 있다.12) 그러나 제일 오묘한 방법은 화살을 내보낼 때 기운과 숨을 들이마시면

---

6) 사법에 흉허복실胸虛腹實이라는 말이 있다. "불거름은 아무쪼록 팽팽해야 한다."는 말은 '복실腹實'에 해당되는 말로 아랫배를 불룩하게 부풀리라는 말이다. 다음 「IV. 가슴통」 항에서는 비우는 것을 '허虛'라 했고 그와 반대 경우, 즉 밴 것을 '실實'이라 했는데 밴다는 것은 불룩 부풀어 오른 것을 말한다. 아랫배를 끌어들이는 것이 불거름을 팽팽하게 하는 것이라고 보는 사람도 있지만 아랫배를 끌어당기는 것은 불거름을 팽팽히 하는 동작과는 상반된 동작이다. 아랫배를 부풀릴 것인지 끌어당길 것인지는 활 쏠 때 호흡법과도 관련된 일로서 호흡법에 관해 다음의 「IV. 가슴통」 항에서는 "가슴통은 최대한 비워야 한다." 했고 또 "기운과 숨을 들이마시면서 화살을 내보내라"고 했다. 숨은 들이마시되 가슴통을 비우려면 아랫배를 부풀려야 한다. 활 쏠 때 흉식호흡이 아닌 복식호흡 또는 단전호흡을 하라는 것은 이를 두고 한 말이다. 다만 아랫배를 부풀린다고 해서 등이 뒤로 젖혀지면 안 된다. 등이 뒤로 젖혀지면 발시 순간 상체가 흐트러진다.

7) 여기서 말하는 사법은 청淸 나라 주용의 ≪무경칠서휘해≫에서 말한 사법을 의미한다. 주용은 활을 쏠 때는 목 움츠리기, 가슴 웅크리기, 몸을 앞으로 기울이거나 뒤로 젖히기, 궁둥이 내밀기, 허리 구부리기, 발 구르기 등을 피해야 한다고 했다.

8) 아기를 '밴다'는 것과 같은 용도의 말로서 불룩 부풀어 오른 것을 말한다.

9) "흐트러지는"이라고 해석하는 경우도 있고(조병택, ≪한국의 궁도≫), "젖혀지는"이라고 해석하는 경우도 있다(유영기·유세현, ≪우리나라의 궁도≫). 버스러진다는 말은 반듯하지 못하고 일그러지는 것을 말한다.

10) 여기서 말하는 사법은 당唐 나라 왕거의 ≪사경≫에서 말한 사법을 의미한다. 왕거는 활을 쏠 때는 가슴이 앞으로 튀어나오거나 등이 뒤로 젖혀지는 것은 모두 깊은 병이라고 했다.

11) 턱을 끌어당겨 뒷목을 바로 세우면 가슴이 안쪽으로 당겨진다.

12) "쌍현雙絃이 진다."는 것은 활을 가득 벌렸을 때 시위 아래쪽이 가슴에 걸려 구부러진다는 의미로 보인다(대한궁도협회, ≪한국의 궁도≫). 쌍현雙絃이란 활을 벌렸을 때 한 번만 구부러져야 할 시위가 두 번을 구부러진다는 표현인 것 같다. 활을 벌렸을 때 시위 아래쪽이 가슴에 가볍게 닿는 것이 바람직하지만 시위가 가슴을 누르면서 구부러질 정도가 되면 일정하게 화살을 내보내기 어렵게 된다. 호흡이나 자세 또는 발시 동작의 작은 변화가 시위에 변화를 줄 것이기 때문이다. 활고자를 줄이거나 시위를 팽팽히 하면 이런 폐단을 피할 수 있다는 것은 그렇게 하면 활의 아래위 두 고자 사이의 간격이 줄어들어 활을 벌렸을 때 아랫고자의 위치가 높아지며 시위가 가슴에 걸리지 않게 되기 때문일 것이다. 중국 사법에 '오평삼고五平三靠'라는 말이 있다. 청淸 나라 사덕위史德威의 ≪사예진량射藝津梁≫의 해설에 의하면, 두 눈썹, 두 젖꼭지, 가슴의 양쪽, 등의 양쪽 그리고 두 팔이 각각 수평을 이루는 것을 '오평五平'이라고 했고 시위를 가슴에 대고, 화살을 절피 중간 제자리에 끼고, 화살대를 얼굴 어느 곳에 대는 것을 '삼고三靠'라 했다. 그러나 청 나라 이여진李汝珍의 소설 ≪경화연鏡花緣≫에서는 두 어깨, 두 팔꿈치 및 천정天庭(두

서 화살을 내보내면 자연 가슴이 비워진다.13) 이는 쌍현雙絃이 지는 것을 피하는
데 도움이 될 뿐 아니라 누구에게나 좋은 방법이다.

V. 턱끝(함頷)

턱끝은 죽머리와 가까이 묻되14) 들리거나 돌면15) 웃동이 버스러지고16) 화살
이 바로 빠지지 못한다. 이런 병을 고치려면 있는 힘껏 목덜미를 늘이면서 턱을
묻으면 저절로 턱이 죽머리 가까이 묻히게 된다.

VI. 목덜미(항項)

목덜미는 항상 팽팽하게 늘여야 한다. 오므려서 뒤로 젖히거나 앞이나 옆으로
구부려서는 안 된다.17)

눈썹 사이의 미간)이 수평으로 일직선을 이루는 것이 '오평'이며 화살 깃을 입 옆에 대는 것, 시위의 아랫
부분을 가슴에 바짝 대는 것 그리고 시위 소리를 들을 수 있게 시위의 윗부분을 귀에 가깝게 대는 것을
'삼고'라고 했다.

13) 숨을 가슴에서 아랫배로 밀어 내리고 발사하라는 말이다. '숨'만 말하지 않고 '기운과 숨'이라 한 것은 활
을 벌리고 발사하는 동작에는 큰 힘이 필요하고 큰 힘을 쓰려면 몸에 많은 산소가 필요한데 숨을 들이마
시면 산소를 섭취해 기운이 생기기 때문이다. 그러나 숨이 가슴에 차 있는 채로 화살을 내보내면 흉곽胸
廓의 유동성流動性으로 인해 발시 순간 가슴 모양이 변해 화살을 일정하게 내보내기 힘들다. 들이마신
숨을 아랫배로 밀어 내리는 호흡법을 복식호흡이라 하며 복식호흡을 하면 가슴과 배를 나누는 횡격막이
내려가 횡격막 아래 장기臟器들이 아래로 눌리는데 이때 등 쪽은 척추와 단단한 근육이 있고 그 아래쪽
에 골반이 있어서 등 쪽은 부풀지 않고 결국 복부가 부풀게 된다. 숨을 들이마시면서 화살을 내보내라는
말은 숨을 아랫배로 밀어 내린 후 호흡을 정지한 상태에서 화살을 내보내라는 말이다. 호흡을 멈춘 상태
에서 화살을 내보내고 화살을 내보낸 후 기도氣道를 열어 숨을 내뿜어야 한다.

14) 앞의 「I. 몸」 항의 "과녁이 이마와 바로 선다."는 말과 같이 얼굴이 정면을 향하게 턱끝을 앞어깨 쪽으로
돌린 후 목으로 끌어당겨 붙이라는 말이다. 뒤의 「제2절 초보자가 배우는 차례」에 "눈으로 과녁을 겨누되
활 아래 양양고자와 수평선이 되게 볼 것이며 턱을 줌팔 겨드랑이 아래로 끌어들여 묻어야 한다."는 말이
있지만 이는 처음에 배우는 사람이 화살을 과녁까지 보내려고 앞팔을 높이 올리고 쏘는 자세에 불과하다.
중국 사법서들은 한결같이 앞뒤 두 손과 두 팔꿈치 및 두 어깨가 일직선을 이루게 하라고 한다.

15) 발시 때 턱끝이 움직이는 것을 말한다. 턱끝이 움직이면 상체도 일그러진다.

16) 앞의 「IV. 가슴통」 항에서 말한 '가슴통이 버스러진다.'는 말과 같은 말로 가슴통이 반듯하게 세워져 있
지 못하고 일그러지는 것을 말한다.

17) 목덜미를 팽팽하게 늘여서 목을 곧게 세우는 것은 몸의 상하 축선인 척추를 고정시켜 상체의 흔들림을 최
소화하기 위한 자세이다.

VII. 줌손(파수弝手)

줌손은 하삼지[18]를 흘려서 거듯쳐 쥐고[19] 반바닥[20]과 등힘[21]으로 줌통을 밀어주되 범아귀는 다물어야 하며[22] 북전(식지절근食指節根)보다 엄지가 낮아야 한다.[23] 하삼지가 풀리거나 웃아귀가 밀리면[24] 화살이 덜 나가게 된다.[25]

---

18) 엄지와 검지를 제외한 중지, 무명지 및 새끼손가락을 말한다. 활을 쏘기 위해 줌손을 들어 올렸을 때 아래쪽에 있게 되므로 '하삼지下三指'라고 부른다.

19) '거듯쳐 쥐고'라는 말은 앞뒤 문맥상 하삼지를 단단히 감아쥐라는 말이다. 뒤의 「제2절 초보자가 배우는 차례」에서는 화살깃이 줌손 엄지 위를 훑고 나가는 것을 피하려면 하삼지를 거더쳐 쥐라고 했는데 이때 거더쳐 쥐라는 말은 풀리지 않게 단단히 감아쥐라는 말로 거듯쳐 쥐라는 것과 같은 말이다. 그러나 흘려서라는 말은 몇 가지 해석이 가능할 것으로 보인다. 첫째, 이를 하삼지가 줌통과 직각이 아닌 비스듬한 각도를 이루게 하라는 말로 보는 것이 일반적 해석이다. 그러나 이렇게 해석하면 뒤에 나오는 "북전보다 엄지가 낮아야 한다."는 말과 같은 말이 된다. 북전, 즉 검지 아래쪽 첫 마디보다 엄지를 낮추면 하삼지가 줌통과 비스듬한 각도를 이루게 된다. 둘째, 이는 활을 비스듬히 오른쪽으로(우궁의 경우) 눕혀 쥐라는 의미일 수도 있다. 청淸 나라 주용의 ≪무경칠서휘해≫에서는 '궁요측弓弭要側'이라고 해서 활을 약간 오른쪽으로(우궁의 경우) 눕혀서 쥘 것을 강조하고 있는데 「궁술의 교범」에는 직접 이를 언급한 곳은 없고 이에 가장 가까운 말이 바로 흘려서 쥐라는 말이기 때문이다. 그러나 뒤의 「제2절 초보자가 배우는 차례」에 "앞죽을 써서 건다."는 말이 있는데 바로 이 말이 ≪무경칠서휘해≫의 '궁요요측'에 해당되는 말로 보인다. 반바닥으로 줌통을 밀며 하삼지를 감아쥐면서 활을 벌려주면 자연스럽게 활이 약간 오른쪽으로(우궁의 경우) 눕혀진다. 셋째, 처음에는 흘릴 듯 가볍게 쥐라는 말일 수도 있다. ≪무경칠서휘해≫는 줌통을 힘주어 쥐는 것을 '직악直握' 또는 '직나直拿'라 하고 느슨히 쥐는 것을 '사나斜拿' 또는 '지궁여악란持弓如握卵'이라 하여 처음에는 계란을 쥐듯 느슨히 쥐었다 차차 힘주어 쥐라 한다. 흘려서 쥔다는 말은 그 어감으로 보나 앞뒤 문맥으로 보나 바로 이 '사나斜拿'의 우리말 표현일 것이다. 필자는 이렇게 해석하는 것이 가장 타당할 것으로 본다. 줌통을 처음에는 흘릴 듯 가볍게 쥐었다가 차차 하삼지에 힘을 주며 단단히 감아쥐어야 하는 이유는 태권도에서 정권正拳을 쥘 때 손가락을 서서히 힘을 주어가며 감아쥐어야 주먹이 단단히 쥐어지는 것과 같은 이치이다. 뒤의 「제2절 초보자가 배우는 차례」에서는 활을 들어 올릴 때 앞죽에 힘을 풀어두었다 만작이 될 즈음 힘을 주어야 앞팔이 실하게 되며 이것은 변할 수 없는 원칙이라고 했다. 뒤의 제2절에서는 앞팔에 힘쓰는 법을 말한 것이고 이곳에서는 줌손에 힘쓰는 법을 말한 것이지만 원리는 같은 것이다. 발시 순간 하삼지가 풀어지지 않아야 화살이 힘차게 나간다. 앞의 「사예결해」도 '줌통 쥐기握弓'를 설명하며 "무엇보다 중요한 것은 (하삼지에 힘을 풀고 흘릴 듯이) 느슨히 쥐었다가 (반다박으로 줌통을 밀면서 활을 벌려가면서 하삼지를) 점차 조여서 쥐는 것이다(都不計較自鬆而緊)."라고 했다.

20) 엄지의 손바닥 쪽 뿌리 마디 부분을 말한다. 손바닥 하단의 엄지 쪽 절반이므로 반바닥이라 한 것이다.

21) 어깨에서 손목에 이르는 힘을 등힘이라고 한다. 등힘, 즉 어깨에서 팔뚝을 거쳐 줌손에 이르는 힘을 이용해 활을 벌리라는 부분은 명明 나라 고영의 ≪무경사학정종≫, 첩경문捷徑門, 논구법論彀法에서 말한 사법과 상통하는 부분이다. 하삼지를 단단히 감아쥐고 반바닥과 등힘으로 줌통을 밀어주라고만 했지만 앞팔꿈치를 시계 방향으로(우궁의 경우) 비틀어 앞팔의 아랫마디와 윗마디가 단단히 맞물리게 해야 등힘으로 줌통을 밀어줄 수 있다. 앞팔꿈치를 이렇게 비트는 동작을 뒤의 「X. 중구미」 항에서는 "중구미는 필히 엎어주어야 한다."고 했고, 주용의 ≪무경칠서휘해≫는 '전방요전前膀要轉'이라고 했다.

22) 범아귀란 엄지와 검지 사이를 말하며 중국말의 호구(虎口)를 우리말로 옮긴 것이다. 이를 다물라는 것은 엄지와 검지가 허공에서 놀지 않게 줌통에 붙여주라는 말이다. 엄지와 검지가 허공에서 놀면 하삼지를 단단히 감아쥐어도 발시 순간 줌통이 손바닥 안에서 돌아갈 수 있다.

23) 북전이란 줌손 검지의 손바닥 쪽 첫째 마디와 둘째 마디를 말한다. 반바닥을 먼저 줌통 하단에 대고 줌통을 쥐고 활을 들어 올리면 엄지보다 북전이 높고 하삼지는 줌통과 직각이 아닌 비스듬한 각도를 이룬다.

24) 활에서는 줌통 바로 위를 웃아귀라 하고 줌손에서는 범아귀의 가장 윗부분, 즉 엄지와 검지가 연결되는

줌통을 들이켜 쥐어서 등힘이 꺾이는 것을 흙받기줌이라고 한다. 이렇게 쥐면 들맞게 되어 시위가 활을 넘기는 폐단이 생긴다.[26] 이런 때는 반드시 줌통을 고쳐 쥐어야 하며 이를 고치는 첫째 방법은 활을 무르게[27] 한 후 줌손을 차차 빼 그쳐 쥐도록 해야[28] 한다. 둘째 방법은 줌손 가운데 손가락 솟은 뼈[29]를 과녁을

부분 상단을 웃아귀(또는 아귀)라 한다. 반바닥으로 줌통을 밀어도 하삼지가 풀리면 줌손 웃아귀(또는 아귀)로 줌통의 압력이 밀려 들어오고 이를 이기려고 줌손 웃아귀(또는 아귀)로 줌통을 밀어주면 활 웃아귀가 앞으로 밀리게 되고 이렇게 되면 시위를 놓을 때 활 윗고자가 앞으로 숙이면서 화살은 낮고 짧게 날아간다. 흔히 말하는 '고자 채기'라는 동작과 유사한 동작이다. 그러나 본래의 '고자 채기'란 줌통을 반바닥으로 밀면서도 하삼지를 더욱 감아쥐면 활의 윗고자를 앞으로 쓰러뜨리면서 시위가 아래로 가게 하는 동작을 말한다. 중국 최고最古의 체계적 사법서인 왕거의 ≪사경≫에서는 이런 발시 방법을 취하면서 발시 때 윗고자를 앞으로 쓰러뜨리는 동작을 '별별撇撇' 또는 '질좌撅挫'이라 했다. 그러나 명明 나라 말기에 고영이 저술한 ≪무경사학정종≫은 이런 동작을 배척하고 발시 전후에 줌손을 같은 모습으로 유지케 했다[청淸 나라 주용의 ≪무경칠서휘해≫는 바로 이 ≪무경사학정종≫을 중심으로 중국의 여러 사법서들을 축약 각색한 것으로서 조선조 후기 평양감영은 이 ≪무경칠서휘해≫의 복사본을 발간했고 일본에도 그 말권과 같은 내용의 ≪무경사학비수공하武經射學秘授攻瑕≫란 책자가 간행되어 전해지고 있다]. 아마도 당시에도 왕거의 ≪사경≫에서 말한 발시 동작을 잘못 이해해서 발시 때 반바닥을 밀어주지 못하는 경우가 흔했기 때문이 아닌가 싶기도 하다. 왕거의 ≪사경≫에서 말한 발시 동작은 앞의 제1부「사예결해」, 해설 5조, 주註 20 참고.

25) 시위를 얹었을 때 활대와 시위 사이의 간격은 위쪽의 가장 넓은 부분보다 아래쪽 가장 넓은 부분이 약 5mm 정도 좁다. 화살의 위치를 중심으로 활의 아랫장과 윗장의 힘을 균일하게 하려는 구조이다. 또한 위보다 아래가 더 볼록하게 튀어나온 줌통을 흔히 볼 수 있는데 이는 반바닥으로 활을 세게 밀어주기 위한 구조다. 그러나 줌통 아랫부분을 반바닥으로 힘차게 밀어주지 못하거나 하삼지를 단단히 감아쥐지 못하면 활의 이런 구조적 특징들을 제대로 활용할 수 없게 된다.

26) 줌통을 쥘 때 반바닥을 줌통 중앙보다 약간 뒤쪽(우궁의 경우 왼쪽)에 대고 하삼지를 감아쥐는 것이 자연스러운 방법이다. 그런 다음 하삼지로 줌통을 비틀 듯 감아쥐어야(이를 흔히 줌통을 짜준다 한다.) 반바닥을 통해 등힘으로 줌통을 밀어줄 수 있다. 이곳에서 빼그쳐 쥐라고 한 것이나 뒤의「제2절 초보자가 배우는 차례」에서 줌통을 빼거 쥐라고 한 것이 바로 이렇게 쥐라는 말일 것이다. 이와 달리 줌통을 처음에는 제대로 쥐었어도 반바닥으로 줌통을 밀어주면서 하삼지를 비틀 듯이 감아쥐지 못하고 손목이 앞쪽으로 꺾인 경우를 줌통을 들이켜 쥔다고 하고 이렇게 쥔 줌손을 흙받기줌이라고 한 것으로 보인다. 흙받기줌이란 말이 어디서 유래된 말인지는 짐작이 되지 않는다. 그러나 줌통을 이렇게 쥐면 손목이 무력해서 화살을 힘차게 내보낼 수도 없을 뿐 아니라 발시 때 시위가 도고지 가운데를 때리지 못하고 앞쪽(우궁의 경우 오른쪽)을 때리면서 활에서 벗겨질 수 있다.「궁술의 교범」은 이를 두고 들맞게 되어 시위가 활을 넘긴다고 한 것으로 보인다. 각궁은 시위가 활을 넘기면 활이 부러질 수 있다. 이런 필자의 해석과 달리 시위가 도고지 뒤쪽(우궁의 경우 왼쪽)을 때리는 것을 들맞는다 하고 이와 반대의 경우를 나맞는다고 한다는 해석도 있다. '들맞는다'를 '들어 맞는다'의 줄임말로 보기 때문이다. 그러나「궁술의 교범」은 '나맞는다'는 말을 사용하지 않았을 뿐 아니라 시위는 도고지 뒤쪽을 때리면 어지간해서는 활을 넘기지 않는다. 관성慣性으로 인해 도고지 가운데로 밀려 들어가기 때문이다. '들'은 '들끼불다' 또는 '들부수다' 말의 경우와 같이 '마구' 또는 '함부로'란 뜻의 접두어로서 들맞는다는 말은 발시 후에 시위가 도고지 중앙에 맞지 못하고 잘못 맞는 것을 말한 데 불과하며 특히 도고지 앞쪽을 때릴 때 활을 넘길 수 있다. 제대로 잘 쥔 줌손은 줌손을 세우고 손목이 약간 뒤쪽으로(우궁의 경우 왼쪽으로) 꺾어져 있는 모습으로 보이게 되며 소위 흙받기줌은 줌손이 세워지지 않고 손목이 앞쪽으로(우궁의 경우 오른쪽으로) 꺾어 있는 모습으로 보이게 된다.

27) 팔의 힘에 비해 활의 힘이 강하면 손목이 앞쪽으로 꺾어지기 쉽다.

28) 줌통을 처음부터 단단히 쥘 것이 아니라 시위를 당기는 속도에 맞추어서 자근자근 힘을 더해 가며 단단히 감아쥐라는 말로 보인다.

향해 밀면서 쏘는 것으로 이는 아주 오묘한 방법이다.

VIII. 깍지손(대결수帶夬手)30)

깍지손은 다섯 손가락 또는 세 손가락으로 쥐어서31) 시위를 높이 끌되32) 중구미와 등힘으로 당긴 다음33) 힘차게 화살을 내보내야 한다. 만일 외가락으로 쥐게 되면34) 뒷손이 부실해진다. 또 팔꿈치를 훔쳐 끼고35) 팔목으로만 시위를 당기는 것을 채찍뒤36)라 한다. 이런 때는 반드시 중구미를 들고 중구미로 시위를 당기되 깍지손의 등힘으로 당겨야 그런 버릇이 풀리고 사법에도 맞는 것이다.

---

29) 중지 끝에서 두 번째 뼈마디를 말하는 것으로 보인다. 줌통을 제대로 쥐면 이 뼈마디가 과녁 쪽 또는 약간 왼쪽을 향하게 되지만 흙받기줌으로 줌통을 쥐면 오른쪽을 향하게 된다. 이 뼈마디를 과녁을 향해 밀면서 쏘라는 것은 이 뼈가 오른쪽을 향하지 않게 하삼지를 단단히 감아쥐라는 말이다.

30) 한문의 '결夬'은 깍지를 가리키는 말로는 그 이외에도 '결決', 결抉, 결扶, 결玦, 사결射決, 지기指機, 섭韘, 구韝, 반지扳指 등이 있다.

31) 깍지손 엄지 끝마디의 안쪽을 덮는 암깍지를 쓸 경우 엄지 끝마디를 시위에 걸고 대개 검지와 중지로 엄지를 덮어 시위를 당기며 이를 중국 옛 사법은 쌍탑雙搭이라고 한다. 한쪽 옆에 뿔이 달린 반지 모양의 수깍지를 쓸 때도 엄지를 곧게 펴고 깍지의 뿔을 시위에 건 후 검지와 중지로 이 뿔을 덮고 시위를 당긴다. 이때 대개 엄지, 검지 및 중지의 세 손가락을 주로 쓰므로 세 손가락으로 쥔다고 하지만 무명지와 새끼손가락도 구부려 손바닥 가운데로 밀어 넣기 때문에 다섯 손가락으로 쥔다고도 한 것이다.

32) 깍지손과 뒷팔꿈치를 높이 들고 시위를 당기라는 말이다. 깍지손과 뒷팔꿈치를 들지 않으면 손목의 힘만으로 시위를 당기게 되어 큰 힘을 쓸 수 없다. 고영의 ≪무경사학정종≫은 줌팔은 땅을 향해 내뻗고 뒷팔꿈치는 어깨보다도 더 치켜올린 상태에서 뒷팔을 위로 뽑아 올려서 활을 벌린 다음 마치 저울대의 움직임 같이 앞팔은 들어 올리고 뒷팔은 내린 후 발시하는 자세를 고안해 이를 척확세尺蠖勢(자벌레 자세)라고 했다. 앞어깨를 들뜨지 않게 해서 어깨뼈(견갑골肩胛骨)와 앞팔을 밀착시키고 가슴을 벌려 두 어깨의 힘으로 활을 벌리려는 방법이다. ≪무경칠서휘해≫의 개궁 자세 역시 같다. 한편 서유구의 「사결」에는 깍지손을 뒷어깨까지 끌어당겨서 어깨에 붙여놓고 쏘라는 말이 있지만 「궁술의 교범」에는 그런 말은 보이지 않는다.

33) 뒷어깨에서 중구미(뒷팔꿈치)에 이르는 힘을 하나로 묶어 시위를 끄는 것을 말한다. 이때 주의할 것은 중구미를 높이 쳐들고 뒷어깨를 뒤로 돌리면서 내리고 이때 깍지손을 짜면서 시위를 당겨야 한다는 점이다. 깍지손을 짠다는 것은 깍지손으로 줌통을 시계 반대 방향(우궁의 경우)으로 틀면서 손등이 하늘을 향한 채 시위를 당기는 것을 말한다. 이 동작은 발시 전에 화살을 떨어뜨리지 않는 데도 도움이 되지만 이렇게 해야만 깍지손을 시위에서 떼어낼 때도 중구미와 등힘으로 떼어낼 수 있다. 다만 이때 화살이 구부러질 정도로 깍지손을 짜면 안 된다. 그렇게 하면 발시 후에 화살이 힘차고 곧게 날아가지 못한다.

34) 암깍지를 쓸 경우 엄지의 손톱을, 수깍지를 쓸 경우 깍지의 뿔을 검지 하나만으로 눌러서 쥐는 방법을 말한다. 이를 중국 옛 사법은 단탑單搭이라고 한다. 이렇게 하면 뒷손이 부실해진다고 했지만 이는 서서 먼 표적을 쏠 때 문제며 말을 타고 쏠 때는 오히려 이 방법이 유리하다고 한다. 서서 쏠 때와 달리 목표물에 접근해 시위를 적게 당겼다 쏘므로 큰 힘이 필요 없기 때문이다.

35) 뒷팔꿈치를 밑으로 떨어뜨려서 옆구리에 붙이는 것을 말한다.

36) 채찍을 휘두를 때는 팔꿈치를 낮추고 주로 손목을 이용하므로 이런 이름이 생긴 것으로 보인다. 이렇게 시위를 당기면 뒷손이 무력해진다.

깍지손을 뒤로 뽑아내지 못하고 버리기만 하는 것을 봉뒤라 하며37) 봉뒤로 버리고 화살이 빠져나간 후 다시 내는 것을 두벌뒤라 한다.38) 이런 때는 시위를 충분히 당겨 깍지손이 저절로 벗겨지도록 하는 것이 오묘한 방법이다.39)

IX. 죽머리(견박肩膊)

죽머리는 밧투 붙여 턱과 가깝게 해야 한다. 멀어지면 죽이 허공에 걸려 흔들리거나 쓰러져 획 돌아가기 쉽다.40) 죽이 그리되있을 때는 앞을 반반히 밀어두고 뒤를 연삽하게 내야 한다.41) 밧투 붙은 죽에 중구미를 엎어주었다고 해도 늘어진 경우에는 깍지손을 다다 높게 끌어서 시위를 충분히 당기는 것이 사법에

---

37) 봉뒤라는 말의 유래는 알 수 없지만 발시 후 뒷팔을 뒤로 펴지 못하는 것을 말한다. 흔히 요즘은 발시 때 뒷팔을 펴주는 것을 '온깍지 사법'이라 하고 제자리에서 시위를 놓아주기만 하는 것을 '반깍지 사법'이라 한다. 일본 사법에서는 전자를 '뒷손 길게 떼기(오하나레大離れ)', 후자를 '뒷손 짧게 떼기(고하나레小離れ)'라고 한다. 중국의 전통적 사법은 '온깍지 사법'과 유사하게 뒷팔을 뒤로 펴면서 손바닥까지 펴서 하늘을 바라보게 했고 이를 '절拏(또는 努)'이라고 했다. 그러나 《무경사학정종》은 이런 뒷팔 동작을 앞서 소개한 줌손의 '별撇' 동작과 함께 모두 배척하고 줌손, 깍지손 모두 발시 전후에 같은 모습을 유지하게 했다. 하지만 《무경칠서휘해》는 줌손은 《무경사학정종》의 동작을 뒷팔은 전통적인 '절' 동작을 원칙으로 했고 바람이 불거나 말 타고 쏠 때는 줌손 동작에서도 전통적인 '별' 동작을 취했다.

38) 속칭 '반깍지 사법'대로 발시 동작이 끝난 다음에야 이어서 '절拏(또는 努)' 동작을 취하는 것을 말한 것이다. 다시 말해 뒷팔은 뒤로 펴는 모양만 취했다는 의미이다.

39) '봉뒤'나 '두벌뒤'는 발시 순간 동작만 보면 속칭 '반깍지 사법'과 같다. 이곳에서는 그렇게 하지 말고 시위를 충분히 당겨 깍지손이 저절로 벗겨지게 하라 했는데 이는 깍지손 동작에서 속칭 '반깍지 사법'을 취한 《무경사학정종》이 강조한 동작이다. 《무경사학정종》은 깍지손이 저절로 벗겨지도록 하는 발시법을 '경법輕法'이라고 하면서 활을 가득 벌린 후 가슴을 빠개듯 벌리고 등 근육을 바짝 조여주면 깍지손은 저절로 시위에서 벗겨진다고 했다. 결국 「궁술의 교범」은 깍지손 동작에서는 원칙상 중국의 전통적인 '절(拏 또는 努)' 동작을 취하면서도 《무경사학정종》의 깍지손 동작도 배척하지 않은 것이다. 다시 말해서 중국 최고最古의 체계적 사법서인 왕거의 《사경》에서 말한 '절' 동작을 취하면서도 후일 《무경사학정종》이 강조한 대로 가슴을 빠개듯 벌리면서 등 근육을 바짝 조여주는 동작을 강조한 것이다. 주용의 《무경칠서휘해》 역시 '절' 동작을 원칙으로 하면서도 《무경사학정종》의 경법輕法도 함께 강조했다.

40) 죽머리(앞어깨)를 과녁 쪽을 향한 후 내리눌러 죽(앞팔)을 어깨뼈(견갑골肩胛骨)에 바짝 밀착시키고 앞의 주註 14에서 말한 바와 같이 턱끝을 죽머리(어깨) 쪽으로 돌린 후 끌어당겨 목에 붙이라는 말로 보아야 한다. 밧투는 '바짝'과 같은 말이며 죽머리를 바투 붙이라는 것은 어깨뼈에 바짝 붙이라는 말이다. "죽머리는…턱과 가깝게 해야 한다."는 말을 앞어깨를 들어 올려 턱에 붙이라는 말로 보면 안 된다. 《무경칠서휘해》는 '전견요장前肩要藏'이라 해서 앞어깨를 과녁 방향으로 돌린 후 밑으로 내리눌러 드러나지 않게 감추는 것을 사법의 기본으로 보고 앞어깨를 위로 드러내는 것을 '솟은 어깨(용견聳肩)' 또는 '죽은 어깨(사방死膀)'라고 한다. 앞어깨가 드러나면 앞팔과 어깨뼈가 맞물리지 못해 발시 때 흔들리기 쉽다.

41) 앞팔이 어깨뼈와 밀착되지 못했을 때는 앞팔이라도 충분히 펴주고 앞의 주註 39에서 설명한 대로 속칭 '반깍지 사법' 동작으로 발시하라는 말로 보인다. 앞팔이 어깨뼈와 밀착되지 못한 상태에서 뒷손을 힘차게 빼주면 앞팔이 흔들릴 것이다.

적합하다.[42)]

X. 중구미(주肘 또는 비절臂節)[43)]

중구미는 필히 엎어주어야 한다.[44)] 중구미가 젖혀진 것을 붕어죽[45)]이라 하고 젖혀지지도 엎어지지도 않은 것을 안진죽[46)]이라 하는데 둘 다 실하지 못한 자세다. 이럴 때는 활을 아무쪼록 무르도록 해야 하고 또 줌통을 평평하게 하고[47)] 뒤를 연삽히 내야 한다.[48)]

---

42) 중구미를 엎는다는 것은 하박下膊(팔꿈치에서 손목까지)을 시계 방향으로(우궁의 경우) 비트는 것을 말한다. 하박과 상박上膊(어깨에서 팔꿈치)을 단단히 맞물리게 해서 앞팔을 충분히 펴주기 위한 동작이다. '늘어진 경우'란 앞팔이 팽팽하게 펴지지 않은 것을 말한 것으로 보인다. 중구미를 엎어도 앞팔이 팽팽히 펴지지 않는 것은 시위를 충분하게 당기지 않았기 때문이다. 화살대 속에 박힌 화살촉 부분인 내촉內鏃을 밖에서 감싸는 상사의 시작 부분이 줌손 엄지에 닿을 때까지 활을 벌리는 것이 보통인데 이를 '만작滿酌'이라 하고 중국사법 용어로 '구彀'라 했다. 《맹자孟子》, <고자상告子上> 편에는 "(중국의 신화적 명궁) 예羿가 남에게 활쏘기를 가르칠 때 반드시 활을 가득 벌리게 했다(羿之敎人射 必志于彀)."는 구절이 있고 활을 가득 벌리는 원칙을 '구율彀率'이라 했다. 왕거의 《사경》은 활쏘기의 중요한 5가지 원칙인 '오사五射' 중 하나인 '백시白矢'에 대해 "화살촉이 손가락에 도달하는 것을 말하며 구율이 이를 말한다(鏃至指也, 所謂彀率也)."고 했다. 다만 이정분의 《사경》에는 "화살촉이 줌통을 지나 들어오게 당겨 쏘는 사람은 명궁이며 초보자는 그렇게 할 수 없다. 탈파전脫弝箭은 그런 명궁을 지칭하는 별명이다(箭有脫弝之射者 名家也 非初學者可言 脫弝箭 名家之號也)."라는 말이 있다. '다다 높게' 끌라는 말은 '되도록 높게' 끌라는 말이다. 중구미와 깍지손을 낮춘 상태로 시위를 당기면 어깨 힘을 이용하기 어려워 큰 힘을 쓸 수 없다.

43) 앞팔 팔꿈치를 말한다. 원문에는 한자 표기가 '비전臂箭'으로 되어 있으나 '비절臂節'의 오기誤記가 분명하므로 바로잡았다.

44) 앞팔 하박下膊(팔꿈치에서 손목까지)을 시계 방향으로(우궁의 경우) 비트는 것을 말한다. 하박과 상박上膊(어깨에서 팔꿈치)을 단단히 맞물리게 하려는 동작이다. 이때 하박만 돌려야지 상박도 함께 돌리면 하박이 비틀리지 못하고 어깨가 위로 튀어나온다. 우리나라와 일본에서는 팔꿈치를 시계 방향으로(우궁의 경우) 비틀지만 중국에서는 그 반대 방향으로 비틀었을 것으로 보는 견해도 있다[하마구치 후지오橫口富士雄, 《사경射經》, 동경東京, 명덕출판사明德出版社, 서기 1980년. 이정분의 《사경》을 일본말로 번역한 책이다]. 이정분의 《사경》에 "활 쥐고 있는 손, 시위 당기는 손 및 앞어깨와 앞팔꿈치가 모두 수평을 이루게 해 팔꿈치에 물잔을 올려놓을 수 있어야 한다(其持弓手與控指及左膊肘平如水准 令其肘可置杯水)."는 말이 있는데 팔꿈치 안쪽 오금이 위를 보아야 오금 위에 물잔을 올려놓을 수 있다고 보기 때문이다. 그러나 필자는 이 구절 중 "팔꿈치에 물잔을 올려놓을 수 있어야 한다(令其肘可置杯水)."는 부분은 팔을 곧게 펴라는 것을 강조하려는 수사적修辭的 표현에 불과할 것으로 본다.

45) 앞팔꿈치를 시계 반대 방향(우궁의 경우)으로 젖히면 활 쏘는 사람이 자신의 팔뚝을 볼 때 붕어의 옆모습같이 보일 것이기에 붙여진 이름일 것이다.

46) '앉은죽'의 옛 표기로서 팔뚝이 비틀리거나 젖혀지지 않고 그대로 있다는 의미일 것으로 생각된다.

47) 활대 중간이 너무 시위 쪽으로 튀어나오지 않게 하라는 말로 보인다. 시위를 얹은 활대의 모습을 보면 중간이 시위 쪽으로 약간 튀어나오는데 그 정도가 지나친 것을 뒤의 「제2절 초보자가 배우는 차례」에서는 알줌이라 하면서 이런 활은 벌리기 힘들다 했다. 벌리기 힘들면 중구미를 엎기도 어렵다.

48) 앞의 주註 41 참고.

중구미가 엎어진 때는 깍지손을 실하게 내야 한다.49) 앞이 동글고50) 죽머리가 밧투 붙고51) 중구미를 엎었으면 깍지손을 턱 밑으로 바짝 짜서52) 맹렬히 뒤로 내야 한다.53)

중구미는 동글되54) 죽이 멀리 붙거나55) 중구미가 엎어지지 아니하면 뒤를 밧투거서 연삽하게 내야 한다.56)

---

49) 중구미가 엎어지면 줌팔의 힘이 실해진다. 이럴 때는 깍지손을 실하게 내라는 것은 과감히 뒤로 힘차게 뽑아내면서 앞뒤 두 팔에 힘의 균형을 맞추라는 말로 보인다. 중국 사법의 소위 '별별撇' 동작을 말한다.

50) '앞이 동글고'란 말이 무슨 말인지에 대해서 몇 가지 해석이 가능하다. 첫째, 어감語感상으로는 중구미가 엎어진 상태를 말한 것일 가능성도 있다. 그러나 바로 뒤에서 중구미가 엎어진 자세를 '앞이 동글고'라는 자세와 별개의 자세로 말한 것을 보면 이런 해석은 배제되어야 할 것이다. 둘째, 줌손 반바닥으로 줌통을 밀어주며 하삼지를 단단히 감아쥘 때 줌통이 약간 돌아가는(우궁의 경우 위에서 보았을 때 시계 반대 방향으로)것을 말한 것일 수 있다. 이런 동작을 흔히 줌손을 짠다고 한다. 줌손을 견고하게 짜면 화살이 뒤 나는(우궁의 경우 왼쪽으로 가는) 경향이 있다. 이를 해결할 방법은 깍지손을 시계 반대 방향(우궁의 경우)으로 짜서 힘차게 떼어내는 것이다. 이곳에서도 깍지손을 짜서 힘차게 떼어낼 것을 강조한 것을 보면 '앞이 동글고'라는 말은 줌손을 짜는 동작을 말한 것일 가능성이 크다. 줌손 짜는 동작에서 주의해야 할 것은 시위를 당기기 시작할 때부터 반바닥으로 줌통을 밀면서 하삼지를 감아쥐어야 한다는 점이다. 활이 어느 정도 벌어진 이후에는 이런 동작을 취하기가 어렵다. 셋째, 간혹 '앞이 동글고'란 표현을 깍지손 엄지를 시위에 건 다음 활을 벌리기 전까지 두 팔의 모습을 말한다고 보는 경우도 있다. 시위를 당기기 전 두 팔에 잔뜩 힘을 주고 있다 시위를 당기면 만작 된 후에 두 팔이 무력해지기 쉽다. 활을 벌리기 전에는 두 팔을 약간 구부려 편안한 모습으로 힘을 빼고 기력을 모아 앞뒤 팔에 서서히 힘을 가하면서 활을 벌리다 활이 거의 가득 벌어진 후에 두 팔에 힘을 주어 굳혔다가 시위를 놓아야 힘차게 화살을 내보낼 수 있다. 일본의 사법에서는 엄지를 시위에 건 직후의 동작을 '활 겨누기弓構え'라 하며 이때 팔에 힘을 주면 '죽은 몸死の體'이 된다고 한다. 유파에 따라 묘사가 약간 차이가 있는데 '동그랗게 물 흐르듯이円相にして水走り'라고 하여 어깨에 힘을 빼고 윗팔뚝을 약간 벌린 후 어깨부터 손끝까지 물 흐르듯 편안히 둥근 모양을 만들라고도 하고 큰 나무를 껴안듯 두 팔이 자연스러운 곡선을 만들게 하라며 이런 모습을 '활 주머니ゆみふところ'라 부르는 경우도 있다. 우리 사법은 거궁 후의 이런 동작을 강조하지만 일본 사법은 거궁 전에 엄지를 시위에 건 다음부터 이런 동작을 강조하는 차이가 있다. 그러나 본문의 문맥상 '앞이 동글고', '죽머리가 바투 붙고', '중구미가 엎어진' 세 가지 자세가 동시에 이루어지는 자세로 표현되어 있으므로 '앞이 동글고'라는 말이 이런 동작을 말한 것일 수는 없다.

51) 앞의 주註 40 참고.

52) 깍지손을 시계 반대 방향으로(우궁의 경우) 비틀어 주라는 말이다. 앞의 주註 33 참고. 「궁술의 교범」은 앞의 「II. 발」, 「그림 2. 만개궁체滿開弓體」에서 알 수 있듯이 화살을 턱 밑에 대고 쏘는 자세를 취하므로 깍지손을 턱 밑에서 짜주라고 한 것이다.

53) 앞에서 말한 실하게 낸다는 말과 같은 말로 보인다. 앞의 주註 49 참고.

54) 앞뒤 문맥상 중구미를 엎는 동작을 말하는 것으로서 위의 문단에 나오는 '앞이 동글고'란 말과는 무관함이 분명하다.

55) 앞어깨가 위로 솟아오른 것을 말한다.

56) "뒤를 바투어서"는 시위를 충분히 당기라는 말이고 "연삽하게" 낸란 말은 소위 '반깍지 사법'을 말한다.

XI. 등힘(파수배력把手背力)⁵⁷⁾

등힘은 줌손 외부로부터 생기는 힘⁵⁸⁾이니 있는 힘껏 팽팽하게 일직선으로 밀어주어야 한다. 만약 줌손이 꺾이면⁵⁹⁾ 팽팽하게 일직선으로 힘이 나지를 못한다.

---

57) 한문 표기의 '파수把手'는 '줌팔'을 말하고 '배력背力'은 '등힘'을 말한다. '파수배력把手背力'은 '줌팔의 등힘'이라는 말이다. 한자의 '파把'는 줌통, 과녁, 화살 등을 지칭하는 말로 여기서는 줌통을 말한다.

58) 줌손 하나의 힘이 아니라 등에서 시작해서 앞어깨와 앞팔뚝을 거쳐 줌손에 이르는 힘을 말한다. 깍지손을 시위에서 떼어내기 위해 뒷어깨를 등과 더욱 조여주면 뒷팔의 힘까지 등과 앞어깨 그리고 앞팔뚝을 거쳐 줌손에 이르게 된다. 이 힘까지 합해 등힘이라고 보는 것이 타당할 것이다.

59) 앞의 「줌손」 항에서 말한 소위 흙받기줌을 말한다.

제2장 초보자가 배우는 차례
(신사입문지계新射入門之堦)[1]

　　좌궁 우궁을 막론하고 두 발을 여덟 '八' 자로 벌려 딛되 과녁의 좌우 아래 끝을 정면으로 향해 딛고[2] 얼굴과 이마 또한 과녁과 정면으로 대하게 서야 한다. 줌손을 이마와 같은 높이로 올려 들고 깍지손을 높이 끌어 충분히 당기었다 맹렬히 내야 한다. 눈으로 과녁을 겨누되 활 아래 양양고자를 거쳐서 볼 것이며 턱을 줌팔 겨드랑이 아래로 끌어들여 묻어야 한다.[3] 위에 말한 여러 가지를 궁력弓力이 실하게 생길 때까지 이런 방법으로 익히고 배워야 한다.

　　죽에 힘이 들어가면 맞추기 어렵다.[4] 활을 들어 올릴 때부터 앞죽에 힘이 들어가면 만작하여[5] 화살을 내보낼 때쯤 죽에 힘이 다해서 풀어지거나 매시근하여[6] 힘을 쓸 수가 없기 때문이다. 따라서 활을 들어 올릴 때는 반드시 앞죽을

---

1) 이 부분은 활쏘기를 배울 때 거쳐야 할 특수 훈련방법 등을 말하고 있지만 숙달된 궁사들에게 필요한 내용들도 있다.

2) 이는 초보자의 허리의 유연성을 키우기 위한 특수한 훈련자세로 보인다. 본서 뒤표지의 3개 그림 중 우측 그림은 단원 김홍도의 풍속화첩(보물 527호) 중 「씨름도」이다. 좌궁左 弓<왼손잡이>의 개궁開弓 자세에서 뒤에 있어야 할 완발이 앞으로 나가 있어서 흔히 비현실적이고 해학적인 묘사일 것으로 보지만, 필자에게는 이 그림이 비현실적이고 해학적인 묘사가 아니라 오히려 이곳에서 말한 초보자의 훈련 모습을 정확히 묘사한 그림으로 보인다. 초보자에게 두 발을 나란히 여덟 '八' 자로 놓고 두 발끝은 과녁 좌우 끝을 향하고 얼굴과 이마는 과녁을 정면으로 보고 서게 한 다음 활을 벌리게 했을 때, 초보자의 화살이 자연스럽게 과녁보다 오른쪽을 향하는 것을 본 사범이 초보자의 상체를 잡고 화살이 과녁을 향하도록 시계 반대 방향으로 돌리자 초보자의 왼발이 자신도 모르게 시계 반대 방향으로 따라서 돌아간 모습일 것이다.

3) "활 아래 양양고자를 거쳐서 볼 것이며 턱을 줌팔 겨드랑이 아래로 끌어들여 묻어야 한다."는 말은 활을 처음 배우는 사람이 화살을 과녁까지 보내려고 활을 높이 들어 올리고 쏠 때의 조준 방법이다. 궁력이 늘면 앞어깨와 앞팔을 낮추고 화살대와 촉을 거쳐 과녁을 조준하는 것이 원칙이다.

4) 처음부터 앞팔에 힘을 주지는 말라는 말이다. 앞의 제1장, 주註 19 참고.

5) '시위를 가득 당겨서'라는 말이다.

풀어두고 선뜻 당겨서[7] 만작이 될 즈음에 힘을 주어야 앞이 실하게 된다. 이는 변할 수 없는 원칙이다.

화살이 한배를 얻어야 명중이 많아진다.[8] 한배를 얻으려면 깍지손을 다다히 높게 끄는 것이 원칙이다.[9] 만약 깍지손이 낮으면 비록 살고는 낮추 뜬다 하여도 영축零縮이 많아서 맞추기가 어렵다.[10]

활을 거들 때[11] 우궁은 줌손을 오른쪽 눈과 바로 떠들고 좌궁은 왼쪽 눈과 바로 떠들어야[12] 앞죽을 싸서 건는[13] 것이다. 이와 같이 하지 않으면 앞이 발거나[14] 쪽활[15]이 되기 쉽기 때문에 이런 두 가지 병을 피하기 위해 그리하는 것이

---

6) '힘이 달려서'라는 말이다.

7) 시위를 빨리 당기라는 말이라기보다 시원스럽고 유연하게 당기라는 말이다. 궁력이 충분하지 못한 사람이 시위를 천천히 당기면 처음부터 앞팔에 힘이 들어가서 유연성을 잃게 될 가능성도 있다.

8) 화살이 제 거리까지 날아가는 것을 '한배'라고 했다.

9) '다다히'는 '되도록'이라는 말로 보인다. 깍지손을 낮추고 시위를 당기면 어깨 힘을 이용하기 어려워 큰 힘을 쓸 수 없다. 그러나 깍지손을 높여도 뒷팔꿈치가 처지면 활을 힘껏 벌릴 수 없다. 깍지손을 높이고 활을 벌리는 요령은 앞의 제1장, 주註 32 참고.

10) 화살 날아가는 높이를 '살고'라고 한다. '살고가 낮추 뜬다'는 말은 화살이 낮은 곡선으로 날아간다는 말이다. 발시 순간 깍지손의 위치가 낮으면 화살은 높이 뜨고 깍지손의 위치가 높으면 화살이 낮게 날아가기 마련이지만 깍지손과 중구미를 높이고 시위를 끌지 않으면 어깨 힘을 쓰지 못해서 충분히 시위를 당기지 못하므로 화살을 높이 띄워 날려 보내지 못하고 비거리도 짧아진다. 영축零縮을 화살 날아가는 거리에 차이가 많은 것을 말한다고 보는 견해도 있지만(대한궁도협회, 《한국의 궁도》) 이는 '零縮'을 '羸縮' 혹은 '盈縮'과 혼동한 견해이다. '零縮'은 '부족하다'는 말로 화살이 제 거리를 나가지 못하는 것을 말한다.

11) 이곳에서는 발시 전에 활을 들고 있을 때를 말한다. '거들 때'라는 말은 들 '거擧' 자를 어원語原으로 한 말이 분명하다.

12) 덮이거나 가려 있는 것을 쳐들거나 젖히는 것을 옛말로 "떠든다"고 하는데 이곳에서는 줌손이 오른쪽 눈(우궁의 경우) 또는 왼쪽 눈(좌궁의 경우)의 시선을 가리지 않도록 활을 드는 것을 "바로 떠든다."고 한 것으로 보인다.

13) "앞죽을 싸서 건는다."는 말은 활을 들 때 윗고자를 약간 앞(우궁의 경우 오른쪽)으로 눕혀 드는 것을 말한 것으로 보인다. 뒤에서도 화살이 뒤나는(우궁의 경우 왼쪽으로 나가는) 것을 방지하려면 "앞을 싸서 건는다."고 했는데(뒤의 주註 61의 본문 참고) 활을 약간 앞쪽으로 눕히면 뒤나는 것을 방지할 수 있다. "싸서 건는다."는 말 중 '싸서'는 어떤 말에서 유래된 것인지 짐작이 되지 않지만 건는다는 앞의 '거들 때'와 같이 들 '거擧' 자를 어원語原으로 한 말이 분명하다.

14) 본문에는 '빨거나'로 되어 있으나 「궁술의 교범」 출간 당시의 정오표正誤表에 '발거나'로 정정訂正되어 있다. '앞이 발거나'라는 말을 "줌손이 빠진다."는 의미로 보기도 하는데(대한궁도협회, 《한국의 궁도》) 무슨 말인지 알 수도 없지만 무엇보다 정오표는 보지 않고 한 말이다. 필자의 생각에 '발거나'는 '바르거나'와 같은 말로 활을 너무 세운 것을 말한 것으로 보인다. 《무경칠서휘해》에서는 활을 너무 바로 세우는 것을 '앙수仰手'라 해서 병으로 여겼다. 활을 너무 바로 세우면 화살이 뒤나는 경향이 있다.

15) '쪽활'이 된다는 말을 줌손이 바깥쪽으로, 즉 줌뒤로(우궁의 경우 왼쪽으로) 나가는 것을 말한다고 보기도 하는데(대한궁도협회, 《한국의 궁도》) 무슨 말인지 모르겠다. '쪽활'이 된다는 말은 어떤 말에서 유래된 것인지 짐작이 되지는 않지만 필자의 생각에 활의 윗고자를 너무 눕힌(우궁의 경우 오른쪽으로) 것

다.16)

화살을 내보낼 때 가슴통이 밀려서 내보내야 한다.17) 이렇게 하지 않으면 두 끝으로 화살을 내보내게 되므로18) 사법19)에 맞지 않는다.

화살을 내보낸 후에는 줌손과 활장20)이 반드시 불거름으로 져야21) 한다. 이렇게 하려면 줌손을 등힘으로 밀어야 되는 것이다. 이렇게 되어야 화살이 줌손 뒤로 떠올랐다가 들어와서22) 맞게 된다. 이것이 사법에서 제일 좋은 방법이다.

화살을 만작해 내보낼 즈음엔 짤긋 짤긋 케여서 내보내야 한다. 그리 아니 하고 만작해서 잔뜩 멈추었다가 내보내면 화살을 내보내기에 앞서 토해 냈다가 내보내기 쉽다. 이는 사법에 맞지 않는다.23)

을 말하는 것으로 보인다. 《무경칠서휘해》에서는 웃고자를 너무 눕힌 것을 '합수습手'라 하며 병으로 여겼다. 웃고자를 눕히면 화살이 떠오르는 것이 억제되어 날아가는 거리가 줄어들고 화살이 앞나는(우궁의 경우 오른쪽으로 나가는) 경향이 있다. 그러나 말을 타고 쏠 때는 표적에 가까이 접근해 쓰므로 화살이 떠오르는 것을 방지하려고 일부러 활을 눕히고 쏜다.

16) 활의 윗고자는 앞쪽(우궁의 경우 오른쪽)으로 약간 기울여야 한다. 《무경칠서휘해》에서는 '궁소요측弓弰要側'이라고 해서 웃고자를 너무 세우거나(양수陽手) 너무 눕히지(합수合手) 말도록 강조하면서 윗고자를 너무 세우거나 눕히면 "과녁을 옳게 겨눌 수 없다(認的不眞)."고 했다. 활은 세우면 화살이 약간 더 나가지만 뒤나는(우궁의 경우 조준점보다 왼쪽으로 나가고) 경향이 있고, 눕히면 거리가 줄면서 앞나는 경향이 있다.

17) 화살을 내보낼 때 가슴을 벌리고 등 근육을 조여주면서 화살을 내보내야 화살이 똑바로 힘차게 나간다. 이를 말하는 것으로 보인다.

18) 두 손의 힘으로만 화살을 내보내는 것을 말하는 것으로 보인다.

19) 여기서 말하는 사법은 고영의 《무경사학정종》, 첩경문捷徑門 중 논균법論勻法을 말한다.

20) 활대, 즉 활의 몸체.

21) 좌우 또는 위로 움직이지 말고 아래로 내려와야 한다는 말이다. 그냥 아래로 내려와야 한다고 하지 않고 불거름, 즉 아랫배 앞으로 내려와야 한다고 말한 것은 초보자의 경우 두 발을 '八' 자로 놓고 정면으로 과녁을 마주 보게 몸통을 놓는 자세를 취하도록 했기 때문이다. 가슴을 벌리고 등근육을 조여주어 발시하면 발시 후에도 앞뒤 팔의 힘에 여유가 있어 좌우 또는 상하로 흔들리지 않고 이때 앞팔 힘을 조용히 풀어주면 줌손과 활대는 아래로 내려오게 된다. 발시 후 앞뒤팔이 좌우 또는 상하로 흔들리는 것은 앞뒤 두 손의 힘으로만 발시했거나 앞뒤 두 손의 힘에 균형이 무너졌기 때문이다.

22) 화살이 줌손 손등 위로 떠오르며 날아가다 내려오면서 과녁으로 향하는 것을 말한 것으로 보인다. 발시 직전에 반바닥으로 줌통을 제대로 밀어주고 있는 줌손의 모습을 보면 손등이 비스듬히 위를 향하게 되는데 이를 '위'라고 하지 않고 '뒤'라고 표현한 것으로 보인다. 우리나라의 전통적인 활쏘기 용어로는 줌손의 손등 쪽을 '뒤'라고 하고 손바닥 쪽을 '앞'이라고 하기 때문일 것이다. 또한 '뒤'로 떠오른다고 했기 때문에 떠올랐다가 내려오는 것도 역시 '내려와서'라고 하지 않고 '들어와서'라고 표현한 것으로 보인다.

23) 시위를 가득 당겼어도 발시 때 야금야금 더 당기다 발시하라는 말이다. 이를 '가입加入'이라고 하며 가득 당긴 화살을 발시 전 자신도 모르게 약간 토해 내는 소위 '퇴촉退鏃'을 피하는 방법이다. 퇴촉된 후에 발시하면 화살이 힘을 잃고 흔들린다. 그러나 야금야금 더 당기라는 말은 실제로 눈에 띄게 더 당기라는 말

활을 거들 때 앞뒤 손을 모두 높이 차리는 것이 적절하다. 만약 앞죽을 내꽂고 뒤를 나추 케이면 살줄은 비록 낮지만 영축이 많이 나서 도저히 맞추기 어려울 뿐 아니라 나이가 많아지고 늙어갈 때에는 활을 접어두고 쏘지 못할 지경에 이른다.24)

화살을 내보낼 때 화살깃이 줌손 엄지 위를 훑고 지나가는 때가 있는데 그 원인에 세 가지가 있다. 첫째는 화살을 내보낼 때 줌손을 훑어 쥐는 것25)이고, 둘

─────────────

이 아니라 퇴촉 되지 않게 더욱 힘을 가하라는 말로 보아도 무방하다. 만작된 화살을 더 당겼다가 화살을 내보내면 화살은 힘차게 날아가도 명중률은 떨어질 수 있다. 예부터 활쏘기에서 가장 중요한 요소를 '심고 審固' 두 글자로 표현했는데 '고固'는 발시 전 모든 자세를 굳혀 놓는 것을 말한다. 만작 후에 시위를 가득 당긴 줌손과 깍지손을 굳혀 놓고 발시 전 줌손과 깍지손에 더욱 힘을 가하면서 가슴 근육은 벌려주고 등 근육은 조여 줌으로써 화살을 내보내는 방법이 가장 좋다. 그러나 초보자가 이런 방법을 쓰려 하면 오히려 퇴촉 된 상태에서 화살을 내보내기가 쉽다. 궁력이 늘어 가슴 근육과 등 근육으로 발시하는 방법을 터득할 때까지는 화살이 만작되기 직전부터 가입加入의 방법으로 실제 시위를 더 당기다 발시하는 것이 좋은 방법일 수도 있다. 따라서 본문의 마지막에서 "사법에 맞지 않는다."고 한 것은 만작된 상태에서 너무 지체하다 퇴촉된 후 발시하는 것을 말하며 만작된 상태에서 멈추는 자체를 말하는 것은 아니라고 보아야 할 것이다. 여기에서 말하는 사법은 ≪무경칠서휘해≫, 전수병前手病 중 '토吐' 항을 말한다.

24) 앞의 주註 9 및 주註 10 참고. "활을 거들 때 앞뒤 손을 모두 높이 차리는 것이 적절하다."는 말은 활을 들어 올렸다 내리면서 활을 벌리는 것이 좋은 방법이란 말이며, "앞죽을 내꽂고 뒤를 나추 케이면"이라는 말은 앞팔을 과녁을 향해 뻗은 상태에서 깍지손이 낮은 위치에서 시위를 당긴다는 말이다. 이렇게 할 때 영축이 많이 난다는 말은 앞의 주註 10에서 말한 것같이 화살 비거리가 짧아진다는 말이다. 흔히 물동이를 머리 위로 들어 올리듯 두 팔을 들어 올렸다 함께 내리면서 활을 벌리기도 하는데 앞팔을 내뻗고 깍지손을 낮추어 활을 벌릴 때와 달리 어깨 힘으로 활을 충분히 벌릴 수 있다. 그러나 중국의 ≪무경사학정종≫은 줌팔을 이예 땅바닥을 향해서 내리뻗고 뒷팔꿈치를 치켜올린 상태에서 깍지손을 위로 뽑아 올려 활을 벌린 후 앞팔은 들어 올리고 뒷팔은 내리는 방법을 취하면서[앞의 제1장, 주註 32 참고] 이렇게 하면 나이가 들어도 쉽게 활을 벌릴 수 있다 했다. ≪무경사학정종≫의 저자 고영은 본래 우궁右弓이었지만 젊은 시절 잘못 배운 궁체로 인해 나이가 들어 고벽만 늘자 이를 고치려고 좌궁左弓으로 바꾸면서 이런 궁체를 고안했다 한다. ≪무경칠서휘해≫가 말하는 활 벌리는 자세도 이런 자세이다.

25) 줌손이 무력한 것을 말한다. 이렇게 되면 발시 순간 줌손 안에서 활이 움직이며 화살이 줌손 엄지 위를 스친다. 화살이 줌손 엄지를 훑고 나가는 가장 큰 원인이다. 화살이 날아가는 모습을 고속으로 촬영해 보면 매끄럽게 나가지 않고 뱀이 꿈틀대는 모양으로 상하 또는 좌우로 흔들리며 날아가며 이를 '아처 패러독스archer's paradox' 또는 '사행蛇行 현상'이라 한다. 화살이 활을 떠날 때 활대나 줌손과 마찰이 생기는데 이 때문에 화살은 약간 구부러지고 한번 구부러진 화살은 그 반동으로 다시 반대로 구부러지기를 반복하면서 전진하기 때문이다. 화살이 활대나 줌손과 크게 마찰할수록 이런 현상은 심해지며 이때 에너지 손실 때문에 비행거리도 줄어들 뿐 아니라 정확하게 나가지도 못한다. 양궁은 화살이 줌손을 스칠 수 없는 구조로 되어 있어 화살이 활대와 스치는 부분, 즉 '애로 레스트arrow rest'를 부드러운 재질로 바꾸거나 유동성 있는 구조로 바꾸어 활과 화살의 마찰을 줄이기도 하고 강한 금속 재질로 화살대를 만들어 이런 마찰을 이기게 해준다. 우리 활도 화살이 스쳐가는 줌통 위의 부분에 출전피箭皮라는 부드러운 가죽을 대주는데 이는 활대 마모 방지보다 이런 현상을 줄이려는 것이다. 출전피가 마모되면 화살이 나가는 거리가 줄어들 뿐 아니라 방향도 흐트러진다. 화살깃을 부드러운 새털로 만들면 이런 현상을 줄일 수는 있겠지만 플라스틱 깃보다 공기 마찰을 이기는 힘이 약하므로 전통 죽사竹矢 외에는 새털을 깃으로 쓰지 않는다. 그러나 화살이 줌손 엄지에도 닿을 수 있기 때문에 줌손이 무력하면 화살과 줌손 엄지의 마찰이 커진다.

째는 깍지손을 나추 끄는 것26)이며, 셋째는 시위에서 너무 낮게 절피를 감는 것27)이다. 첫째 경우라면 줌손에 주의하고 활을 무르도록 하여 쏘되 하삼지를 거드처 쥐고 화살을 내보낸 후라도 앞을 딱 들어 두는 것이28) 훑어 쥐는 병을 고치는 묘방이다. 둘째의 경우라면 깍지손을 다 높이 끄는 것이 묘방이다.29) 셋째의 경우라면 절피 위치를 살펴 낮은 곳에 감겨 있으면 높여서 감으면 화살 깃이 줌손 엄지 위를 훑고 지나가는 병이 없어진다.

화살을 내보낼 때 시위가 줌팔을 치는 경우30)가 있고 이 또한 세 가지 원인이 있다. 첫째는 줌손을 들이켜 쥐는 것31)이고, 둘째는 뒤를 놓고 앞으로 쥐는 것32)이며, 셋째는 시위 동안33)이 길어 철떡거리는 것이다. 첫째 경우는 줌손을 빼거 쥐면34) 된다. 둘째 경우는 앞을 버더두고 뒤를 맥맥히 당기어서 뒷손이 시위에서 저절로 벗어지게 하면 된다.35) 셋째 경우는 시위 동안이 늦지 않도록36) 주의

---

26) 깍지손을 낮춘 상태로 시위를 끄는 것을 말한다. 앞의 주註 23 참고.

27) 절피는 화살 오늬가 시위와 잘 물리게 하고 또 깍지와 마찰로 인한 시위의 손상을 막으려고 시위의 중간에 덧감는 질긴 실이다. 절피가 너무 낮으면 화살이 나갈 때 줌손과 마찰이 생긴다. 사람에 따라 다르지만 활을 수직으로 세웠을 때 줌통 바로 위에 걸쳐진 화살이 시위와 직각으로 만나는 곳보다 대략 화살의 굵기 정도의 간격을 두고 오늬를 물릴 수 있도록 절피를 감고 절피에 오늬를 물리는 것이 일반적이다. 또한 절피에 오늬를 물리는 위치는 쏠 때마다 일정해야 한다. 양궁에서는 절피serving에서 오늬nock의 위치를 고정시키려고 자신이 정한 오늬 위치의 바로 아래와 위 두 곳에 다시 실을 덧감아 턱을 만들고 그 사이에 오늬를 끼워 오늬가 항상 일정한 곳에 끼워지게 하며 이를 '노킹 포인트nocking point'라고 부른다.

28) 하삼지를 단단히 감아쥐고 깍지손이 시위를 놓은 후에도 줌손을 바로 풀어주지 않는 것을 말한다. 앞의 제1장, 주註 19 참고.

29) '다다'는 앞의 주註 9에서 설명한 '다다히'와 같은 말로 '되도록'이라는 뜻이다. 앞의 주註 23에서 말한 대로 깍지손과 중구미를 높이고 시위를 끌면 힘에 여력이 있어 시위도 충분히 당길 수 있고 또 발시 순간 까지 줌손을 견고히 쥐고 버틸 수 있다.

30) 발시 순간 시위가 앞팔 팔뚝이나 소매를 치는 경우를 말한다. 시위가 앞팔 팔뚝이나 소매를 치면 화살은 멀리 나가지도 못할 뿐 아니라 방향도 일정치 않게 간다. 이곳에서 말하는 원인 이외에도 겨울에 두껍거나 소매가 늘어지는 상의를 입어도 그와 같이 되기 때문에 이를 방지하기 위해 팔뚝을 감아주기도 하는데 팔뚝을 감아주는 도구를 활쏘기 용어로는 팔찌라고 부른다.

31) 앞의 제1절, 「VII. 줌손」에서 말한 흙받기줌을 말한다. 이와 같이 줌통을 쥐면 줌손이 무력해지므로 발시 순간 활이 줌손 안에서 돌면서 시위가 팔뚝이나 소매를 때리게 된다.

32) 문맥상 활을 벌릴 때 깍지손을 뒤로 충분히 당기지 못하고 줌손만 앞으로 밀어주는 것을 말한다. 이렇게 하면 시위가 느슨해서 발시 때 시위가 철떡거리면서 줌팔을 치게 된다는 말이다.

33) 시위의 길이를 말한다.

34) 줌손 반바닥을 줌통 중앙보다 약간 좌측(우궁의 경우)에 댄 후 반바닥으로 줌통을 밀어주면서 하삼지를 단단히 감아쥐는 것을 말하는 것으로 보인다. 앞의 제1장, 주註 26 참고.

35) 문맥상 줌손을 앞으로 내뻗으면서 깍지손으로 시위가 팽팽하게 되게 당긴 다음 소위 '반깍지 시법'으로 발시하라는 말로 보인다.

하면 된다.

화살을 내보낼 때 시위가 뺨을 치거나 귀를 치는 수가 있다. 이런 경우에는 턱을 죽머리 가까이 묻으면[37] 피할 수 있다.

활은 아무쪼록 자신의 힘에 비해 무른 듯한 것으로 쏘아야 한다. 너무 강한 활로 쏘면 백 가지 해로울 뿐이요, 한 가지 이로움도 없는 법이다.[38] 활에 알줌이라고 하는 것은(활의 다림을 말한다.) 다림이 구부러져서 아귀를 지나치게 받치는 것으로 활쏘기에 이롭지 아니하다.[39] 그러나 아귀가 부실해도 활쏘기에 이롭지 아니하다. 아귀는 다다 봉긋하여서 화살을 내보낼 때 줌통을 받쳐주어야 한다.[40]

활의 고자에 주의해야 한다. 고자가 너무 구부러지면 활을 다릴 때 헛힘이 들기 때문에[41] 쏘기에 이롭지 않고 고자가 너무 버드면 철떡거린다.[42] 정탈목은

---

36) 시위의 길이를 적당히 줄이라는 말이다. 적당한 길이의 시위도 오래 쓰면 길이가 늘어나는데 이런 때는 시위를 꼬아서 길이를 줄인다.

37) 앞의 제1장, 주註 14에서 말한 대로 턱을 앞어깨 쪽으로 돌린 후 당겨 목에 붙이라는 말로 보아야 한다. 다만 이곳 「초보자가 배우는 차례」에서는 "눈으로 과녁을 겨루되 활 아래 양양고자를 거쳐서 볼 것이며 턱을 줌팔 겨드랑이 아래로 끌어들여 묻어야 한다."고 했기 때문에 턱을 앞어깨에 붙이라는 말로 보아도 무방할 것이다.

38) 너무 강한 활은 백해무익하다는 것은 어느 사법서에나 공통적으로 나오는 말이지만 이는 활이 무를수록 좋다는 것은 아니며 자신의 힘에 어울리는 활이 좋다는 말이다. 궁력이 늘어나면 점차 강한 활을 쓰면서 명중률도 높아지게 되는데 강한 활에 익숙해진 사람은 자신의 힘에 비해 너무 무른 활로는 오히려 잘 맞히기 어렵다. 이는 무른 활로는 살고가 높아져 화살이 바람을 많이 타기 때문만은 아니다. 힘은 강한데 너무 무른 활을 쏘면 발시 순간에 앞뒤 두 손의 균형이 무너질 수 있다. 평소보다 무른 활을 쏠 때는 깍지손을 떼어낸 후 화살이 과녁에 도달할 때까지 더욱 자세와 동작에 정성을 기울여야 잘 맞힐 수 있다. ≪무경칠서휘해≫는 '약궁맹력지류弱弓猛力之謬'라 해서 힘이 센 사람이 약한 활로 쏘면서 "활은 약해도 온몸의 힘을 다 기울여서 쏘면 강한 활로 쏘는 것과 같을 것이다."라고 말하는 것은 강한 활이라야 비로소 큰 힘이 퍼져나가는 것을 감당할 수 있다는 사실을 모르는 말이라고 했다. 그러나 아무리 궁력이 늘더라도 자신의 힘에 비해 강한 활을 쓰는 것은 역시 백해무익하다.

39) 줌통 위를 웃아귀라고 하고 줌통 아래를 아래 아귀라고 하며, 웃아귀 또는 아래 아귀의 다음을 다림(끝) 또는 대림(끝)이라고 한다. 다림 또는 대림(파간弝幹)은 활의 한가운데 덧대는 나무토막이며 이 나무토막에서 줌통이 붙는 곳의 나머지가 웃아귀와 아래 아귀, 그 아래위 끝부분이 다림(끝) 또는 대림(끝)이다. 다림 또는 대림이 너무 구부러져 있으면 활이 억세져서 웃아귀와 아래 아귀가 잘 펴지지 않고 따라서 활을 벌리기가 어렵게 된다. 이를 알줌이라 하고 다림이 구부러져 아귀가 지나치게 받친다고 말한 것으로 보인다.

40) 아귀가 부실하다는 것은 다림 또는 대림이 거의 구부러지지 않고 반듯해서 탄력이 없다는 말로 보인다. 아귀가 다다 봉긋하다는 것은 다림 또는 대림이 적당히 구부러져 있는 것을 말한다. '다다'는 앞의 주註 9에서 설명한 '다다히'와 같은 말로 '되도록'이라는 뜻이다. 원문에는 '방긋하여서'로 되어 있으나 서기 1929년 출간 당시의 정오표正誤表에서 '봉긋하여서'로 정정되어 있다. 이 부분은 고영의 ≪무경사학정종≫, '택물문擇物門' 편을 참고한 것이다.

구부러진 듯하고 고자잎은 버든 듯 해야[43] 쏘는 데 편리하다.

시위는 활의 힘에 따라 적당히 맞추어야 한다.[44] 앞이 동글고[45] 뒤를 밧투 케이는 때는[46] 시위 동안을 된 듯하게 해야 한다.[47] 앞이 늘어진 죽에[48] 뒤를 많이 케이는 때는[49] 시위 동안을 느린 듯하는[50] 것이 좋다. 팔이 길어서 활을 많이 당기는 데 시위 동안이 되면[51] 활이 뻑뻑해서 이롭지 못하고 앞이 동글거나 뒤를 밧투 건는 때에[52] 시위 동안이 길면 출렁거린다.

활이 후궁猴弓[53]이면 화살의 영축[54]이 덜하고 장궁長弓[55]이면 영축이 많다. 후

---

41) "활을 다릴 때"란 시위를 당겨 활을 벌릴 때를 말한다. 우리 활은 이중만곡형二重彎曲型이라 하지만 실제는 삼중만곡형三重彎曲型에 가깝다. 시위를 얹은 우리 활 모습을 보면 줌통 부근에서는 시위를 얹기 전과 같이 시위의 반대쪽으로 구부러져 있고 줌통과 고자의 중간쯤인 오금부터는 시위 쪽으로 구부러져 들어오다가 고자가 시작되는 삼삼이를 지나서 고자잎이 시작되는 부분인 정탈목부터 또다시 시위의 반대쪽으로 구부러진다. 이때 정탈목은 적당히 구부러지고 고자잎은 약간만 구부러져 있어야 하는데 정탈목에 이어 고자잎까지 크게 구부러지면 활을 벌리기가 힘들다고 한 것이다. 서유구의 「사결」에는 "시위를 당길 때 처음에는 극히 뻑뻑해도 당길수록 부드럽게 당겨지는 활이라야 가득 벌린 후에 과녁을 조준해서 자세를 굳히기 전에 시위를 놓치는 일이 없다. 처음에 당길 때 뻑뻑한 활은 화살이 낮고 매끄럽게 멀리 날아간다. 가득 벌린 후에 조준해서 자세를 굳힐 수가 없고 화살이 높게 떠도 과녁까지 날아가지 못하는 경우는 모두 처음 당길 때는 부드러워도 당길수록 억세지기 때문이다."라는 구절이 있다. 처음에 당길 때 뻑뻑하다는 것은 오금이 강하기 때문이고 당길수록 부드럽게 당겨진다는 것은 고자잎이 너무 구부러져 있지 않기 때문일 것으로 생각된다.

42) 정탈목 다음의 고자잎이 시위의 반대 방향으로 구부러지지 않고 곧게 뻗은 것을 말한다. 이렇게 되면 활 힘이 약할 뿐 아니라 발시 후에 시위가 제자리로 돌아가 고정되지 않고 철떡거리게 된다는 말이다.

43) 고자잎이 시작되는 부분은 지나치게 구부러지지 않고 고자잎은 약간만 구부러져 있어야 한다는 말이다.

44) 여기에서 말한 '활의 힘'은 문맥상 활 자체의 힘을 말한 것이 아니고 쏘는 사람의 자세로 인한 활의 힘을 말하는 것으로 보인다.

45) 이곳에서도 "앞이 동글고"라는 말은 앞의 제1장, 주註 50에서 설명한 바와 같이 줌손을 짜는 동작을 말한 것으로 보인다.

46) '뒤를 밧투 케이는'이란 깍지손을 조금만 당기는 것을 말한다.

47) 시위 길이를 약간 짧게 하라는 말이다.

48) 앞의 제1장, 주註 42에서 말한 바와 같이 앞팔이 팽팽하게 펴지지 않은 경우를 말한다.

49) 역시 앞의 제1장, 주註 42에서 말한 바와 같이 깍지손을 많이 끌어당기라는 말이다.

50) 시위 길이를 약간 길게 하라는 말이다. 깍지손을 많이 끌어당기는데 시위가 짧으면 활을 벌릴 때 무리한 힘을 쓰게 될 것이다.

51) 시위의 길이가 짧아 팽팽한 것을 말한다.

52) 앞의 주註 45 및 주註 46 참고. "뒤를 밧투 건는 때"란 위에서 말한 '뒤를 밧투 케이는 때'와 같은 말로 보인다.

53) 각궁角弓의 일종으로서 대나무로 된 활대의 본체와 뽕나무로 된 고자를 이어 붙이는 삼삼이까지만 뿔을 덧대는 활을 말한다.

궁은 화살을 내보낼 때 시위 당기는 정도가 균일하게 되고 장궁은 균일하지 못하기 때문이다.

　화살이 평소 쓰던 것보다 굵으면 줌 앞으로 가고[56] 가늘면 줌 뒤로 간다.[57] 줌 앞으로 가는 화살은 이롭지 못하다. 줌 앞으로 가는 것을 방지하기 위해 앞을 베것기도 하고[58] 줌손 엄지를 들이밀기도 하며[59] 깍지손을 덜 캐기도 하는[60] 폐단이 생기기 때문이다. 줌 뒤로 가는 화살은 이롭다. 줌 뒤로 가는 것을 방지하기 위해 앞을 싸서 걷기도 하고[61] 줌손 등힘을 밀기도 하며[62] 뒤를 충분히 케이기도 하여서[63] 항상 좋은 동작을 취하게 되기 때문이다.[64]

　화살을 내보내기 전 땅에 떨어뜨리는 일도 있다. 이는 앞죽에 힘이 들어가거나[65] 앞이 발거나[66] 깍지손을 껴서 쥐었기[67] 때문이다. 앞죽에 힘이 들어가지

---

54) 이곳에서는 영축의 한문 표기가 없지만 앞의 주註 10과 주註 23의 '零縮'과는 달리 '嬴縮' 또는 '盈縮' 즉, 화살 나가는 거리가 일정치 않음을 말한 것으로 보아야 한다.

55) 요즘 길이가 긴 활을 장궁이라 하지만 여기서 말한 장궁은 삼삼이를 지나 도고지를 붙이는 부분까지 긴 뿔을 댄 활을 말한다. 장궁은 활 길이 때문이 아니라 활 재료로 긴 뿔을 썼다는 뜻이다. 요즘의 개량궁이나 각궁은 모두 이런 형태로 제작된다. 장궁은 시위 당기는 정도가 균일하지 못하다는 것은 뿔은 나무보다 신축성이 높기 때문이다. 활대의 신축성을 적당한 선으로 제한하려고 삼삼이까지만 뿔을 덧댄 활이 후궁일 것으로 생각된다.

56) 화살이 조준점보다 오른쪽으로(우궁의 경우) 날아가는 것.

57) 화살이 조준점보다 왼쪽으로(우궁의 경우) 나가는 것. 우궁의 경우 화살이 왼쪽으로 나가는 것을 뒤났다 하고 오른쪽으로 나가는 것을 앞났다 한다.

58) 앞의 주註 14에서 설명한 '앞이 발거나'와 같은 맥락의 말로서 활을 지나치게 세우는 것을 말한 것으로 보인다.

59) 화살이 앞나는 것을 방지하려고 엄지를 내밀어 줌통을 지나치게 비틀어 준다는 의미로 보인다. 그러나 이렇게 하면 화살이 뒤나는 현상이 생긴다.

60) 시위를 뒤로 덜 당기는 것을 말한다. 깍지손을 뒤로 덜 당기면 깍지손에 비해 줌손의 힘이 강해지면서 화살은 뒤쪽(우궁의 경우 왼쪽)으로 나간다. 그러나 이렇게 하면 충분한 거리를 날아가지 못한다.

61) 앞의 주註 13 참고.

62) 어깨로부터 줌손 반바닥까지 직선으로 뻗어나가는 힘으로 줌통을 과녁 쪽으로 바로 밀어준다는 말이다.

63) '케이기도'는 위에서 말한 '캐기도'와 같은 말로 보인다. 줌손의 힘이 일정할 경우 깍지손을 더 당길수록 화살은 앞쪽(우궁의 경우 오른쪽)으로 나간다.

64) 활을 평소보다 세우면 화살은 줌 뒤로 가고 평소보다 앞쪽(우궁의 경우 오른쪽)으로 눕히면 줌 앞으로 가는 경향이 있다. 줌손은 반바닥으로 줌통을 밀면서 하삼지를 단단히 감아쥐고 깍지손은 시위를 비틀면서(우궁의 경우 시계 반대 방향으로) 손등이 하늘을 향하게 해서 시위를 충분히 당겨야 하는데 이때 줌손보다 깍지손의 힘이 약하면 화살은 줌 뒤로 가고 깍지손보다 줌손의 힘이 약하면 화살은 줌 앞으로 간다.

65) 앞팔이 처음부터 지나치게 긴장해서 유연성을 잃는 것을 말한다.

66) 본문에는 '빨거나'로 되어 있으나 서기 1929년 출간 당시의 정오표正誤表에서 '발거나'로 정정되어 있다. 앞의 주註 14에서 설명한 것같이 활을 너무 바르게 세우는 것을 말하는 것으로 보인다.

않게 하거나 줌손과 깍지손의 등힘을 미리 짜서 것거나[68] 깍지손으로 화살 오늬
를 껴서 쥐지 않으면 그런 폐단이 없어진다.

정순正巡[69]을 쏠 때는 늘 상기上氣[70]도 되고 호흡이 가빠지기도 해서 화살을
내보낼 때 시위를 충분히 당기지 못하기 쉬우니 아무쪼록 하기下氣[71]가 되도록
하고 호흡이 가빠지지 않도록 마음을 안정시켜 기운을 온화하게 함으로써 시위
를 충분히 당길 수 있도록 주의해야 한다. 화살은 다섯 발 가운데 가장 가벼운
것으로 첫 발을 쏘는 것이 필요하다. 이는 정순을 쏠 때는 한참을 쉬었다가 또
다시 쏘게 되므로 첫 발을 쏠 때는 항상 몸이 뻐근하여 충분히 당기지 못하는
폐단 때문에 화살이 덜 가는 경우가 있기에 이를 예방하기 위함이다.[72]

---

67) 시위를 오늬에 끼운 후에는 깍지손 검지의 아래쪽 마디로 오늬를 지그시 눌러서 시위를 비틀면서(우궁의
   경우 시계 반대 방향으로) 뒤로 당겨야 한다. 오늬를 지그시 누르며 시위를 비트는 동작을 깍지손을 짠다
   고 한다. 그러나 익숙하지 못한 사람은 이런 방식으로 화살을 고정시키기가 어렵기 때문에 화살을 땅에
   떨어뜨리지 않으려고 깍지손의 두세 손가락으로 오늬를 쥐고 시위를 당기려고 하는 일이 흔하다. 이를 깍
   지손을 껴서 쥔다고 한 것이다. 그러나 이렇게 할 경우 시위 당기는 일과 오늬 쥐는 일을 동시에 하려다
   가 오히려 화살을 땅에 떨어뜨리기가 쉽다. 초보자들은 절피 두께를 적절히 해줌으로써 절피에 끼워 놓은
   오늬가 쉽게 빠지지 않도록 하는 것도 화살을 떨어뜨리지 않는 데 도움이 된다.
68) 줌손과 깍지손을 짜서 활을 들어 올린다는 말로서 줌손을 짜는 일은 앞의 제1장, 주註 26 및 주註 50을
   참고하고, 깍지손 짜는 일은 제1장, 주註 32를 참고할 것.
69) 공식적인 대회에서 여러 순巡을 쏘는 것을 말한다. 앞의 「제1장 활터에서 쓰는 용어」, 각주 8 참고.
70) 호흡이 가슴통에 차올라서 호흡이 고르지 못하며 흥분하거나 초조해하는 것을 말한다.
71) 호흡이 안정되어서 침착해지는 것을 말한다.
72) 정순正巡을 쏠 때 매 순巡마다 첫 발은 다섯 대의 화살 중 가장 가벼운 화살로 쏘라는 말이다. 그러나
   길이가 짧으면서 가벼운 화살을 쏘라는 말은 아니다. 길이는 같으면서 무게가 가벼운 화살을 쏘아야 충분
   히 당기지 못하더라도 평소대로 거리를 낼 수 있다. 길이가 같은 화살이라야 같은 정도로 당기면 무거운
   화살은 덜 나가고 가벼운 화살은 더 나가기 때문이다. 그러나 이곳에서 말하는 방법은 초보자에게는 혹
   도움이 될지 몰라도 숙련된 사람에게는 오히려 혼동이 생길 수 있는 방법이다.

(부록) 궁술의 교법(현대어 전문全文)

조선에 궁시弓矢가 있어 온 지 수천 년이고 궁시의 활용이 어떤 나라보다 발전했는데 이는 조선에만 궁시가 있었기 때문이 아니고, 조선에 궁시가 있은 지 오래되었기 때문도 아니며, 오로지 궁술의 묘기가 있었기 때문이다. 조선의 화살에는 철전鐵箭, 편전片箭, 유엽전柳葉箭 등 여러 종류가 있었고 나름대로 묘기들이 있었을 것이다. 우리 민족이 이런 묘기들을 가지고 나라의 위엄과 명성을 높였음은 잘 알려진 사실이다. 그러나 이러한 묘기가 입과 마음으로만 전해졌을 뿐 문자로 전해지지 않은 것이 유감이었는데 이제 나이 든 선생과 무인武人들이 알려 준 유엽전 쏘는 방법을 정리해 기록으로 남긴다. 신체단련에 가장 적합한 화살이 유엽전이다. 사람의 자연스러운 자세에 따라 왼손으로 활을 쥐고 쏘는 사람을 우궁右弓, 오른손으로 활을 쥐고 쏘는 사람을 좌궁左弓으로 구분하지만 활 쏘는 자세는 좌우만 다를 뿐 나머지는 모두 같다.

제1장 종류별 궁체

1. 몸

몸은 곧은 자세로 서고 얼굴은 과녁을 정면으로 보아야만 한다. 과녁이 이마와 바로 서야 한다는 것은 이를 두고 하는 말이다.

2. 발

두 발은 고무래 '丁' 자나 여덟 '八' 자 같은 옹색한 모습이 되지 않도록 적절히 벌리고 서되 앞발의 발끝이 과녁을 향하도록 하고 몸무게가 앞뒤 두 발에 고루 실리고 또한 발바닥 전체에 고루 실리도록 서야만 한다.

3. 아랫배

아랫배는 힘을 주고 팽팽하게 부풀려야 한다. 아랫배를 팽팽하게 불리지 않으면 엉덩이가 뒤로 빠져서 사법에 맞지 않게 된다. 두 다리에 단단하게 힘을 주면 아랫배가 팽팽하게 부풀리게 된다.

4. 가슴통

가슴통은 최대한 수축시켜야 한다. 활을 쏠 때 가슴통이 튀어나오거나 일그러지는 것을 사법에서는 크게 기피한다. 목덜미를 팽팽하게 늘이면 가슴통이 자연스럽게 수축된다. 혹 타고난 체형 때문에 가슴통이 튀어나오거나 일그러져서 시위가 가슴에 걸려 구부러질 때는 고자의 길이를 줄이거나 시위의 길이를 줄이면 된다. 그러나 가장 좋은 방법으로는 활을 벌릴 때 숨을 아랫배로 내리밀면 가슴통이 자연스럽게 수축된다. 이는 시위가 가슴통에 걸려 구부러지는 것을 피하는데도 도움이 될 뿐 아니라 누구에게나 좋은 방법이다.

5. 턱끝

턱끝은 앞어깨 쪽으로 돌려 끌어당겨야 한다. 턱이 들리거나 움직이면 상체도 일그러지고 화살이 제대로 못 간다. 있는 힘껏 목덜미를 늘이면 턱끝이 자연스럽게 당겨진다.

6. 목덜미

목덜미는 항상 팽팽하게 늘여야 한다. 목덜미를 움츠려서 머리를 뒤로 젖히거나 앞이나 옆으로 숙이면 안 된다.

7. 줌손

줌손은 하삼지下三指, 즉 중지, 약지 및 새끼손가락으로 서서히 단단하게 감아 쥐되 등힘, 즉 어깨에서 팔뚝을 거쳐 줌손에 이르는 힘으로 엄지 뿌리인 반바닥으로 줌통을 밀어야 한다. 범아귀, 즉 엄지와 검지 사이는 좁혀야 하고 엄지가 검지보다 낮아야 한다. 하삼지가 풀리거나 엄지와 검지 사이로 활을 밀면 화살이 덜 나간다. 반바닥을 줌통 안에 깊이 대고 줌통을 쥐어서 활을 벌렸을 때 손목이 구부러지면서 등힘이 줌통으로 뻗어나가지를 못하고 꺾이는 것을 흙받기줌이라 한다. 이렇게 줌통을 쥐면 깍지손이 시위를 놓을 때 시위가 고자의 중심선에 정확히 떨어지지 않으므로 활에서 벗겨지는 폐단이 생기니 필히 줌통을 고쳐 쥐어야만 한다. 그렇게 줌통을 쥐지 않으려면 자신의 힘에 비해서 억센 활을 쓰지 말고 반바닥을 줌통의 중앙 부분에 댄 후에 활을 벌려가면서 하삼지를 서서히 단단하게 감아쥐어야 한다. 줌통을 쥐고 있는 줌손 중지의 가운데 관절이 과녁을 향했는지를 확인해 보는 것도 좋은 방법이다.

8. 깍지손

깍지손은 깍지를 착용한 엄지를 시위에 걸고 검지와 중지 둘로 엄지를 감싸 쥔 후 시위를 당겨야 한다. 검지 하나로 엄지를 감싸 쥐면 깍지손 힘이 약하다. 약지와 새끼손가락은 펴지 말고 손바닥 속으로 오므려야 한다. 시위를 당길 때 깍지손만으로 당기면 안 되며 뒷팔꿈치를 높이 치켜들고 깍지손이 목젖보다 낮지 않게 하고 뒷어깨와 뒷팔 전체 힘으로 시위를 당겨야 힘차게 화살을 내보낼 수 있다. 뒷팔꿈치를 낮추고 손목 힘으로만 시위를 당기는 것을 채찍뒤라고 한다. 반드시 뒷팔꿈치를 치켜들고 뒷어깨와 뒷팔 전체의 힘으로 시위를 당겨야만 그런 버릇이 없어지고 사법에도 맞는다. 깍지손을 뒤로 힘차게 뽑아내면서 시위에서 벗겨내지 못하고 제자리에서 시위를 놓기만 하는 것을 봉뒤라 하며 봉뒤로 시위를 놓고 화살이 빠져나간 후 모양으로만 뒷팔을 뒤로 펴주는 것을 두벌뒤라고 한다. 봉뒤나 두벌뒤로 시위를 놓는 사람은 시위를 충분히 당겨서 깍지손이 시위에서 저절로 벗겨지도록 하는 것이 좋은 방법이다.

9. 앞어깨

앞어깨가 등뼈와 떨어지면 안 된다. 등뼈와 떨어지면 앞팔이 허공에 걸려 흔들리거나 움직이기 쉽다. 앞어깨가 등뼈에서 떨어지면 반바닥으로 줌통을 지그시 밀면서 깍지손을 가볍게 시위에서 벗겨내야 한다. 앞어깨는 등뼈에 바짝 붙이고 앞팔꿈치는 비틀어 엎어주어야 한다. 그렇게 해도 앞팔이 팽팽하게 펴지지 않으면 깍지손을 적절히 높인 후에 시위를 충분히 당기는 것이 사법에 적합하다.

10. 앞팔꿈치

앞팔꿈치는 비틀어 엎어주어야 한다. 앞팔꿈치가 엎어지지 않고 젖혀진 것을 붕어죽이라고 하고 엎어지지도 젖혀지지도 않은 것을 앉은죽이라 하는데 모두 부실한 자세다. 이럴 때는 되도록 연한 활을 써야 하고, 활의 중간 부위가 너무 구부러지지 않게 해야 하며, 깍지손을 가볍게 시위에서 벗겨내야 한다. 앞팔꿈치를 비틀어 엎어주었으면 뒷팔이 뒤로 펴지게 깍지손을 힘차게 뒤로 빼내야 한다. 줌손을 단단히 감아쥐고 앞어깨를 등뼈에 바짝 붙이고 앞팔꿈치를 비틀어 엎었으면 깍지손을 바짝 비틀었다 힘차게 뒤로 빼내야 한다. 앞팔꿈치를 비틀어 엎어주지 못했거나 앞팔꿈치를 비틀어 엎어주었다 하더라도 앞어깨가 등뼈에서 떨어져 있을 때는 시위를 충분히 당겨서 깍지손이 저절로 시위에서 벗겨지게 해야 한다.

11. 등힘

등힘은 줌손 외부로부터 생기는 힘이니 이 힘으로 반바닥을 통해 줌통을 힘껏 밀어주어야 한다. 반바닥으로 줌통을 밀어주지 못하고 줌손이 꺾이면 등힘을 제대로 이용할 수 없다.

제2장 초보자가 활쏘기를 배우는 순서

좌궁이건 우궁이건 두 발을 나란히 여덟 '八' 자로 놓고 두 발끝은 과녁 좌우 끝을 향하고 얼굴과 이마가 과녁을 정면으로 보게 서서, 앞손을 이마 위로 올려 들리고 깍지손도 높은 곳에서부터 시위를 끌어내려 활이 충분히 벌려진 후 깍지 손을 맹렬하게 시위에서 벗겨내 화살을 내보내야 한다. 이때 시선이 활의 아래 끝단을 통해 과녁을 보도록 조준해서 쏘며 턱은 앞 겨드랑이 밑에 붙여야 한다. 이런 자세로 활 쏘는 힘이 실해질 때까지 익히고 배워야만 한다.

그러나 활을 들어 올릴 때부터 앞팔에 힘이 들어가면 활을 가득 벌려 화살을 내보낼 때쯤에는 팔 힘이 풀어져 힘을 쓸 수 없으므로 과녁을 맞히기 어렵다. 따라서 활을 들어 올릴 때는 앞팔에 힘을 빼고 시위를 거침없이 당기고 활이 가득 벌려질 때쯤에 비로소 앞팔에 힘을 주어야 앞팔이 실해진다. 이는 변할 수 없는 원칙이다.

화살의 비거리가 일정해야 명중률이 높아진다. 비거리를 일정하게 하려면 깍지 손을 적절히 높여놓고 내리면서 시위를 당겨야만 한다. 깍지손을 낮추어 놓고 올리면서 시위를 당기게 되면 화살이 낮게 날아가기는 하나 비거리가 짧아진다.

활을 들어 올릴 때 활을 옆으로 기울여 줌손이 우궁은 오른눈의 시선을 좌궁은 왼눈의 시선을 가로막지 않게 해야 한다. 활을 기울이지 않고 너무 바로 세우거나 너무 옆으로 기울이면 안 된다.

화살을 내보낼 때 앞가슴을 벌리고 등근육을 조이면서 내보내야 한다. 이렇게 하지 않으면 두 손으로만 무력하게 화살을 내보내게 되므로 사법에 맞지 않는다.

화살이 나간 후 줌손과 활대가 아랫배 앞으로 똑바로 내려와야 한다. 줌손을 등힘으로 밀어야만 그렇게 될 뿐 아니라 화살이 위로 떠올랐다가 내려오면서 과녁을 맞히게 된다.

화살을 가득 당겼다 내보낼 때 야금야금 더 당기다 내보내야 한다. 이와는 달리 잔뜩 멈추었다 내보내면 화살을 내보내기에 앞서 토해 낸 후 내보내기 쉽다. 이는 사법에 맞지 않는다.

활을 들어 올릴 때는 앞뒤 두 손을 모두 높이 들어 올리는 것이 바람직하다. 만약 앞팔은 내뻗고 깍지손을 낮추었다 높이면서 시위를 당기면 비록 화살이 낮게 날아가기는 하지만 비거리가 짧아져서 도저히 과녁을 맞히기 어려울 뿐 아니라 나이가 많아지고 늙어갈 때에는 활을 접어두고 쏘지 못할 지경에 이른다.

화살을 내보낼 때 화살깃이 줌손 엄지 위를 훑고 지나가는 때가 있다. 그 원인은 첫째는 화살을 내보낼 때 줌손이 풀어지는 것이고, 둘째는 깍지손을 낮추어 놓고 높이면서 시위를 당기는 것이며, 셋째는 시위에 화살을 먹이는 절피 위치가 너무 낮은 것이다. 첫째 경우라면 줌손이 풀어지지 않게 주의하고 연한 활을 쓰되 하삼지를 단단히 감아쥐고 화살이 나간 후라도 풀어지지 않게 해야 한다. 둘째 경우라면 깍지손을 적당히 높였다가 내리면서 시위를 당겨야 한다. 셋째 경우라면 절피의 위치를 높이면 된다.

화살을 내보낼 때 시위가 앞팔의 팔뚝을 때리는 경우도 있는데 그 원인은 첫째는 반바닥을 줌통의 안쪽에 깊이 대고 줌통을 쥐는 것이고, 둘째는 활을 벌릴 때 깍지손을 뒤로 충분히 당기지 않고 줌손만 앞으로 미는 것이며, 셋째는 시위 길이가 너무 길어 철떡거리는 것이다. 첫째 경우라면 줌손 반바닥을 줌통 중앙 쪽에 대고 단단히 감아쥐면 된다. 둘째 경우라면 줌손 반바닥으로 줌통을 밀면서 깍지손으로 시위를 충분히 당겨서 깍지손이 시위에서 저절로 벗어지게 하면 된다. 셋째 경우라면 시위 길이를 적절히 맞추면 된다.

화살을 내보낼 때 시위가 뺨을 치거나 귀를 치는 수도 있다. 이런 경우에는 턱을 과녁 쪽으로 돌린 후 끌어당겨 목에 붙이면 된다.

활은 이를 쓰는 사람의 힘보다 약간 연한 것을 써야 한다. 너무 강한 활은 백해무익하다. 활에 줌통 붙이는 중간 부위인 '다림'이 너무 구부러진 것을 '알줌'이라 하는데 '다림'이 너무 구부러지면 활이 잘 벌려지지 않아서 활쏘기에 이롭지 못하다. 그러나 '다림'을 포함한 활의 중심부가 너무 곧아도 활쏘기에 이롭지 아니하다. 활의 중심부는 적절히 구부러진 것이 좋다.

활 고자도 너무 구부러지면 활을 벌릴 때 헛힘이 들어가므로 쏘기 나쁘고 너무 곧으면 활이 철떡거린다. 도고지를 붙이는 정탈목은 구부러진 듯하고 고자의 끝부분은 곧은 듯하면 쏘기 편하다.

시위는 자세에 따라서 적당히 맞추어야 한다. 줌통을 비틀어 쥐고 깍지손을 많이 당기지 않고 쏠 때는 약간 짧은 듯한 시위가 좋다. 앞팔이 팽팽하게 펴지지 않아 깍지손을 많이 당겨서 쏠 때는 약간 긴 시위가 좋다. 팔이 길어서 시위를 많이 당기는 데 시위가 짧으면 활이 뻑뻑해서 이롭지 못하고 줌통을 비틀어 쥐지도 않고 깍지손을 뒤로 많이 당기지도 않고 쏠 때는 시위가 길면 출렁거린다.

삼삼이까지만 뿔을 대는 후궁(猴弓)은 화살 비거리가 비교적 일정하고 도고지까지 뿔을 대는 장궁(長弓)은 화살 비거리가 일정하지 않다. 후궁은 화살을 내보낼 때 시위를 당기는 정도가 비교적 균일하고 장궁은 그렇지 못하기 때문이다.

(우궁의 경우) 화살이 평소에 쓰던 것보다 굵으면 화살이 오른쪽으로 치우치고 가늘면 왼쪽으로 치우치는 경향이 있다. 오른쪽으로 치우치는 화살은 이롭지 못하다. 오른쪽으로 치우치는 것을 방지하려고 활을 똑바로 세우거나 엄지를 내밀어 줌통을 너무 비틀어서 쥐거나 깍지손을 덜 당기는 폐단이 생기기 때문이다. 반면 왼쪽으로 치우치는 화살은 이롭다. 왼쪽으로 치우치는 것을 방지하려고 활을 옆으로 기울이기도 하고 등힘으로 줌통을 밀기도 하며 깍지손을 충분히 당기

기도 하는 등 항상 좋은 동작을 취하게 되기 때문이다.

화살을 내보내기 전에 땅에 떨어뜨리는 일도 있다. 이는 앞팔에 힘이 들어가거나 활을 너무 세우거나 깍지손으로 화살 오늬를 쥐고 있기 때문이다. 앞팔에 힘이 들어가지 않게 하거나 줌손과 깍지손을 미리 비틀어 놓고 활을 들어 올리거나 깍지손으로 화살 오늬를 쥐지 않으면 그런 폐단이 없어진다.

대회장이나 시험장에서는 흥분해 호흡이 가빠지기도 해서 화살을 내보낼 때 시위를 충분히 당기지 못하기 쉬우니 아무쪼록 호흡이 가빠지지 않도록 마음을 안정시켜 온화한 기운으로 시위를 충분히 당길 수 있도록 해야 한다. 화살은 다섯 발 중 가장 가벼운 것으로 첫 발을 쏘는 것이 좋다. 대회장이나 시합장에서는 한 순을 쏘고 난 후에 한참을 쉬었다 다음 순을 쏘게 되므로 첫 발을 쏠 때는 항상 몸이 뻐근해서 시위를 충분히 당기지 못하는 폐단 때문에 화살이 덜 가는 경우가 있기에 이를 예방하기 위함이다.

맺음말

●━━━━━●

   필자는 ≪조선과 중국의 궁술≫(편역서) 및 ≪무경사학정종≫(주해註解 번역서)이라는 두 책자를 세상에 내어놓은 후 11년이 지나 다시 이 글을 내놓게 되었다. 최근 서영보·이춘기의 「사예결해」와 장언식의 「정사론」이라는 두 편의 글을 구해 읽으면서 우리나라 사법 문헌의 내용을 재검토했고, 이 과정에서 의미 있는 성과가 있었기 때문이다. 명明 나라 이정분은 ≪사경射經≫이라는 자신의 책 서두에서 「사가불립문자射家不立文字」라는 제목 아래 "무기 다루는 일은 매우 험난한 일이라는 옛말이 있지만 나는 이 말이 무기 사용법을 숨기려는 말로 본다. 내가 할 수 있는 일이라면 적敵도 할 수 있으므로 활 쏘는 사람들은 사법을 손과 입을 통해서 서로 전수할 뿐 이를 문자로 남기지 않는다. 어찌 그들이 억센 활을 당길 줄만 알고 문자는 모르겠는가? 숨기려는 것일 뿐이다."라고 했지만, 중국의 경우는 오히려 많은 사법 문헌이 남아 있어 활쏘기를 배우는 사람이 이런 문헌을 통해 사법의 대강을 이해할 수 있다. 반면, 우리 민족은 예부터 활쏘기를 잘하는 민족으로 명성이 높았음에도 우리의 전통사법이나 고유사법을 알 수 있는 문헌은 거의 없는데 이는 아마도 「사가불립문자」의 전통이 강했기 때문이었을 것이다. 일제강점기에 발간된 ≪조선의 궁술≫에 「궁술의 교범」이 포함되어 있기는 하지만 내용이 난해할 뿐 아니라 탁월한 국어학자 이중화가 우리 고유의 활쏘기 용어들과 사풍을 문자기록으로 정리해 놓은 큰 공헌에도 불구하고 이 글을 통해 우리 전통사법이나 고유사법을 이해하기에는 한계가 있다. 그에 앞서 서유구의 「사결」도 있으나 활쏘기에 큰 흥미가 없던 문인의 글로 몇 가지 연습방법과 활의 관리법 이외는 내용 중 많은 부분이 중국의 사법 문헌을 옮겨놓은 것이므로 이를 통해 우리 전통사법은 몰라도 고유사법을 이해하기에는 역시 한계가 있다.

그러나 필자는 최근 읽은 두 편의 사법 문헌을 통해, 특히 「사예결해」를 통해 우리의 전통사법과 고유사법을 일부 확인할 수 있었다.

첫째, 줌통을 쥐는 방법에 대해 「궁술의 교범」에서 말하는 "흘려서 거듯쳐 쥔다."는 말의 뜻이다. 「사예결해」의 '결訣 11. 줌통 쥐기握弓' 항에서 '자송이긴自鬆而緊'이란 문구를 발견하고 필자는 이 문제에 관해 지금껏 지니고 있었던 의문을 모두 해소할 수 있었다. "흘려서 거듯쳐 쥔다."는 말은 처음에 활을 손에 쥐고 벌리기 시작할 때는 흘리듯이 가볍게 쥐고 반바닥으로 줌통을 밀면서 활을 벌린 다음 마지막 발시 전에 자세를 굳히는 단계에서 하삼시를 힘껏 감아쥔다는 말이 분명하다. 그러나 이 사법을 우리나라의 고유사법으로 단정할 수는 없고 중국과 우리나라 공통의 전통사법일 뿐이다.

둘째, 발 자세에 관한 것이다. 필자는 「사예결해」는 물론 「정사론」을 통해 평소의 지론과 같이 소위 비정비팔 자세는 중국과 우리나라 공통의 전통적인 사법이며 두 나라의 전통적인 발 자세에 아무 차이가 없었음을 확인할 수 있었다. 두 나라의 전통적 발 자세는 과녁을 향해 '11' 자 형태가 아니라 '二' 자 형태로 어깨 넓이 정도 두 발을 벌려 선 다음에 앞발을 세 발폭쯤 과녁 쪽으로 옮긴 후 앞발을 발가락 쪽을 과녁 쪽으로 돌리고 다시 뒤꿈치를 약간 바깥쪽으로 돌려주는 자세이다. 이런 발 자세를 취할 때 몸은 비스듬히 과녁을 향하게 된다. 이것이 중국과 우리나라 공통의 전통적인 발 자세이다. 다만 몸은 이렇게 서도 얼굴은 과녁을 마주 보도록 과녁 쪽으로 돌려야 한다.

셋째, 발시 동작인 소위 '별절撇絶' 동작이 중국과 우리나라 공통의 전통사법이었음을 「사예결해」는 물론 「정사론」을 통해 역시 확인할 수 있었다. '별撇' 동작은 발시 때 줌손으로 줌통을 비틀면서 윗고자를 앞으로 쓰러뜨려 조준점을 향하도록 하고 아랫고자는 앞팔 겨드랑이 밑에 들어오도록 하면서 시위가 활 몸통 밑에 위치하게 하는 동작이며, '절絶' 동작은 발시 때 뒷팔꿈치를 밑으로 누르면서 깍지손을 시위를 끊어버리듯이 뒤로 힘차게 빼내 손목이 하늘을 보도록 팔을 수평으로 펴주는 동작이다. 이와 달리 중국에서는 명明 나라 고영이 ≪무경칠서휘해≫를 통해 소위 '경법輕法'이라는 발시 동작을 효과적 발시 동작으로 제안했는데 발시 순간에 활대와 뒷팔의 큰 움직임을 억제하고 두 어깨를 자근자근 벌려줌으로써 화살이 가볍게 시위를 벗어나도록 하는 동작이다. 주용의 ≪무경칠서휘해≫를 통해 고영의 이 '경법'이 우리나라에도 도입되기는 했지만, ≪무경칠서휘해≫와 마찬가지로 우리나라에서도 이 '경법'을 전면 수용하지는 않고 부분적 또는 선택적으로만 수용했다. 그러나 「사예결해」와 「정사론」에서는 오히려 이 '경법'을 전혀 수용하지 않고 전통적인 '별절' 동작을 발시 동작으로 하고 있었음을 확인할 수 있었다.

넷째, 동양 각국의 사법 발전에 큰 획을 그은 사법인 앞어깨를 내리누르는 거궁 및 개궁 자세에 관한 것이었다. 이런 사법은 명明 나라 고영의 ≪무경사학정종≫에서 창안된 사법으로 알려져 있지만, 필자는 '화살 걸치기架箭'에 관한 「사예결해」의 결訣 12항 및 해설解 2항을 통해 이 사법은 ≪무경사학정종≫ 사법이 우리나라에 전해진 것이 아니라 우리의 고유사법이었을 수 있음을 알았다. 거궁 및 개궁 방법과 이때 앞어깨를 내리누르는 방법이 ≪무경사학정종≫ 사법과는 전혀 다르기 때문이다. 앞어깨를 내리누르기 위한 ≪무경사학정종≫의 방법은 앞팔을 땅을 향해 내리뻗은 상태에서 뒷팔로 화살을 위로 뽑아 올려서 활을 벌리다가 활이 거의 다 벌어질 때쯤 줌손을 올리고 깍지손는 낮추지만, 「사예결해」의 방법은 앞뒤 두 손을 모두 높이 들어 올리되(이는 「정사론」의 방법도 같다.) 앞어깨를 내리누른 상태에서 줌손보다 깍지손의 높이를 더 높여서 마치 화살이 과녁 쪽을 향해 기울어진 서까래 모양이 되게 한 다음에 줌손은 앞으로 밀고 뒷팔과 뒷손은 밑으로 쓸어내리면서 활을 벌린다. 이는 중국의 사법 문헌에서는 찾아볼 수 없는 우리의 고유사법이다.

필자는 이와 같이 「사예결해」를 통해 우리의 전통사법과 함께 우리 고유사법의 한 가닥을 발견할 수 있었다. 탁월한 문재文才를 지닌 서영보가 선사善射 이춘식에게 궁술에 대해서 들은 내용을 정밀하게 기록으로 남긴 덕분이다. 거궁 시 화살의 모습을 과녁을 향해 앞으로 기운 서까래 모습으로 정확히 묘사한 것은 이춘식의 구술이겠지만, 이 설명만으로는 우리가 사법의 정밀한 부분을 정확히 이해하기 힘들다. 서영보는 이런 이춘식의 구술에 대해 "시위를 당겨서 활을 벌리려고 할 때는 두 손을 모두 들어 올려서 귀 위로 올라가게 해야 한다."는 해설과 함께 다시 "두 손을 높이 들었을 때 왼쪽 어깨가 낮아야 몸 자세가 바르게 된다."는 주註를 첨부해 사법의 정밀한 부분을 이해할 수 있게 했다. 이 주註가 이춘식의 구술을 옮긴 것인지 서영보가 자신의 생각을 적어놓은 것인지는 불분명하지만, 이춘식이 구술한 결訣 12항의 구체적인 의미를 서영보가 이춘식에게 다시 캐물어 보았을 것이고 이때 이춘식이 구술한 내용을 서영보가 글로 옮겨놓았을 가능성이 크다. 마지막으로 올해의 유별난 무더위 중 이 글의 원고교정과 체제검토를 도와준 육사화랑정 김종운 사우에게 특별한 감사의 말을 남긴다.

민경길 ────────

육군사관학교 제30기
전 육군사관학교 법학교수
육군사관학교 및 서울대학교 법과대학 졸업
명지대학교 대학원 졸업(법학박사)
육군사관학교 사회과학처장 역임
국방부 국방개혁위원회 위원 역임
국방부 노근리사건 진상조사위원회 법률자문위원 역임
대한적십자사 국제법 자문위원 역임

주요 저서
≪군법개론≫
≪핵무기와 국제법≫
≪군대명령과 복종≫
≪군사법 원론≫
≪북한산≫(전 3권)
≪병법사≫(전 4권)
≪조선과 중국의 궁술≫
≪무경사학정종≫
≪주해 손자병법≫
≪중국 역대전쟁사≫(전 18권. 출판 준비 중)

조선의 궁술교범

초판인쇄 2021년 11월 30일
초판발행 2021년 11월 30일

지은이 민경길
펴낸이 채종준
펴낸곳 한국학술정보㈜
주소 경기도 파주시 회동길 230(문발동)
전화 031) 908-3181(대표)
팩스 031) 908-3189
홈페이지 http://ebook.kstudy.com
전자우편 출판사업부 publish@kstudy.com
등록 제일산-115호(2000. 6. 19)

ISBN 979-11-6801-182-3 13910